DR. OETKER EINMACHEN VON A–Z

DR. OETKER EINMACHEN VON A–Z

Dr. Oetker Verlag

Abkürzungen

EL	=	Esslöffel
TL	=	Teelöffel
Msp.	=	Messerspitze
Pck.	=	Packung/Päckchen
g	=	Gramm
kg	=	Kilogramm
ml	=	Milliliter
l	=	Liter
evtl.	=	eventuell
Fl.	=	Fläschchen
geh.	=	gehäuft
gestr.	=	gestrichen
TK	=	Tiefkühlprodukt
°C	=	Grad Celsius

Kalorien-/Nährwertangaben

E	=	Eiweiß
F	=	Fett
Kh	=	Kohlenhydrate
kcal	=	Kilokalorie
kJ	=	Kilojoule

Hinweise zu den Rezepten

Lesen Sie vor der Zubereitung – besser noch vor dem Einkauf – das Rezept einmal vollständig durch. Oft werden Arbeitsabläufe oder -zusammenhänge dann klarer. In jedem Rezept ist die Anzahl der Portionen angegeben.

Zutatenliste

Die Zutaten sind in der Reihenfolge ihrer Bearbeitung angegeben.

Arbeitsschritte

Die Arbeitsschritte sind einzeln hervorgehoben, in der Reihenfolge, in der sie von uns ausprobiert wurden.

Backofeneinstellung

Die in den Rezepten angegebenen Gartemperaturen und -zeiten sind Richtwerte, die je nach individueller Hitzeleistung des Backofens über- oder unterschritten werden können. Die Temperaturangaben beziehen sich auf Elektrobacköfen. Die Temperatur-Einstellmöglichkeiten für Gasbacköfen variieren je nach Hersteller, sodass wir keine allgemeingültigen Angaben machen können. Beachten Sie bitte deshalb bei der Einstellung des Backofens die Gebrauchsanleitung des Herstellers.

Zubereitungszeiten

Die Zubereitungszeit ist ein Anhaltswert für die Zeit der Vorbereitung und die eigentliche Zubereitung. Die Garzeiten sind, in der Regel, gesondert ausgewiesen. Bei einigen Rezepten setzt sich die Gesamt-Garzeit aus mehreren Teil-Garzeiten zusammen. Längere Wartezeiten, z. B. Kühl- und Auftauzeiten, sind nicht mit einbezogen.

Vorwort

Erdbeeren, Johannisbeeren und Kirschen sind klasse Früchte, Bohnen, Kürbisse oder Zucchini wunderbare Gemüse. Sie haben nur eine schlechte Eigenschaft: Sie werden nicht portionsweise über das ganze Jahr reif. Wenn man eimerweise Erdbeeren oder kiloschwere Kürbisse erntet, bleibt nur eins: das Einmachen oder andere Konservierungsverfahren.
Seit Urzeiten kann man Lebensmittel ohne Kühlung haltbar machen, z.B. durch salzen (pökeln), räuchern oder trocknen. Ihr Nachteil: Nährstoffe gehen verloren, Geschmack und Aussehen verändern sich.

Heute gibt es schonende Verfahren wie Einkochen, Einlegen oder Einfrieren, damit Inhaltsstoffe weitgehend erhalten bleiben und ihre Haltbarkeit „nach hinten" verschoben wird. Nach persönlichem Geschmack kann man die Zutaten würzen oder verfeinern. Wer im Sommer oder Herbst in einem Überfluss an Obst oder Gemüse schwimmt, sucht für sich die beste Einmachmethode: kaum Vitaminverlust, nicht viel Arbeitsaufwand, möglichst wenig Einsatz von Zucker und Chemie, geringen Energieverbrauch oder möglichst lange Haltbarkeit.

Mit Zutaten von Apfel bis Zitrone bzw. Champignon bis Zwiebel kann jede Obst- und Gemüsesorte mit anderen passenden Zutaten in raffinierte Konfitüren, Marmeladen, Gelees, Kompotte, Liköre, Relishes, Chutneys oder pikante Beilagen nach Ihrem Geschmack verwandelt werden. Es gilt, individuell passende Einmachmethoden zu finden. Hier gibt es viele tolle Rezepte als Beilage oder zum Nachtisch.

Bei der Verwendung von Alkohol in den Rezepten sollte darauf geachtet werden, dass Kinder diese Gerichte nicht bekommen. Alkohol lässt sich oft einfach durch entsprechende Flüssigkeit wie Sirup oder Fruchtsäfte ersetzen.

Alle Rezepte wurden von Dr. Oetker ausprobiert und sind so beschrieben, dass sie Ihnen auf Anhieb gelingen.

Ananas in weißem Rum I

Für Gäste – mit Alkohol

1 Glas 1–1 1/4 l

Insgesamt:
E: 5 g, F: 2 g, Kh: 431 g, kJ: 14911, kcal: 3568

2 Ananas (je etwa 900 g)
300 g weißer Kandis
1–2 Vanilleschoten
1 Zitrone
0,7 l weißer Rum (38 Vol.-%)

Zubereitungszeit: 30 Minuten
Durchziehzeit: etwa 1 Woche
Haltbarkeit: etwa 4 Wochen

1. Von den Ananas jeweils Blatt- und Strunkende entfernen. Dann die schuppige Schale möglichst dick abschneiden, damit die „Augen" mitentfernt werden.

2. Die Ananas in etwa 1 cm dicke Scheiben schneiden, dann mit einem Ausstechförmchen die holzige Mitte ausstechen.

3. Die Ananasscheiben mit dem Kandis in ein vorbereitetes Glas geben. Vanilleschoten in Stücke schneiden und hinzufügen.

4. Zitrone so schälen, dass die weiße Haut mitentfernt wird. Zitrone in Scheiben schneiden und mit dem Rum in das Glas geben. Das Glas verschließen und kalt gestellt etwa 1 Woche durchziehen lassen.

Ananas und Birnen, eingemacht I

Raffiniert

etwa 2 Gläser je 500 ml (1/2 l)

Insgesamt:
E: 7 g, F: 3 g, Kh: 651 g, kJ: 11305, kcal: 2670

1 Ananas (etwa 700 g)
1 kg nicht ganz reife Birnen
4 Sternanis
1/2–1 EL bunte Pfefferkörner
220 ml Wasser
1 Pck. Extra Gelierzucker 2:1 (500 g)

Zubereitungszeit: 30 Minuten
Haltbarkeit: kühl, dunkel und trocken gestellt etwa 1 Jahr

1. Von der Ananas Blatt- und Strunkende entfernen. Dann die schuppige Schale möglichst dick abschneiden, damit die „Augen“ mitentfernt werden. Die Ananas zuerst in Scheiben schneiden, dann mit einem Ausstechförmchen die holzige Mitte ausstechen. Ananasscheiben in sehr kleine Würfel (erbsengroß) schneiden und 500 g abwiegen. Den herauslaufenden Saft dabei auffangen.

2. Birnen waschen, schälen, vierteln, entkernen und in dünne Scheiben schneiden.

3. Ananaswürfel, -saft, Sternanis, Pfefferkörner und 220 ml Wasser in einem Topf zum Kochen bringen. Alles zugedeckt etwa 20 Minuten bei schwacher Hitze unter gelegentlichem Rühren köcheln lassen, bis die Ananaswürfel weich sind.

4. Birnenscheiben hinzugeben, zugedeckt weitere etwa 10 Minuten unter gelegentlichem Rühren köcheln lassen, bis die Birnenscheiben weich sind.

5. Gelierzucker unterrühren. Die Fruchtmasse zum Kochen bringen und unter ständigem Rühren mindestens 3 Minuten bei mittlerer Hitze kochen lassen.

6. Die Fruchtmasse sofort in vorbereitete Gläser füllen und mit Twist-off-Deckeln® verschließen.

Ananas-Birnen-Mango-Konfitüre

Mit Alkohol

etwa 5 Gläser je 200 ml

Insgesamt:
E: 6 g, F: 9 g, Kh: 640 g, kJ: 11804, kcal: 2787

350 g Ananas (vorbereitet gewogen)
300 g Birnen (vorbereitet gewogen)
350 g Mango (vorbereitet gewogen)
3 EL Zitronensaft
1 Pck. Extra Gelierzucker 2:1 (500 g)
4 EL Rum

Zubereitungszeit: 45 Minuten
Haltbarkeit: kühl und dunkel gestellt etwa 1 Jahr

1. Von der Ananas Blatt- und Strunkende entfernen. Dann die schuppige Schale möglichst dick abschneiden, damit die „Augen" mitentfernt werden. Die Ananas zuerst in Scheiben schneiden, dann mit einem Ausstechförmchen die holzige Mitte ausstechen. Ananasscheiben in kleine Stücke schneiden und 350 g abwiegen.

2. Birnen waschen, schälen, vierteln, entkernen, in kleine Stücke schneiden und 300 g abwiegen.

3. Mango halbieren und das Fruchtfleisch vom Stein lösen. Das Fruchtfleisch schälen, in kleine Stücke schneiden und 350 g abwiegen.

4. Die vorbereiteten Früchte mit Zitronensaft und Extra Gelierzucker in einem großen Kochtopf gut verrühren. Alles unter Rühren bei starker Hitze zum Kochen bringen und unter ständigem Rühren mindestens 3 Minuten sprudelnd kochen lassen. Topf von der Kochstelle nehmen. Rum unterrühren.

5. Das Kochgut eventuell abschäumen und sofort randvoll in vorbereitete Gläser füllen. Gläser mit Twist-off-Deckeln® verschließen, umdrehen und etwa 5 Minuten auf den Deckeln stehen lassen.

Tipp: Statt des Rums können Sie auch Birnengeist verwenden.

Ananasgelee | Für Kinder

etwa 4 Gläser je 200 ml

Insgesamt:
E: 3 g, F: 1 g, Kh: 510 g, kJ: 8814, kcal: 2104

750 ml (3/4 l)	*Ananassaft (von etwa 2 großen Ananas)*
400 g	*Zucker*
1 Beutel	*Gelfix Extra 2:1 (25 g)*

Zubereitungszeit: 15 Minuten, ohne Entsaftungszeit
Haltbarkeit: kühl und dunkel gestellt etwa 1 Jahr

1. Von den Ananas jeweils Blatt- und Strunkende entfernen. Dann die schuppige Schale möglichst dick abschneiden, damit die „Augen" mitentfernt werden. Die Ananas jeweils vierteln, den mittleren harten Strunk herausschneiden. Ananasviertel mithilfe eines Entsafters (Zentrifuge) entsaften (Gebrauchsanleitung des Geräteherstellers beachten), 750 ml (3/4 l) abmessen.

2. Ananassaft in einen großen Kochtopf geben. Zucker mit Gelfix Extra mischen, dann mit dem Ananassaft verrühren.

3. Alles unter Rühren bei starker Hitze zum Kochen bringen und unter ständigem Rühren mindestens 3 Minuten sprudelnd kochen lassen. Topf von der Kochstelle nehmen.

4. Kochgut eventuell abschäumen und sofort randvoll in vorbereitete Gläser füllen. Gläser mit Twist-off-Deckeln® verschließen, umdrehen und etwa 5 Minuten auf den Deckeln stehen lassen.

Tipp: Statt Ananas selbst zu entsaften, können Sie auch ungesüßten Ananassaft (Handelsware) für das Ananasgelee verwenden.

Variante: Ananas-Batida-Gelee. Nur für Erwachsene geben Sie nach dem Kochen 50 ml Batida de Côco (Kokoslikör) hinzu und rühren alles anschließend sehr gut durch.

Ananas-Johannisbeer-Fruchtaufstrich | Raffiniert

etwa 6 Gläser je 200 ml

Insgesamt:
E: 11 g, F: 2 g, Kh: 749 g, kJ: 13357, kcal: 3158

950 ml Johannisbeersaft (von etwa 1,6 kg roten und schwarzen Johannisbeeren)
300 g Ananas (vorbereitet gewogen)
3 Lorbeerblätter
1 Pck. Super Gelierzucker 3:1 (500 g)

Zubereitungszeit: 25 Minuten, ohne Entsaftungs- und Abkühlzeit
Haltbarkeit: kühl und dunkel gestellt 3–4 Monate

1. Zum Vorbereiten die Johannisbeeren waschen, abtropfen lassen, mithilfe eines Schnellkochtopfes oder Dampfentsafters entsaften (Gebrauchsanleitung des Geräteherstellers beachten). Saft abkühlen lassen und 950 ml abmessen.

2. Von der Ananas Blatt- und Strunkende entfernen. Dann die schuppige Schale möglichst dick abschneiden, damit die „Augen" mitentfernt werden. Die Ananas zuerst in Scheiben schneiden, dann mit einem Ausstechförmchen die holzige Mitte ausstechen. Ananasscheiben in kleine Stücke schneiden und 300 g abwiegen.

3. Johannisbeersaft, Ananasstücke und Lorbeerblätter in einem großen Kochtopf mit Super Gelierzucker gut verrühren. Alles unter Rühren bei starker Hitze zum Kochen bringen und unter ständigem Rühren mindestens 3 Minuten sprudelnd kochen lassen. Topf von der Kochstelle nehmen.

4. Kochgut eventuell abschäumen und Lorbeerblätter entfernen. Kochgut sofort randvoll in vorbereitete Gläser füllen. Gläser mit Twist-off-Deckeln® verschließen, umdrehen und etwa 5 Minuten auf den Deckeln stehen lassen.

Tipp: Nach Belieben können Sie auch etwas Ingwer schälen, fein reiben und anschließend 1 Teelöffel davon hinzufügen.

Ananas-Limetten-Konfitüre I

Raffiniert

etwa 5 Gläser je 200 ml

Insgesamt:
E: 6 g, F: 4 g, Kh: 124 g, kJ: 14771, kcal: 3528

2–3 Bio-Limetten (unbehandelt, ungewachst)
400 ml Wasser
1 Ananas (oder 500 g Ananas-Fruchtfleisch)
1 Pck. Diät Gelier-Fruchtzucker (350 g)

Zubereitungszeit: 50 Minuten
Haltbarkeit: kühl und dunkel gestellt etwa 1 Jahr

1. Limetten heiß abwaschen, abtrocknen, vierteln, in feine Scheiben schneiden und in einen Topf geben. Limettenscheiben mit Wasser bedecken, zum Kochen bringen und dann ohne Deckel etwa 20 Minuten bei schwacher Hitze einkochen lassen.

2. Limettenscheiben in ein Sieb geben, abtropfen lassen und dabei die Limettenflüssigkeit auffangen.

3. Von der Ananas Blatt- und Strunkende abschneiden. Ananas vierteln und den mittleren, harten Strunk längs herausschneiden. Ananas schälen und das Fruchtfleisch klein schneiden. Ananasschalen etwas auspressen oder ausdrücken, dabei den Saft auffangen. Ananasstücke, -saft und Limettenscheiben abwiegen. Aufgefangene Limettenflüssigkeit zu der Ananas-Limetten-Fruchtmasse geben, so dass es zusammen 950 g ergibt. Gegebenenfalls mit Wasser auf 1 kg auffüllen.

4. Die Fruchtmasse mit Diät Gelier-Fruchtzucker in einem großen Kochtopf gut verrühren. Alles unter Rühren bei starker Hitze zum Kochen bringen und unter ständigem Rühren mindestens 3 Minuten sprudelnd kochen lassen. Topf von der Kochstelle nehmen.

5. Das Kochgut eventuell abschäumen und sofort randvoll in vorbereitete Gläser füllen. Gläser mit Twist-off-Deckeln® verschließen, umdrehen und etwa 5 Minuten auf den Deckeln stehen lassen.

Tipp: Frische Ananas gibt es oft fertig geschält im Supermarkt (Kühlregal) zu kaufen. 1 mittelgroße Ananas bringt etwa 500 g Fruchtfleisch auf die Waage.

Apfel-Ananas-Gelee | Mit Alkohol

etwa 4 Gläser je 200 ml

Insgesamt:
E: 1 g, F: 0 g, Kh: 463 g, kJ: 8042, kcal: 1921

200 g	*Ananas (von etwa 2 Baby-Ananas, vorbereitet gewogen)*
650 ml	*klarer Apfelsaft (Handelsware)*
evtl. 50 ml	*Pflaumenbrand (Slibovitz)*
350 g	*Zucker, Fruchtzucker oder Sorbit**
1 Beutel	*Gelfix Super 3:1 (25 g)*

Zubereitungszeit: 30 Minuten
Haltbarkeit: kühl und dunkel gestellt etwa 1 Jahr

1. Jeweils von den Ananas Blatt- und Strunkende entfernen. Dann die schuppige Schale möglichst dick abschneiden, damit die „Augen" mitentfernt werden. Ananas zuerst in Scheiben schneiden, dann mit einem Ausstechförmchen die holzige Mitte ausstechen. Ananasscheiben in kleine Stücke schneiden und 200 g abwiegen.

2. Apfelsaft mit Ananasstücken und nach Belieben Pflaumenbrand in einen großen Kochtopf geben. Süßungsmittel mit Gelfix Super mischen, dann mit der Fruchtmasse verrühren. Alles unter Rühren bei starker Hitze zum Kochen bringen und unter ständigem Rühren mindestens 3 Minuten sprudelnd kochen lassen. Topf von der Kochstelle nehmen.

3. Kochgut eventuell abschäumen und sofort randvoll in vorbereitete Gläser füllen. Gläser mit Twist-off-Deckeln® verschließen, umdrehen und etwa 5 Minuten auf den Deckeln stehen lassen.

4. Gläser während des Erkaltens gelegentlich umdrehen, damit sich die Ananasstücke gleichmäßig verteilen.

Tipps: Mit 1 gehäuften Esslöffel in Streifen geschnittener Minze bekommt das Gelee eine frischere Note. Minze direkt nach dem Kochvorgang in das heiße Gelee rühren. Die Haltbarkeit des Gelees verkürzt sich dadurch jedoch (Haltbarkeit 3–4 Monate). Die Gläser während des Erkaltens gelegentlich umdrehen, damit sich die Minze besser im Glas verteilt. Anstelle von Zucker, Fruchtzucker oder Sorbit können Sie auch 25 ml Flüssigsüße verwenden. Dann Saft, Ananasstücke und Pflaumenbrand in einen großen Kochtopf geben, mit abgemessener Flüssigsüße und Gelfix Super gut verrühren und wie im Rezept beschrieben weiter zubereiten.

*Diabetiker sollten Zuckeraustauschstoffe verwenden.

Apfel-Birnen-Gelee | Klassisch

etwa 6 Gläser je 200 ml

Insgesamt:
E: 3 g, F: 3 g, Kh: 1095 g, kJ: 18750, kcal: 4479

450 ml Apfelsaft (von etwa 850 g Äpfeln)
400 ml Birnensaft (von etwa 1 kg Birnen)
1 Beutel Gelfix Classic 1:1 (20 g)
1 kg Zucker

Zubereitungszeit: 40 Minuten, ohne Entsaftungszeit
Haltbarkeit: kühl und dunkel gestellt etwa 1 Jahr

1. Zum Vorbereiten Äpfel und Birnen waschen, abtropfen lassen, vierteln und jeweils mithilfe eines Schnellkochtopfes oder Dampfentsafters entsaften (Gebrauchsanleitung des Geräteherstellers beachten). Säfte abkühlen lassen und insgesamt 450 ml Apfel- und 400 ml Birnensaft abmessen.

2. Fruchtsäfte in einen großen Kochtopf geben. Gelfix Classic zuerst mit 2 Esslöffeln des Zuckers mischen, dann mit dem Fruchtsaft gut verrühren.

3. Das Kochgut unter Rühren bei starker Hitze zum Kochen bringen. Sobald alles bei ständigem Rühren sprudelnd kocht, restlichen Zucker hinzufügen.

4. Alles unter Rühren wieder zum Kochen bringen und unter ständigem Rühren mindestens 3 Minuten sprudelnd kochen lassen. Topf von der Kochstelle nehmen.

5. Das Kochgut eventuell abschäumen und sofort randvoll in vorbereitete Gläser füllen. Gläser mit Twist-off-Deckeln® verschließen, umdrehen und etwa 5 Minuten auf den Deckeln stehen lassen.

Tipp: Sie können das Gelee statt mit Gelfix Classic und 1 kg Zucker auch mit Extra Gelierzucker 2:1 oder Gelfix Super 3:1 und 350 g Zucker zubereiten. Verwenden Sie dann insgesamt 900 ml Saft. Bitte beachten Sie auch die Packungsanleitungen.

Apfel-Birnen-Gelee mit Minze I

Mit Alkohol

etwa 6 Gläser je 200 ml

Insgesamt:
E: 4 g, F: 3 g, Kh: 1096 g, kJ: 18765, kcal: 4482

etwa 1,2 kg Äpfel
etwa 1,2 kg Birnen
etwa 250 ml (1/4 l) Wasser
1/2 Bund Minze
1 Beutel Gelfix Classic 1:1 (20 g)
1 kg Zucker

Nach Belieben:
3 EL Whisky

Außerdem:
1 Küchentuch (Mulltuch)

Zubereitungszeit: 60 Minuten, ohne Ablaufzeit
Haltbarkeit: kühl und dunkel gestellt 3–4 Monate

1. Äpfel und Birnen waschen, abtropfen lassen und vierteln. Apfel- und Birnenviertel (mit Schale und Kerngehäuse) knapp mit Wasser bedeckt (je etwa 125 ml [1/8 l]) getrennt in je einem Topf zum Kochen bringen, Fruchtstücke bei schwacher Hitze weich, aber nicht musig kochen.

2. Jeweils ein großes Sieb mit einem feuchten Küchentuch (Mulltuch) auslegen und über eine Schüssel hängen. Den Apfel- und Birnenfruchtbrei jeweils daraufgeben, damit der Saft ablaufen kann. Den Fruchtbrei nach dem Erkalten mithilfe des Tuches ausdrücken. Von dem Apfelsaft 450 ml und dem Birnensaft 400 ml abmessen (eventuell mit Wasser ergänzen).

3. Apfel- und Birnensaft in einen großen Kochtopf geben.

4. Minze abspülen und trocken tupfen. Die Blättchen von den Stängeln zupfen, Blättchen klein schneiden (etwa 2 Esslöffel) und beiseitelegen.

5. Gelfix Classic zuerst mit 2 Esslöffeln des Zuckers mischen, dann mit dem Fruchtsaft verrühren.

6. Den Saft unter Rühren bei starker Hitze zum Kochen bringen. Sobald alles bei ständigem Rühren sprudelnd kocht, restlichen Zucker hinzufügen.

7. Alles unter Rühren wieder zum Kochen bringen und unter ständigem Rühren mindestens 3 Minuten sprudelnd kochen lassen. Den Topf von der Kochstelle nehmen. Minze und nach Belieben Whisky unterrühren.

8. Das Kochgut eventuell abschäumen und sofort randvoll in vorbereitete Gläser füllen. Gläser mit Twist-off-Deckeln® verschließen, umdrehen und dann etwa 5 Minuten auf den Deckeln stehen lassen.

Tipps: Apfel- und Birnensaft (beides ungezuckert) gibt es auch fertig zu kaufen. Große Mengen an Äpfeln und Birnen lassen sich am leichtesten mithilfe eines Dampfentsafters entsaften.

Apfel-Feigen-Chutney **|** Raffiniert

etwa 5 Gläser je 200 ml

Insgesamt:
E: 17 g, F: 32 g, Kh: 378 g, kJ: 8021, kcal: 1919

1 kg Äpfel
50 g Ingwer
250 g Zucker
50 g abgezogene, gemahlene Mandeln
1 TL Senfpulver
1 gestr. TL Salz
125 ml (1/8 l) Weißweinessig
2–3 frische Feigen
Salz, Zucker
Senfpulver
1 Pck. Finmach-Hilfe

Zubereitungszeit: 50 Minuten
Haltbarkeit: kühl, dunkel und trocken gestellt etwa 6 Monate

1. Die Äpfel waschen, schälen, vierteln, entkernen, in Würfel schneiden. Ingwer schälen, in Stücke schneiden.

2. Apfelwürfel mit Ingwerstücken, Zucker, Mandeln, Senfpulver, Salz und Essig in einen Topf geben und etwa 30 Minuten dünsten.

3. Feigen waschen, abtropfen lassen, enthäuten und in kleine Stücke schneiden. Feigenstücke zu den Apfelwürfeln in den Topf geben und etwa 15 Minuten mitdünsten lassen.

4. Das Chutney mit Salz, Zucker und Senfpulver abschmecken. Einmach-Hilfe unterrühren. Das Chutney sofort randvoll in vorbereitete Gläser füllen. Die Gläser sofort mit Twist-off-Deckeln® verschließen, umdrehen und etwa 5 Minuten auf den Deckeln stehen lassen.

Tipp: Chutneys sind besonders pikante Saucen, die zu gebratenem, gekochtem und kaltem Fleisch, zu Fondues und zu exotischen Gerichten gereicht werden.

Apfelgelee mit Möhren | Raffiniert

etwa 4 Gläser je 200 ml

Insgesamt:
E: 1 g, F: 0 g, Kh: 457 g, kJ: 7888, kcal: 1886

70 g Möhren (vorbereitet gewogen)
830 ml klarer Apfelsaft (Handelsware)
*350 g Zucker, Fruchtzucker oder Sorbit**
1 Beutel Gelfix Super 3:1 (25 g)

Zubereitungszeit: 25 Minuten
Haltbarkeit: kühl und dunkel gestellt etwa 1 Jahr

1. Möhren putzen, schälen, abspülen und abtropfen lassen. Die Möhren in feine Streifen schneiden oder grob raspeln und 70 g abwiegen.

2. Apfelsaft und Möhrenstreifen in einen großen Kochtopf geben. Süßungsmittel mit Gelfix Super mischen, dann mit dem Saft verrühren.

3. Alles unter Rühren bei starker Hitze zum Kochen bringen und unter ständigem Rühren mindestens 3 Minuten sprudelnd kochen lassen. Topf von der Kochstelle nehmen.

4. Kochgut eventuell abschäumen und sofort randvoll in vorbereitete Gläser füllen. Gläser mit Twist-off-Deckeln® verschließen, umdrehen und etwa 5 Minuten auf den Deckeln stehen lassen.

5. Gläser während des Erkaltens gelegentlich umdrehen, damit sich die Möhrenstreifen besser verteilen.

Tipps: Das Apfelgelee kann auch aus selbst entsaftetem, klaren Apfelsaft zubereitet werden. Dazu benötigen Sie etwa 1 1/2 g Äpfel. Statt mit Zucker, Fruchtzucker oder Sorbit können Sie das Gelee auch mit 25 ml Flüssigsüße zubereiten. Dazu die vorbereiteten Möhren und den Saft in einen großen Kochtopf geben, mit Gelfix Super und der abgemessenen Flüssigsüße verrühren und wie im Rezept beschrieben weiter zubereiten.

Variante: Apfelgelee mit Möhren- und Limettenstreifen. Eine Bio-Limette (unbehandelt, ungewachst) heiß abwaschen, abtrocknen und dünn schälen oder die Schale mit einem Zestenreißer abziehen. Dann die Schale in sehr feine Streifen schneiden. Rühren Sie die Limettenstreifen direkt nach dem Kochen unter das heiße Gelee. Allerdings verkürzt sich dadurch die Haltbarkeit des Gelees.

* Diabetiker sollten Zuckeraustauschstoffe verwenden.

Apfel-Karamell-Konfitüre I

Etwas aufwendiger

etwa 5 Gläser je 200 ml

Insgesamt:
E: 4 g, F: 14 g, Kh: 677 g, kJ: 12193, kcal: 2912

500 g	*Zucker*
1 Beutel	*Gelfix Extra 2:1 (25 g)*
20	*Karamellbonbons*
650 g	*Äpfel (vorbereitet gewogen)*
350 ml	*Apfelsaft (Handelsware)*
1 Pck.	*Dr. Oetker Bourbon-Vanille-Zucker*
1 Pck.	*Zitronensäure (5 g)*

Zubereitungszeit: 45 Minuten, ohne Kühlzeit
Haltbarkeit: kühl und dunkel gestellt etwa 1 Jahr

1. Zwei Esslöffel des Zuckers mit Gelfix Extra mischen. Restlichen Zucker esslöffelweise in einem Kochtopf unter Rühren (mit einem Holz- oder Metalllöffel) bei mittlerer Hitze auflösen. So lange rühren, bis der Zucker eine hellbraune Farbe angenommen hat (karamellisieren). Den Topf von der Kochstelle nehmen.

2. Die Karamellbonbons unter Rühren in der heißen Zuckermasse auflösen. Die Karamellmasse etwa 30 Minuten abkühlen lassen, damit es nicht spritzt, wenn die weiteren Zutaten hinzugegeben werden.

3. In der Zwischenzeit Äpfel waschen, schälen, vierteln, entkernen, in kleine Stücke schneiden und 650 g abwiegen.

4. Apfelstücke, -saft, Zucker-Gelfix-Gemisch, Vanille-Zucker und Zitronensäure zu der abgekühlten Karamellmasse in den Kochtopf geben und verrühren.

5. Alles unter Rühren bei mittlerer Hitze zum Kochen bringen (vorsichtig mit dem Kochlöffel in den Karamell drücken, so dass Fruchtsaft unter den Karamell kommt und dieser sich wieder löst) und unter ständigem Rühren mindestens 3 Minuten sprudelnd kochen lassen. Topf von der Kochstelle nehmen.

6. Kochgut eventuell abschäumen und sofort randvoll in vorbereitete Gläser füllen.

7. Gläser mit Twist-off-Deckeln® verschließen, umdrehen und anschließend etwa 5 Minuten auf den Deckeln stehen lassen.

Apfelkraut | Preiswert

8–9 Gläser je 200 ml

Insgesamt:
E: 24 g, F: 40 g, Kh: 1000 g, kJ: 20200, kcal: 4800

etwa 12 1/2 kg süß-säuerliche Äpfel

Zubereitungszeit: 50 Minuten, ohne Entsaftungszeit
Haltbarkeit: kühl und dunkel gestellt etwa 1 Jahr

1. Äpfel waschen, schälen, vierteln, entkernen und in kleine Stücke schneiden. Anschließend 10 kg Apfelstücke abwiegen.

2. Die Apfelstücke in 2 Portionen (ohne Zucker) in den Dampfentsafter geben und etwa 1 Stunde (abhängig von der Apfelsorte) entsaften. Etwa 15 Minuten vor Ende der Entsaftungszeit 1 Flasche Saft (etwa 500 ml [½ l]) abfüllen und nochmals über das Obst gießen, damit der gesamte Saft dieselbe Konsistenz hat.

3. Den Saft in einen breiten Kochtopf geben, zum Kochen bringen und zu einem dicken, braunen Sirup einkochen lassen. Wenn die Menge etwa um die Hälfte reduziert ist, fängt der Saft an dicklich zu werden. Ab dann ständig rühren, damit nichts anbrennt. So lange weiterkochen, bis ein zäher Sirup entsteht (30–45 Minuten).

4. Apfelkraut sofort kochendheiß in vorbereitete Gläser füllen. Gläser mit Twist-off-Deckeln® verschließen, umdrehen und etwa 5 Minuten auf den Deckeln stehen lassen.

Tipps: Süß-säuerliche Äpfel eignen sich für Apfelkraut besser als mürbe Apfelsorten. Apfelkraut wird besonders gerne im Rheinland als Brotaufstrich verwendet oder auf Reibekuchen (Kartoffelpuffern) gegessen.

Apfel-Limetten-Gelee | Einfach

etwa 6 Gläser je 200 ml

Insgesamt:
E: 1 g, F: 5 g, Kh: 1074 g, kJ: 18661, kcal: 4462

200 g	*Limettenfilets und -saft (von etwa 6 Limetten, davon 1 Bio-Limette [unbehandelt, ungewachst])*
650 ml	*klarer Apfelsaft (Handelsware)*
1 Beutel	*Gelfix Classic 1:1 (20 g)*
1 kg	*Zucker*

Zubereitungszeit: 60 Minuten
Haltbarkeit: kühl und dunkel gestellt etwa 1 Jahr

1. Die Bio-Limette heiß abwaschen, trocken reiben und die Schale mit einem scharfen Messer dünn abschälen oder mit einem Zestenreißer abziehen. Limettenschale in sehr feine Streifen schneiden.

2. Alle Limetten so schälen, dass die weiße Haut vollständig entfernt wird. Fruchtfilets herausschneiden, dabei den Saft auffangen und insgesamt 200 g Limettenfilets und -saft abwiegen.

3. Limettenfilets, -saft und Apfelsaft in einen großen Kochtopf geben. Gelfix Classic zuerst mit 2 Esslöffeln des Zuckers mischen, dann mit der Fruchtmasse verrühren.

4. Die Zutaten unter Rühren bei starker Hitze zum Kochen bringen. Sobald alles bei ständigem Rühren sprudelnd kocht, restlichen Zucker hinzufügen.

5. Alles unter Rühren wieder zum Kochen bringen und unter ständigem Rühren mindestens 2 Minuten sprudelnd kochen lassen. Limettenschale hinzufügen und noch 1 Minute unter ständigem Rühren sprudelnd mitkochen lassen. Anschließend den Topf von der Kochstelle nehmen.

6. Kochgut eventuell abschäumen und sofort randvoll in vorbereitete Gläser füllen.

7. Die Gläser mit Twist-off-Deckeln® verschließen, umdrehen und etwa 5 Minuten auf den Deckeln stehen lassen. Gläser während des Erkaltens gelegentlich umdrehen, damit sich die Limettenschale besser verteilt.

Tipp: Wünschen Sie eine stärkere Festigkeit, rühren Sie 1 Päckchen (5 g) Zitronensäure unter das heiße Gelee und machen noch eine zweite Gelierprobe, ehe Sie das Gelee einfüllen.

Apfel-Möhren-Chutney mit Curry

Raffiniert

3–4 Gläser je 200 ml

Insgesamt:
E: 13 g, F: 5 g, Kh: 367 g, kJ: 6934, kcal: 1647

4 süß-saure Äpfel (etwa 600 g)
250 g Möhren
1 Zwiebel
100 g Rosinen
120 g frisch geriebener Meerrettich
1 EL Currypulver (indisch)
1 TL gemahlener Ingwer
1 TL Senfmehl
300 ml Apfelessig
225 g Muscovadozucker
2 gestr. TL Meersalz

Zubereitungszeit: 25 Minuten
Durchziehzeit: etwa 2 Monate
Haltbarkeit: kühl und dunkel gestellt etwa 6 Monate

1. Äpfel waschen, schälen, vierteln, entkernen und in kleine Stücke schneiden. Möhren putzen, schälen, abspülen, abtropfen lassen und der Länge nach in dünne Scheiben oder Streifen schneiden. Zwiebel abziehen, halbieren und in schmale Spalten (Halbmonde) schneiden.

2. Vorbereitete Zutaten in einen Topf geben. Rosinen, Meerrettich, Curry, Ingwer, Senfmehl, Essig, Zucker und Salz hinzugeben. Die Zutaten gut vermischen, unter ständigem Rühren bei schwacher Hitze zum Kochen bringen und 30–40 Minuten bei schwacher Hitze unter gelegentlichem Rühren köcheln lassen, bis alle Zutaten weich sind und eine marmeladenartige Konsistenz entstanden ist.

3. Chutney sofort randvoll in vorbereitete Gläser füllen, mit Twist-off-Deckeln® verschließen, umdrehen und anschließend etwa 5 Minuten auf den Deckeln stehen lassen.

4. Chutney kühl, dunkel und trocken gestellt vor dem Verzehr etwa 2 Monate durchziehen lassen.

Tipps: Muscovadozucker ist ein aromatisch wohlschmeckender, feuchter Rohrzucker mit kleinen Kristallen. Apfel-Möhren-Chutney passt zu Hähnchen- oder Puten-Spießchen.

Apfel-Pflaumen-Fruchtaufstrich I

Für Diabetiker

4–5 Gläser je 200 ml

Insgesamt:
E: 2 g, F: 1 g, Kh: 446 g, kJ: 7852, kcal: 1856

350 g	*rote Pflaumen (vorbereitet gewogen)*
650 ml	*Apfelsaft (Handelsware)*
1 Pck.	*Zitronensäure (5 g)*
1 Pck.	*Diät Gelier-Fruchtzucker (350 g)*

Zubereitungszeit: 25 Minuten
Haltbarkeit: kühl und dunkel gestellt etwa 1 Jahr

1. Zum Vorbereiten Pflaumen waschen, abtropfen lassen, halbieren und entsteinen. Pflaumenhälften in kleine Stücke schneiden und 350 g abwiegen.

2. Pflaumenstücke, Apfelsaft und Zitronensäure mit Diät Gelier-Fruchtzucker in einem großen Kochtopf gut verrühren. Alles unter Rühren bei starker Hitze zum Kochen bringen unter ständigem Rühren mindestens 3 Minuten sprudelnd kochen lassen. Topf von der Kochstelle nehmen.

3. Kochgut eventuell abschäumen und sofort randvoll in vorbereitete Gläser füllen. Gläser mit Twist-off-Deckeln® verschließen, umdrehen und etwa 5 Minuten auf den Deckeln stehen lassen.

4. Gläser während des Erkaltens gelegentlich umdrehen, damit sich die Pflaumenstückchen besser verteilen.

Tipp: Sie können statt Diät Gelier-Fruchtzucker auch Super Gelierzucker 3:1 verwenden, das Rezept dann mit 500 g Pflaumen zubereiten.

Variante: **Beschwipster Apfel-Pflaumen-Fruchtaufstrich.** Zum Verfeinern können Sie 100 ml Apfelsaft durch 100 ml Calvados ersetzen. Calvados erst nach dem Kochen unterrühren.

Apfel-Zitronen-Konfitüre I

Preiswert – dauert länger

etwa 5 Gläser je 200 ml

Insgesamt:
E: 3 g, F: 5 g, Kh: 1078 g, kJ: 18872, kcal: 4443

3 Bio-Zitronen (etwa 250 g, unbehandelt, ungewachst)
1 kg Äpfel (vorbereitet gewogen)
2 Pck. Extra Gelierzucker 2:1 (je 500 g)

Zubereitungszeit: 40 Minuten
Haltbarkeit: kühl und dunkel gestellt etwa 1 Jahr

1. Die Zitronen heiß abwaschen, abtrocknen, vierteln und in feine Scheiben schneiden. Zitronenscheiben in einen Topf geben, mit Wasser knapp bedeckt zum Kochen bringen und etwa 20 Minuten bei schwacher Hitze kochen lassen.

2. Zitronenscheiben in ein Sieb geben und dabei den Saft auffangen.

3. Äpfel waschen, schälen, vierteln, entkernen und in kleine Stücke schneiden. Die Apfelstücke mit dem aufgefangenen Zitronensaft in einen Topf geben und weich dünsten lassen. Die Apfelmasse durch ein Sieb streichen und 1 kg Apfelmus abwiegen.

4. Apfelmus mit den Zitronenscheiben vermengen und in einen großen Kochtopf geben. Extra Gelierzucker hinzugeben und gut unterrühren. Alles bei starker Hitze zum Kochen bringen und unter ständigem Rühren mindestens 3 Minuten sprudelnd kochen lassen. Den Topf von der Kochstelle nehmen.

5. Das Kochgut eventuell abschäumen und sofort randvoll in vorbereitete Gläser füllen. Gläser mit Twist-off-Deckeln® verschließen, umdrehen und etwa 5 Minuten auf den Deckeln stehen lassen.

Aprikosen, süß-sauer I

Gut vorzubereiten

etwa 4 Einkochgläser je 1 l

Insgesamt:
E: 28 g, F: 5 g, Kh: 784 g, kJ: 14548, kcal: 3477

3 kg reife Aprikosen

Für die Essig-Zucker-Lösung:

500 ml (1/2 l) Weißweinessig
500 ml (1/2 l) Wasser
4 Gewürznelken
2 Kardamomkapseln oder 1/4 TL gemahlener Kardamom
fein geschnittene Schale und Saft von
1 Bio-Orange (unbehandelt, ungewachst)
1 Zimtstange (in 4 Teile gebrochen)
500 g Zucker

Zubereitungszeit: 40 Minuten, ohne Abkühlzeit
Haltbarkeit: Kühl und dunkel gestellt etwa 1 Jahr

1. Aprikosen waschen, gut abtropfen lassen, halbieren, entsteinen und in vorbereitete Einkochgläser schichten.

2. Für die Essig-Zucker-Lösung Essig mit Wasser, Nelken, Kardamom, Orangenschale, -saft, Zimt und Zucker in einem Topf zum Kochen bringen und kurz aufkochen lassen, bis sich der Zucker vollständig aufgelöst hat.

3. Die Essig-Zucker-Lösung abkühlen lassen und über die Aprikosenhälften gießen.

4. Jeweils Gummiring und Deckel nass auf den gesäuberten Glasrand legen, mit Klammern verschließen. Gläser auf einen Auflagenrost in den Einkochtopf stellen. So viel kaltes Wasser hinzugießen, dass die Gläser zu 3/4 im Wasser stehen.

5. Den Topf verschließen. Die Aprikosenhälften etwa 30 Minuten bei etwa 85 °C einkochen.

Tipp: Auf diese Weise können Sie auch Pfirsiche oder Nektarinen zubereiten.

Aprikosen-Chutney

Raffiniert – mit Alkohol

4–5 Gläser je 200 ml

Insgesamt:
E: 34 g, F: 8 g, Kh: 333 g, kJ: 8536, kcal: 2035

400 g	*getrocknete Aprikosen, ohne Stein*
400 g	*Zwiebeln*
500 ml (1/2 l)	*Weißwein*
300 ml	*Weißweinessig*
1 schwach geh. EL	*gemahlener Ingwer*
1 schwach geh. EL	*Senfkörner*
2	*Wacholderbeeren*
10	*Pfefferkörner*
1 schwach geh. TL	*gerebelter Thymian*
2	*getrocknete Chilischoten*
	abgeriebene Schale von
1	*Bio-Orange (unbehandelt, ungewachst)*
6 EL	*Orangensaft*
1 gestr. TL	*Salz*
1–2 EL	*Flüssigsüße*
75 g	*Rosinen*
2 Msp.	*Einmach-Hilfe*

Zubereitungszeit: 40 Minuten
Haltbarkeit: kühl und dunkel gestellt etwa 6 Monate

1. Aprikosen in kleine Stücke schneiden. Zwiebeln abziehen. Die Hälfte der Zwiebeln grob hacken, die andere Hälfte zuerst in Scheiben schneiden, dann in Ringe teilen.

2. Aprikosenstücke, Zwiebelstücke und -scheiben in einen großen Topf geben. Wein, Essig, Ingwer, Senfkörner, Wacholderbeeren, Pfefferkörner, Thymian, Chilischoten, Orangenschale, -saft, Salz und Flüssigsüße hinzugeben.

3. Die Zutaten unter Rühren zum Kochen bringen und etwa 30 Minuten bei schwacher Hitze kochen lassen, dabei ab und zu umrühren. Rosinen hinzufügen und das Chutney noch etwa 15 Minuten kochen lassen.

4. Den Topf von der Kochstelle nehmen und Einmach-Hilfe unterrühren.

5. Das Chutney sofort randvoll in vorbereitete Gläser füllen.

6. Gläser mit Twist-off-Deckeln® verschließen, umdrehen und anschließend etwa 5 Minuten auf den Deckeln stehen lassen.

Tipp: Chutneys passen sehr gut zu kurz gebratenem, gegrilltem Fleisch und Fisch, zu kaltem Braten, Fondue oder Käse.

Aprikosenkonfitüre mit Zimt und Korinthen | Raffiniert

etwa 6 Gläser je 200 ml

Insgesamt:
E: 10 g, F: 1 g, Kh: 486 g, kJ: 8683, kcal: 2071

900 g Aprikosen (vorbereitet gewogen)
70 g Korinthen
1 Pck. Zitronensäure (5 g)
2 Zimtstangen
350 g Zucker
1 Beutel Gelfix Super 3:1 (25 g)

Zubereitungszeit: 40 Minuten
Haltbarkeit: kühl und dunkel gestellt 3–4 Monate

1. Aprikosen abspülen und die Haut an der Unterseite kreuzweise einschneiden. Aprikosen kurz in kochendes Wasser legen, herausnehmen, mit kaltem Wasser abschrecken und die Haut abziehen. Aprikosen halbieren und entsteinen. 900 g Fruchtfleisch abwiegen und in etwa 1 cm große Würfel schneiden. Mit Korinthen, Zitronensäure und Zimtstangen in einem großen Topf mischen.

2. Zucker mit Gelfix Super verrühren und unter die Fruchtmasse rühren. Alles unter Rühren bei starker Hitze zum Kochen bringen und unter ständigem Rühren mindestens 3 Minuten sprudelnd kochen lassen. Topf von der Kochstelle nehmen.

3. Kochgut eventuell abschäumen und die Zimtstangen entfernen. Konfitüre sofort randvoll in vorbereitete Gläser füllen. Gläser mit Twist-off-Deckeln® verschließen, umdrehen und etwa 5 Minuten auf den Deckeln stehen lassen.

Tipp: Die Konfitüre schmeckt gut zu Joghurt und Müsli. Oder mit etwas Schmand oder Crème double verrührt auf Zwieback, süßen Brötchen oder Hefemuffins.

Aprikosen-Mandel-Verführung I

Mit Alkohol

1 Glas etwa 3 l

Insgesamt:
E: 15 g, F: 14 g, Kh: 748 g, kJ: 24838, kcal: 5934

250 g Zucker
280 ml Wasser
1 ½ kg Aprikosen
500 ml (½ l) Rum (80 Vol.-%)
150 ml Weingeist/Ethanol (hochprozentiger Alkohol aus der Apotheke, 90 Vol.-%)
400 g weißer Kandis
15 süße, abgezogene Mandeln
1 Zimtstange
5 Tropfen Bittermandel-Aroma

Zubereitungszeit: 30 Minuten, ohne Abkühlzeit
Durchziehzeit: etwa 6 Wochen
Haltbarkeit: 4–6 Monate

1. Zucker mit Wasser in einem Topf verrühren, zum Kochen bringen, einmal kurz aufkochen und anschließend abkühlen lassen.

2. Aprikosen abspülen und die Haut an der Unterseite kreuzweise einschneiden. Aprikosen kurz in kochendes Wasser legen, herausnehmen, mit kaltem Wasser abschrecken. Aprikosen enthäuten, halbieren, entsteinen und je nach Größe vierteln. Aprikosenhälften oder -viertel in ein vorbereitetes, verschließbares Glas geben.

3. Rum, Weingeist und Zuckerlösung in das Glas gießen. Kandis, Mandeln, Zimtstange und Aroma hinzufügen. Die Zutaten einmal gründlich durchrühren. Das Glas mit einem Deckel fest verschließen, dunkel und kalt gestellt etwa 6 Wochen durchziehen lassen. In den ersten Tagen das Glas vorsichtig schütteln, damit sich die Zutaten gut miteinander vermischen.

Tipp: Die beschwipsten Aprikosen in kleine Stücke schneiden und mit dem Likör servieren oder eventuell mit trockenem Sekt aufgießen.

Aprikosen-Trauben-Latwerge I

Schnell

3–4 Gläser je 200 ml

Insgesamt:
E: 7 g, F: 2 g, Kh: 116 g, kJ: 2305, kcal: 545

etwa 750 g Aprikosen
5–6 EL Wasser
1 l heller Traubensaft (Handelsware)

Zubereitungszeit: 50 Minuten
Haltbarkeit: kühl und dunkel gestellt etwa 1 Monat

1. Aprikosen abspülen und an der Unterseite kreuzweise einritzen. Kurz in kochendes Wasser legen, in kaltem Wasser abschrecken und die Schale abziehen. Die Aprikosen halbieren, entsteinen und in Stücke schneiden.

2. Aprikosenstücke mit Wasser in einem Topf zum Kochen bringen. Aprikosen zugedeckt bei schwacher Hitze weich kochen, dabei ab und zu umrühren. Topf von der Kochstelle nehmen. Aprikosen mit einem Stabmixer fein pürieren und 500 g Aprikosenmark abwiegen.

3. In der Zwischenzeit Traubensaft in einem großen Topf zum Kochen bringen und ohne Deckel bei mittlerer Hitze auf die Hälfte einkochen lassen. Topf von der Kochstelle nehmen.

4. Aprikosenmark unter den eingekochten Traubensaft rühren, alles wieder zum Kochen bringen und unter ständigem Rühren in etwa 20 Minuten zu einem dickflüssigen Mus einkochen lassen.

5. Aprikosen-Trauben-Latwerge sofort randvoll in vorbereitete Gläser füllen. Gläser mit Twist-off-Deckeln® verschließen, umdrehen und etwa 5 Minuten auf den Deckeln stehen lassen.

Tipps: In den Wintermonaten kann das Rezept ebenso nachgekocht werden. Dann statt der frischen Aprikosen 1 große Dose Aprikosenhälften (Abtropfgewicht 490 g) verwenden. Aprikosenhälften gut abtropfen lassen und mit dem Stabmixer fein pürieren. Wer die Aprikosen-Trauben-Latwerge länger haltbar machen möchte, kocht sie ein: Im Einkochtopf etwa 30 Minuten bei etwa 90 °C. Latwerge ist ein stark eingekochtes Mus, meist aus Pflaumen (Zwetschen). Es wird ohne Zucker durch starkes Einkochen haltbar gemacht.

Basilikum-Pesto | Beliebt

1 Glas etwa 250 ml (1/4 l)

Insgesamt:
E: 46 g, F: 260 g, Kh: 8 g, kJ: 10521, kcal: 2513

3–4	*Knoblauchzehen*
1 gestr. TL	*Salz*
50 g	*Pinienkerne*
8 EL	*gehackte Basilikumblättchen*
100 g	*frisch geriebener Pecorino- oder Parmesan-Käse*
200 ml	*kalt gepresstes Olivenöl*

Zubereitungszeit: 20 Minuten
Haltbarkeit: kalt gestellt etwa 6 Wochen

1. Knoblauch abziehen, mit Salz, Pinienkernen und Basilikumblättchen im Mörser so lange zerstoßen, bis eine cremeartige Masse entstanden ist. Oder die Zutaten in einen hohen Rührbecher geben und mit einem Stabmixer pürieren, bis eine cremeartige Masse entstanden ist.

2. Käse hinzufügen und unterarbeiten. Zuletzt Olivenöl unterrühren.

3. Pesto in ein vorbereitetes Glas füllen. Das Glas mit einem Twist-off-Deckel® verschließen.

Tipp: Basilikum-Pesto zu Nudeln oder Tomaten mit Mozzarella reichen. Es schmeckt auch mit Rucola (Rauke) statt Basilikum.

Bauern-Leberpastete I

Für Gäste – mit Alkohol

etwa 4 Einkochgläser je 500 ml (1/2 l)

Insgesamt:
E: 245 g, F: 199 g, Kh: 31 g, kJ: 12378, kcal: 2956

500 g Rinderleber
500 g Schweinemett
Salz
Pökelsalz
frisch gemahlener, schwarzer Pfeffer
1/4 TL gerebelter Majoran
1 Ei (Größe M)
2–3 EL Weinbrand
65 g Schlagsahne
250 g durchwachsener Speck

Zubereitungszeit: 50 Minuten
Haltbarkeit: gekühlt etwa 4 Wochen

1. Rinderleber unter fließendem kalten Wasser abspülen, trocken tupfen, durch die grobe Scheibe des Fleischwolfs drehen und mit Schweinemett vermengen. Mit Salz, Pökelsalz, Pfeffer und Majoran würzen. Ei, Weinbrand und Sahne gut untermengen. Die Zutaten nochmals mit Handrührgerät mit Pürierstab oder im Mixer fein pürieren.

2. Speck in kleine Würfel schneiden, zur Fleischmasse geben, gut unterarbeiten und in die vorbereiteten Einkochgläser füllen.

3. Jeweils Gummiring und Deckel nass auf den gesäuberten Glasrand legen, mit Klammern verschließen. Die Gläser auf einen Auflagenrost in den Einkochtopf stellen, so viel kaltes Wasser hinzugießen, dass die Gläser zu 3/4 im Wasser stehen.

4. Den Topf verschließen. Die Bauern-Leberpastete etwa 90 Minuten bei etwa 100 °C einkochen.

5. Die Gläser herausnehmen, erkalten lassen und kühl aufbewahren.

Tipp: Die Bauern-Leberpastete schmeckt besonders gut, wenn Sie sie mit Bauernbrot servieren.

Bauernsülze | Klassisch – dauert länger

etwa 4 Einkochgläser je 1 l

Insgesamt:
E: 807 g, F: 371 g, Kh: 68 g, kJ: 31801, kcal: 7593

4 kg Schweinefleisch (Spitzbein, Eisbein, Kopffleisch, Schulter, Nacken, Schwänzchen)
10 Lorbeerblätter
2 EL Pimentkörner (Nelkenpfeffer)
3 EL Wacholderbeeren
2 EL schwarze Pfefferkörner
10 Gewürznelken
4 abgezogene Zwiebeln
Salz
1 l Weißweinessig

Außerdem:
1 sauberes Geschirrtuch

Zubereitungszeit: 35 Minuten, ohne Abkühlzeit
Haltbarkeit: kühl und dunkel gestellt etwa 9 Monate

1. Schweinefleisch unter fließendem kalten Wasser abspülen, mit Lorbeerblättern, Pimentkörnern, Wacholderbeeren, Pfefferkörnern, Nelken, Zwiebeln und Salz in einen hohen Kochtopf geben. So viel Wasser hinzugießen, dass das Fleisch ganz bedeckt ist. Die Hälfte des Essigs hinzugießen und zum Kochen bringen. Die Brühe abschäumen. Das Fleisch 60–90 Minuten garen.

2. Das Fleisch aus der Brühe nehmen, etwas abkühlen lassen und von den Knochen lösen. Schwarten und Fett abschneiden, zusammen mit den Knochen wieder in die Brühe geben.

3. Die Brühe nochmals kräftig mit Salz abschmecken, aufkochen lassen, durch ein Geschirrtuch gießen, mit dem restlichen Essig und nach Belieben mit Salz kräftig abschmecken. Brühe etwas abkühlen lassen.

4. In der Zwischenzeit das Fleisch in Würfel schneiden und in die vorbereiteten Einkochgläser füllen. Die Brühe darübergießen, sodass das Fleisch reichlich mit der Brühe bedeckt ist.

5. Jeweils Gummiring und Deckel nass auf den gesäuberten Glasrand legen, mit Klammern verschließen. Gläser auf einen Auflagenrost in den Einkochtopf stellen, so viel kaltes Wasser hinzugießen, dass die Gläser zu ¾ im Wasser stehen.

6. Den Topf verschließen. Dann die Bauernsülze etwa 75 Minuten bei etwa 100 °C einkochen.

BBQ-Sauce (Barbecue-Sauce) I

Gut vorzubereiten

etwa 750 ml (3/4 l)

Insgesamt:
E: 13 g, F: 2 g, Kh: 128 g, kJ: 2486, kcal: 594

150 ml	*starker Kaffee (Espresso oder Mokka)*
1/2	*Gemüsezwiebel*
1/2 kleines Bund	*Petersilie*
1/2 TL	*Sambal Oelek*
500 ml (1/2 l)	*Tomatenketchup*

Zubereitungszeit: 20 Minuten, ohne Kühlzeit
Durchziehzeit: etwa 1 Tag
Haltbarkeit: gekühlt 3–4 Wochen

1. Kaffee zubereiten und kalt stellen. Zwiebel schälen und in sehr kleine Würfel schneiden.

2. Petersilie abspülen und trocken tupfen. Die Blättchen von den Stängeln zupfen und Blättchen klein schneiden.

3. Den Kaffee in eine Schüssel gießen. Zwiebelwürfel, Petersilie, Sambal Oelek und Ketchup hinzufügen. Die Zutaten gut verrühren.

4. Die Sauce in vorbereitete, verschließbare Gläser oder Flaschen füllen, fest verschließen und kalt stellen. Sauce durchziehen lassen.

5. Die BBQ-Sauce kann schon nach 1 Tag verwendet werden.

Tipp: Die Sauce darf bei keinem Barbecue fehlen. Sie eignet sich besonders gut zu gegrilltem Fleisch und zum Bestreichen von gebackenen Spareribs. Oder als Dip zu Frittiertem reichen.

Beerenketchup mit Zimt und Minze | Raffiniert

etwa 6–7 Gläser je 200 ml

Insgesamt:
E: 13 g, F: 10 g, Kh: 425 g, kJ: 8179, kcal: 1959

2 kg frische Beeren, z. B. Brombeeren
800 g Zucker
600 ml Weißweinessig
½ TL gemahlene Nelken
½ TL gemahlener Piment (Nelkenpfeffer)
1 Zimtstange
3 Zweige Minze
Salz
frisch gemahlener Pfeffer

Zubereitungszeit: 45 Minuten
Haltbarkeit: kühl, trocken und dunkel gestellt etwa 4 Wochen

1. Die Beeren verlesen, abspülen, mit Zucker, Essig, Nelken, Piment und Zimtstange in einem Topf unter ständigem Rühren bei schwacher Hitze zum Kochen bringen, zugedeckt bei mittlerer Hitze etwa 1 Stunde kochen lassen, dabei ab und zu umrühren.

2. Die Zimtstange entfernen. Die Beerenmasse durch ein feines Sieb streichen oder durch eine Flotte Lotte (Passiermühle) geben. Den Beerensaft (Ketchup) dabei auffangen.

3. Minze abspülen und trocken tupfen. Die Blättchen von den Stängeln zupfen. Blättchen in feine Streifen schneiden und unter den Beerensaft (Ketchup) rühren. Mit Salz und Pfeffer abschmecken.

4. Den heißen Beerensaft (Ketchup) sofort in vorbereitete Gläser füllen und mit Twist-off-Deckeln® verschließen.

Tipp: Beerenketchup passt gut zu gereiftem Hartkäse mit kräftigem Geschmack.

Beschwipste Früchte | Mit Alkohol

1 Glas etwa 1 l

Insgesamt:
E: 5 g, F: 1 g, Kh: 266 g, kJ: 7956, kcal: 1901

80 g brauner Zucker (Farinzucker)
100 ml Wasser
350 g Nektarinen
250 g kernlose, kleine, weiße Weintrauben
2 Limetten
150 g Galia-Melonen-Fruchtfleisch
300 ml Orangenlikör (40 Vol.-%)

Zubereitungszeit: 25 Minuten, ohne Abkühlzeit
Durchziehzeit: 2–4 Tage
Haltbarkeit: gekühlt etwa 1 Woche

1. Farinzucker mit Wasser zum Kochen bringen und etwa 1 Minute kochen. Zuckerlösung erkalten lassen.

2. Nektarinen waschen, abtrocknen, halbieren und entsteinen. Nektarinen in dünne Spalten oder kleine Stücke schneiden. Weintrauben waschen und abtrocknen.

3. Limetten halbieren und den Saft auspressen. Mit einem Kugelausstecher Melonenfruchtfleisch in Kugeln ausstechen oder nach Belieben in kleine Stücke schneiden.

4. Fruchtstücke in ein vorbereitetes, verschließbares Glas geben. Zuckerlösung mit Orangenlikör verrühren, über die Früchte geben und einmal gut durchrühren. Die Früchte müssen vollständig mit Flüssigkeit bedeckt sein.

5. Das Glas fest verschließen und kalt stellen. Die Früchte 2–4 Tage durchziehen lassen.

6. Die beschwipsten Früchte mit Sekt oder Weißwein aufgießen und servieren.

Birnen, einmal anders | Raffiniert

etwa 4 Einkochgläser je 1 l

Insgesamt:
E: 22 g, F: 18 g, Kh: 716 g, kJ: 13560, kcal: 3253

etwa 4 kg Birnen
schwach gesalzenes Wasser
4 Bio-Zitronen (unbehandelt, ungewachst)
2 Zimtstangen
evtl. 8 Gewürznelken

Für die Zuckerlösung:
200–300 g Zucker
1 l Wasser
evtl. etwas Zitronensaft

Zubereitungszeit: 95 Minuten, ohne Abkühlzeit
Haltbarkeit: kühl und dunkel gestellt etwa 9 Monate

1. Birnen waschen schälen, je nach Größe halbieren oder vierteln und entkernen. Birnen in Salzwasser legen.

2. Birnen gut abtropfen lassen, mit der Rundung nach oben in vorbereitete Einkochgläser legen.

3. Die Zitronen heiß abwaschen, abtrocknen und die Schale abreiben. Die Zimtstangen jeweils halbieren. Zitronenschale, nach Belieben Gewürznelken und Zimtstücke in den Gläsern verteilen.

4. Für die Zuckerlösung Zucker mit Wasser zum Kochen bringen und kurz aufkochen lassen (Zucker muss vollständig aufgelöst sein).

5. Falls die Birnen wenig sauer im Geschmack sind, die Zuckerlösung mit Zitronensaft abschmecken. Zuckerlösung abkühlen lassen, über die Birnen gießen.

6. Jeweils Gummiring und Deckel nass auf den gesäuberten Glasrand legen, mit Klammern verschließen. Gläser auf einen Auflagenrost in den Einkochtopf stellen, so viel kaltes Wasser hinzugießen, dass die Gläser zu ¾ im Wasser stehen.

7. Den Topf verschließen. Die Birnen etwa 30 Minuten bei etwa 90 °C einkochen.

Birnen in Senfsud | Einfach

2–3 Gläser je 500 ml (1/2 l)

Insgesamt:
E: 22 g, F: 19 g, Kh: 353 g, kJ: 7112, kcal: 1696

Für die Essiglösung:

40 g	frischer Meerrettich
625 ml	Wasser
175 g	Zucker
etwa 300 ml	Rotweinessig
1/2 TL	Salz
3	Lorbeerblätter
1 TL	weiße Pfefferkörner
3–4	Gewürznelken
1	getrocknete Chilischote
50 g	Senfkörner
1 1/4 kg	kleine, feste Birnen
1/2 Pck.	Einmach-Hilfe

Zubereitungszeit: 30 Minuten
Haltbarkeit: gekühlt etwa 6 Monate

1. Für die Essiglösung Meerrettich schälen, in dünne Streifen schneiden und in einen großen Topf geben. Wasser, Zucker, Rotweinessig, Salz, Lorbeerblätter, Pfefferkörner, Nelken, Chilischote und Senfkörner hinzufügen.

2. Birnen waschen, abtrocknen, mit Stiel und Blüte in die Essiglösung geben, zum Kochen bringen und so lange köcheln lassen, bis sich die Birnen mit einer Nadel durchstechen lassen.

3. Die Birnen mit einem Schaumlöffel aus der Essiglösung nehmen und in vorbereitete Gläser schichten. Die Essiglösung noch einmal aufkochen lassen und die Einmach-Hilfe unterrühren.

4. Die heiße Essiglösung über die Birnen gießen. Die Gläser sofort mit Twist-off-Deckeln® verschließen, umdrehen und etwa 5 Minuten auf den Deckeln stehen lassen. Birnen kühl (im Keller) aufbewahren.

Tipp: Die Rotweinessigmenge halbieren und durch 150 ml Rotwein ersetzen.

Birnen-Apfel-Konfitüre | Einfach

(im Foto links)
etwa 7 Gläser je 200 ml

Insgesamt:
E: 4 g, F: 4 g, Kh: 1270 g, kJ: 21772, kcal: 5203

500 g Birnen (vorbereitet gewogen)
500 g Äpfel (vorbereitet gewogen)
je 1 Msp. gemahlener Zimt und Gewürznelken
1 Pck. Zitronensäure (5 g)
1 Beutel Gelfix Classic 1:1 (20 g)
1150 g Zucker

Zubereitungszeit: 45 Minuten
Haltbarkeit: kühl und dunkel gestellt etwa 1 Jahr

1. Birnen und Äpfel waschen, schälen, vierteln, entkernen, in kleine Stücke schneiden und jeweils 500 g abwiegen.

2. Fruchtstücke mit Zimt, Nelken und Zitronensäure in einen großen Kochtopf geben.

3. Gelfix Classic zuerst mit 2 Esslöffeln des Zuckers mischen, dann mit den Fruchtstücken verrühren.

4. Das Kochgut unter Rühren bei starker Hitze zum Kochen bringen. Sobald alles bei ständigem Rühren sprudelnd kocht, noch den restlichen Zucker hinzufügen.

5. Alles unter Rühren wieder zum Kochen bringen und unter ständigem Rühren mindestens 3 Minuten sprudelnd kochen lassen. Topf von der Kochstelle nehmen.

6. Kochgut eventuell abschäumen und sofort randvoll in vorbereitete Gläser füllen. Gläser mit Twist-off-Deckeln® verschließen, umdrehen und etwa 5 Minuten auf den Deckeln stehen lassen.

Birnen-Heidelbeer-Konfitüre mit Cidre | Mit Alkohol

(im Foto rechts)
etwa 5 Gläser je 200 ml

Insgesamt:
E: 4 g, F: 3 g, Kh: 588 g, kJ: 10600, kcal: 2498

500 g Birnen (vorbereitet gewogen)
300 g Heidelbeeren (vorbereitet gewogen)
200 ml Cidre (lieblich)
1 Pck. Zitronensäure (5 g)
1 Pck. Extra Gelierzucker 2:1 (500 g)

Zubereitungszeit: 45 Minuten
Haltbarkeit: kühl und dunkel gestellt etwa 1 Jahr

1. Birnen waschen, schälen, vierteln, entkernen, in kleine Stücke schneiden und 500 g abwiegen. Heidelbeeren verlesen, waschen, abtropfen lassen und 300 g abwiegen.

2. Fruchtstücke, Cidre und Zitronensäure in einem großen Kochtopf mit Extra Gelierzucker gut verrühren. Alles unter Rühren bei starker Hitze zum Kochen bringen und unter ständigem Rühren mindestens 3 Minuten sprudelnd kochen lassen. Topf von der Kochstelle nehmen.

3. Kochgut eventuell abschäumen und sofort randvoll in vorbereitete Gläser füllen. Die Gläser mit Twist-off-Deckeln® verschließen, umdrehen und etwa 5 Minuten auf den Deckeln stehen lassen.

Birnen-Karamell-Konfitüre I

Mit Alkohol

etwa 5 Gläser je 200 ml

Insgesamt:
E: 4 g, F: 2 g, Kh: 617 g, kJ: 11023, kcal: 2631

100 g	*Zucker*
50 ml	*kaltes Wasser*
50 ml	*kochendes Wasser*
800 g	*Birnen (vorbereitet gewogen)*
	Saft von
1	*Zitrone*
1 Pck.	*Zitronensäure (5 g)*
1 Pck.	*Dr. Oetker Bourbon-Vanille-Zucker*
400 g	*Zucker*
1 Beutel	*Gelfix Extra 2:1 (25 g)*
50 ml	*Birnengeist*

Zubereitungszeit: 60 Minuten
Haltbarkeit: kühl und dunkel gestellt etwa 1 Jahr

1. Zucker mit kaltem Wasser in einem kleinen Topf aufkochen und bei starker Hitze zu einem Karamell einkochen lassen. Den Topf von der Kochstelle nehmen, kochendes Wasser unterrühren. Karamell bei Zimmertemperatur bis zur weiteren Verarbeitung stehen lassen. Birnen waschen, schälen, halbieren, entkernen, in kleine Stücke schneiden und 800 g abwiegen.

2. Birnenstücke, Zitronensaft, Zitronensäure, Vanille-Zucker und Karamell in einen großen Kochtopf geben. Zucker mit Gelfix Extra mischen, dann mit der Frucht-Karamell-Masse verrühren.

3. Alles unter Rühren bei starker Hitze zum Kochen bringen und unter ständigem Rühren mindestens 3 Minuten sprudelnd kochen lassen. Topf von der Kochstelle nehmen, Birnengeist unterrühren.

4. Das Kochgut eventuell abschäumen und sofort randvoll in vorbereitete Gläser füllen. Gläser mit Twist-off-Deckeln® verschließen, umdrehen und etwa 5 Minuten auf den Deckeln stehen lassen.

Blütengelee | Mit Alkohol

etwa 5 Gläser je 200 ml

Insgesamt:
E: 4 g, F: 0 g, Kh: 551 g, kJ: 10580, kcal: 2496

etwa 15	*Stiefmütterchenblüten (je Glas 3–4 Blüten, je nach Größe) oder 15 Kapuzinerkresseblüten oder 1 EL Borretschblüten oder 1 EL Gänseblümchen-Blüten oder 1 EL Veilchen*
500 ml (1/2 l)	*Pfirsichsaft (Handelsware)*
400 ml	*Prosecco*
1 Pck.	*Extra Gelierzucker 2:1 (500 g)*

Zubereitungszeit: 40 Minuten, ohne Abkühlzeit
Haltbarkeit: kühl und dunkel gestellt 3–4 Monate

1. Blüten waschen und auf Küchenpapier abtropfen lassen.

2. Pfirsichsaft und Prosecco in einem Kochtopf mit Extra Gelierzucker gut verrühren. Die Zutaten unter Rühren bei starker Hitze zum Kochen bringen und unter ständigem Rühren mindestens 3 Minuten sprudelnd kochen lassen. Topf von der Kochstelle nehmen. Kochgut eventuell abschäumen.

3. Zunächst 1/4 des Kochgutes in den vorbereiteten Gläsern verteilen und etwa 5 Minuten abkühlen lassen. Jeweils 1 Blüte auf das Gelee legen, wieder 1/4 des Kochgutes daraufgeben, etwa 5 Minuten abkühlen lassen und mit je 1 weiteren Blüte belegen. So weiterverfahren, bis die Gläser randvoll sind.

4. Gläser mit Twist-off-Deckeln® verschließen, umdrehen und etwa 5 Minuten auf den Deckeln stehen lassen. Gläser während des Erkaltens gelegentlich umdrehen, damit sich die Blüten gut verteilen.

Wichtig: Die Blüten müssen ungespritzt sein. Sie sind beim Gemüsehändler oder auf dem Markt erhältlich (eventuell müssen sie vorbestellt werden).

Tipps: Die Haltbarkeit wird durch die Zugabe von Blüten verkürzt. Hübsch verpackt ist Blütengelee ein nettes Geschenk, z.B. zu einer Brunch-Party. Blütengelee zu hellem Fleisch reichen, z.B. zu Geflügel. Bei Verwendung von Borretschblüten, Gänseblümchen oder Veilchen werden jeweils 2–3 Blüten auf eine Geleeschicht gelegt.

Blutorangengelee I

Raffiniert – schnell

etwa 6 Gläser je 200 ml

Insgesamt:
E: 6 g, F: 1 g, Kh: 563 g, kJ: 9845, kcal: 2325

900 ml Blutorangensaft (von etwa 17 Blutorangen)
1 Pck. Extra Gelierzucker 2:1 (500 g)

Zubereitungszeit: 30 Minuten
Haltbarkeit: kühl und dunkel gestellt etwa 1 Jahr

1. Die Orangen halbieren und den Saft auspressen. 900 ml Saft abmessen, eventuell mit Wasser ergänzen.

2. Orangensaft mit Extra Gelierzucker in einem Kochtopf gut verrühren. Alles unter Rühren bei starker Hitze zum Kochen bringen und unter ständigem Rühren mindestens 3 Minuten sprudelnd kochen lassen. Topf von der Kochstelle nehmen.

3. Das Kochgut eventuell abschäumen, sofort randvoll in vorbereitete Gläser füllen. Gläser mit Twist-off-Deckeln® verschließen, umdrehen und etwa 5 Minuten auf den Deckeln stehen lassen.

Brombeer-Birnen-Konfitüre | Einfach

4–5 Gläser je 200 ml

Insgesamt:
E: 9 g, F: 7 g, Kh: 428 g, kJ: 7778, kcal: 1858

600 g Brombeeren (vorbereitet gewogen)
400 g reife Birnen (vorbereitet gewogen)
*350 g Zucker, Fruchtzucker oder Sorbit**
1 Beutel Gelfix Super 3:1 (25 g)

Zubereitungszeit: 25 Minuten
Haltbarkeit: kühl und dunkel gestellt etwa 1 Jahr

1. Brombeeren verlesen, eventuell kurz abspülen, abtropfen lassen und 600 g abwiegen. Birnen waschen, schälen, vierteln, entkernen, klein schneiden und 400 g abwiegen.

2. Brombeeren und Birnenstücke in einen großen Kochtopf geben. Süßungsmittel mit Gelfix Super mischen, dann mit der Fruchtmasse verrühren. Alles unter Rühren bei starker Hitze zum Kochen bringen und unter ständigem Rühren mindestens 3 Minuten sprudelnd kochen lassen. Topf von der Kochstelle nehmen.

3. Kochgut eventuell abschäumen und sofort randvoll in vorbereitete Gläser füllen. Gläser mit Twist-off-Deckeln® verschließen, umdrehen und etwa 5 Minuten auf den Deckeln stehen lassen.

Tipps: Wenn Sie keine Kerne in Ihrer Konfitüre mögen, passieren Sie die Brombeeren vor dem Kochen durch ein Sieb. Statt mit Zucker, Fruchtzucker oder Sorbit können Sie die Konfitüre mit 25 ml Flüssigsüße zubereiten. Dazu die vorbereiteten Früchte in einen Kochtopf geben, mit Gelfix Super und der abgemessenen Flüssigsüße verrühren und wie im Rezept angegeben fortfahren.

Variante: Brombeer-Birnen-Konfitüre mit Thymian. Um der Konfitüre eine noch interessantere Note zu verleihen, können Sie nach 2 Minuten Kochzeit 1 Esslöffel gerebelten Thymian hinzufügen und 1 Minute mitkochen lassen. Die Haltbarkeit der Konfitüre wird jedoch durch die Zugabe von Thymian verkürzt (Haltbarkeit 3–4 Monate).

* Diabetiker sollten Zuckeraustauschstoffe verwenden.

Brombeeren in Weinbrand I

Raffiniert – mit Alkohol

etwa 3 Gläser je 200 ml

Insgesamt:
E: 12 g, F: 10 g, Kh: 403 g, kJ: 9984, kcal: 2389

1 kg Brombeeren
250 ml (1/4 l) Wasser
375 g Zucker
250 ml (1/4 l) Weinbrand

Zubereitungszeit: 60 Minuten, ohne Durchzieh- und Abkühlzeit
Haltbarkeit: kühl und dunkel gestellt etwa 6 Monate

1. Brombeeren verlesen, abspülen, gut abtropfen lassen und in eine Schüssel geben.

2. Das Wasser mit Zucker zum Kochen bringen und abschäumen. Zuckerwasser über die Brombeeren gießen. Die Brombeeren zugedeckt etwa 24 Stunden durchziehen lassen.

3. Die Brombeeren in ein Sieb geben, dabei die Flüssigkeit auffangen. Brombeerflüssigkeit in einen breiten Topf geben, zum Kochen bringen und so lange kochen lassen, bis die Brombeerflüssigkeit um etwa 1/4 eingekocht ist, abkühlen lassen.

4. Brombeeren wieder in die Schüssel geben, mit der Brombeerflüssigkeit übergießen und nochmals zugedeckt etwa 24 Stunden durchziehen lassen.

5. Brombeeren wieder in ein Sieb geben, dabei die Flüssigkeit auffangen und 250 ml (1/4 l) abmessen. Brombeerflüssigkeit mit Weinbrand verrühren.

6. Brombeeren in vorbereitete Gläser geben und mit der Weinbrandflüssigkeit übergießen.

7. Die Gläser mit Twist-off-Deckeln® verschließen. Brombeeren einige Wochen durchziehen lassen.

Tipp: Nach Belieben das Zuckerwasser mit einer Vanilleschote aufkochen und die Brombeeren mit der Schote durchziehen lassen.

Brombeerkonfitüre | Klassisch

etwa 7 Gläser je 200 ml

Insgesamt:
E: 12 g, F: 10 g, Kh: 1172 g, kJ: 20668, kcal: 4941

1 kg Brombeeren (vorbereitet gewogen)
1 Beutel Gelfix Classic 1:1 (20 g)
1150 g Zucker

Zubereitungszeit: 45 Minuten
Haltbarkeit: kühl und dunkel gestellt etwa 1 Jahr

1. Die Brombeeren verlesen, entstielen, vorsichtig waschen, gut abtropfen lassen und 1 kg abwiegen. Die Brombeeren zerdrücken, am besten mit einem Stampfer oder Schneidstab zerkleinern.

2. Brombeermus in einen großen Kochtopf geben. Gelfix Classic zuerst mit 2 Esslöffeln des Zuckers mischen, dann mit dem Brombeermus gut verrühren.

3. Die Zutaten unter Rühren bei starker Hitze zum Kochen bringen. Sobald alles bei ständigem Rühren sprudelnd kocht, restlichen Zucker hinzufügen. Alles unter Rühren wieder zum Kochen bringen und unter ständigem Rühren mindestens 3 Minuten sprudelnd kochen lassen. Topf von der Kochstelle nehmen.

4. Kochgut eventuell abschäumen und sofort randvoll in vorbereitete Gläser füllen. Gläser mit Twist-off-Deckeln® verschließen, umdrehen und etwa 5 Minuten auf den Deckeln stehen lassen.

Tipp: Nach Belieben 3 Esslöffel Gin unter die fertige Konfitüre rühren.

Brombeerlikör | Raffiniert – mit Alkohol

etwa 700 ml

Insgesamt:
E: 1 g, F: 1 g, Kh: 151 g, kJ: 5050, kcal: 1206

60 ml Wasser
150 g Zucker
200 g Brombeeren
250 ml (1/4 l) Wodka (40 Vol.-%)
1 Zimtstange

Zubereitungszeit: 30 Minuten, ohne Abkühlzeit
Durchziehzeit: 6–8 Wochen
Haltbarkeit: 4–6 Monate

1. Wasser mit Zucker in einem Topf zum Kochen bringen und kurz aufkochen. Die Zuckerlösung erkalten lassen.

2. Brombeeren verlesen, waschen, gut abtropfen lassen und eventuell entstielen. Die Brombeeren in ein vorbereitetes, verschließbares Glas (0,7 l Inhalt) füllen.

3. Zuckerlösung und Wodka zu den Brombeeren ins Glas gießen. Die Zimtstange hinzufügen und umrühren. Das Glas mit einem Deckel fest verschließen und den Likör kalt gestellt 6–8 Wochen durchziehen lassen.

4. Nach der Durchziehzeit den Likör in eine gründlich gereinigte, gespülte Flasche abfiltern und die Flasche gut verschließen.

Brombeer-Limetten-Gelee | Fruchtig

4–5 Gläser je 200 ml

Insgesamt:
E: 8 g, F: 6 g, Kh: 445 g, kJ: 8159, kcal: 1948

650 ml Brombeersaft (von etwa 1100 g Brombeeren)
3 Bio-Limetten (unbehandelt, ungewachst)
400 g Zucker
1 Beutel Gelfix Extra 2:1 (25 g)

Zubereitungszeit: 45 Minuten, ohne Entsaftungszeit
Haltbarkeit: kühl und dunkel gestellt etwa 1 Jahr

1. Brombeeren verlesen, entstielen, abspülen und abtropfen lassen. Limetten heiß abwaschen und abtrocknen. 1 Limette dünn schälen. Limettenschale zu den Brombeeren geben.

2. Brombeeren im Schnellkochtopf oder Dampfentsafter entsaften (Gebrauchsanleitung des Geräteherstellers beachten), 650 ml Saft abmessen.

3. Von den restlichen Limetten die Schale mit einem Zestenreißer in Streifen abziehen. Alle Limetten auspressen, 100 ml Saft abmessen und mit dem Brombeersaft in einen großen Kochtopf geben. Zucker mit Gelfix Extra mischen, mit dem Fruchtsaft verrühren.

4. Die Zutaten unter Rühren bei starker Hitze zum Kochen bringen und unter ständigem Rühren mindestens 3 Minuten sprudelnd kochen lassen. Topf von der Kochstelle nehmen.

5. Kochgut eventuell abschäumen, Limettenstreifen unterrühren und sofort randvoll in vorbereitete Gläser füllen. Gläser mit Twist-off-Deckeln® verschließen, umdrehen und etwa 5 Minuten auf den Deckeln stehen lassen.

6. Gläser während des Erkaltens gelegentlich umdrehen, damit sich die Limettenschalen gleichmäßig verteilen.

Tipps: Sie können die Limetten auch dünn schälen und die Schalen in feine Streifen schneiden. Das Gelee eignet sich gut als Füllung für Crêpes und Pfannkuchen.

Brombeer-Rotwein-Konfitüre I

Mit Alkohol

etwa 6 Gläser je 200 ml

Insgesamt:
E: 7 g, F: 5 g, Kh: 920 g, kJ: 16978, kcal: 4057

500 g	*Brombeeren (vorbereitet gewogen)*
400 ml	*trockener Rotwein*
1 Beutel	*Gelfix Classic 1:1 (20 g)*
900 g	*Zucker*

Zubereitungszeit: 40 Minuten
Haltbarkeit: kühl und dunkel gestellt etwa 1 Jahr

1. Brombeeren verlesen, eventuell abspülen, trocken tupfen und 500 g abwiegen.

2. Brombeeren und Rotwein in einen großen Kochtopf geben. Gelfix Classic zuerst mit 2 Esslöffeln des Zuckers mischen, dann mit der Fruchtmasse verrühren. Kochgut unter Rühren bei starker Hitze zum Kochen bringen.

3. Sobald alles bei ständigem Rühren sprudelnd kocht, restlichen Zucker hinzufügen. Alles unter Rühren wieder zum Kochen bringen und unter ständigem Rühren mindestens 3 Minuten sprudelnd kochen lassen. Topf von der Kochstelle nehmen.

4. Kochgut eventuell abschäumen und sofort randvoll in vorbereitete Gläser füllen.

5. Gläser mit Twist-off-Deckeln® verschließen, umdrehen und anschließend etwa 5 Minuten auf den Deckeln stehen lassen.

Tipp: Sollten Sie die Kerne bei Beerenobst als störend empfinden, passieren Sie 900 g Brombeeren durch ein feines Sieb und wiegen danach 500 g Brombeerenmasse ab.

Brombeersaft, eingekocht | Klassisch

4–5 Flaschen je 500 ml (½ l)

Insgesamt:
E: 36 g, F: 30 g, Kh: 1985 g, kJ: 35315, kcal: 8445

3 kg Brombeeren
1 ½ l Wasser
1 ½–2 kg Zucker (je nach Saftausbeute)
1 Pck. Einmach-Hilfe

Außerdem:
1 Küchentuch (Mulltuch)

Zubereitungszeit: 45 Minuten, ohne Ablaufzeit
Haltbarkeit: kühl und dunkel gestellt bis 6 Monate

1. Brombeeren verlesen, waschen, gut abtropfen lassen, eventuell entstielen.

2. Brombeeren in einen großen Kochtopf geben und mit einem Stampfer zerdrücken oder Stabmixer grob pürieren. Wasser hinzugießen. Brombeeren zugedeckt bei schwacher Hitze weich, aber nicht musig kochen, dabei ab und zu umrühren. Topf von der Kochstelle nehmen.

3. Ein großes Sieb mit einem feuchten Küchentuch (Mulltuch) auslegen und über eine Schüssel hängen. Den Brombeerfruchtbrei daraufgeben, damit der Saft ablaufen kann. Den Fruchtbrei nach dem Erkalten mithilfe des Tuches ausdrücken.

4. Den gewonnenen Saft abmessen, in einen großen Kochtopf geben und mit Zucker verrühren (auf 1 l Saft 400–450 g Zucker nehmen). Alles einmal aufkochen lassen und abschäumen. Den Topf von der Kochstelle nehmen.

5. Einmach-Hilfe in den heißen Saft rühren, heiß in vorbereitete Flaschen füllen und sofort verschließen.

Tipps: Das Ablaufen des Fruchtbreis braucht seine Zeit – am besten machen Sie das über Nacht. Selbstgemachte Säfte lassen sich auch prima in saubere und heiß ausgespülte Saucen- oder Ketchupflaschen (aus Glas) mit Twist-off-Deckeln® heiß einfüllen. Danach verschließen. Angebrochene Saftflaschen sind kalt gestellt innerhalb von 4–5 Tagen zu verbrauchen. Wer nicht viel Saft auf einmal verbraucht, sollte den Saft direkt in kleinere Flaschen (z. B. 200–250 ml) abfüllen. Der Brombeersaft ist relativ süß (wegen der Haltbarkeit). Deshalb möglichst mit Wasser, Mineralwasser oder Milch zum Trinken mischen. Wer es weniger süß mag, kann den Brombeersaft mit weniger Zucker zubereiten. Er muss dann jedoch eingekocht werden, um haltbar gemacht zu werden. Dafür dann 100–150 g Zucker je 1 l Brombeersaft nehmen. Heiß in Flaschen füllen, gleich verschließen und im Einkochtopf (mit Wasser) etwa 25 Minuten bei etwa 75 °C einkochen. Größere Mengen an Brombeeren lassen sich schnell im Dampfentsafter entsaften.

California Relish | Zum Verschenken

etwa 4 Gläser je 200 ml

Insgesamt:
E: 11 g, F: 3 g, Kh: 276 g, kJ: 5107, kcal: 1205

300 g Auberginen (vorbereitet gewogen)
300 g rote Paprikaschoten (vorbereitet gewogen)
1 kleine Stange Porree (Lauch)
125 ml (1/8 l) Weißweinessig
1/2 TL Senfkörner
Salz
frisch gemahlener Pfeffer
Paprikapulver edelsüß
1/2 Pck. Extra Gelierzucker 2:1 (250 g)

Zubereitungszeit: 50 Minuten
Haltbarkeit: kühl, dunkel und trocken gestellt etwa 6 Monate

1. Auberginen waschen, abtrocknen und die Stängelansätze entfernen. Auberginen in sehr kleine Würfel schneiden. Die Paprikaschoten halbieren, entstielen, entkernen und die weißen Scheidewände entfernen. Schotenhälften waschen, abtropfen lassen und ebenfalls in sehr kleine Würfel schneiden. Porree putzen, die Stange längs halbieren, gründlich waschen, abtropfen lassen und sehr klein würfeln.

2. Vorbereitete Gemüsewürfel in einen Topf geben. Essig, Senfkörner, Salz, Pfeffer, Paprika und Extra Gelierzucker hinzufügen. Die Zutaten unter Rühren zum Kochen bringen und etwa 10 Minuten unter gelegentlichem Rühren kochen lassen.

3. Die Gemüsemasse in dem Topf so lange pürieren oder zerstampfen, bis die Hälfte der Masse musig ist. Nochmals gut durchrühren und aufkochen lassen.

4. Relish sofort randvoll in vorbereitete Gläser füllen, sofort mit Twist-off-Deckeln® verschließen, umdrehen und etwa 5 Minuten auf den Deckeln stehen lassen.

Camembert mit Backpflaumen in Cognac | Für Gäste – mit Alkohol

1 Schraubglas etwa 500 ml (1/2 l)

Insgesamt:
E: 52 g, F: 60 g, Kh: 51 g, kJ: 6176, kcal: 1476

1 Camembert (etwa 200 g)
6 Backpflaumen
1 Stückchen kandierter Ingwer
6 Walnusskernhälften
4 Pimentkörner
10 Pfefferkörner
200 ml Cognac

Zubereitungszeit: 15 Minuten
Durchziehzeit: mindestens 2 Tage
Haltbarkeit: kühl gestellt etwa 1 Woche

1. Camembert in ein vorbereitetes, gut verschließbares Glas geben.

2. Die Backpflaumen halbieren, entsteinen und zum Camembert in das Glas geben.

3. Ingwer, Walnusskernhälften, Pimentkörner und Pfefferkörner hinzufügen.

4. Cognac hinzugießen, sodass der Camembert mit den Früchten und Gewürzen bedeckt ist.

5. Das Glas verschließen, Camembert mindestens 2 Tage durchziehen lassen.

Tipps: Camembert mit Baguette als Vorspeise reichen. Kandierten Ingwer gibt es fertig abgepackt in Supermärkten zu kaufen.

Champignons, mariniert I

Raffiniert – mit Alkohol

etwa 4 Gläser je 500 ml (1/2 l)

Insgesamt:
E: 5 g, F: 21 g, Kh: 6 g, kJ: 1092, kcal: 260

2 1/2 kg kleine Champignons

Für die Marinade:

1–2 Chilischoten
6–8 Knoblauchzehen
2 Zweige Rosmarin
250 ml (1/4 l) Weißweinessig
250 ml (1/4 l) Weißwein
250 ml (1/4 l) Speiseöl
2 EL grüne Pfefferkörner
2 gestr. TL Salz

Zubereitungszeit: 60 Minuten, ohne Marinier- und Abkühlzeit
Durchziehzeit: einige Tage
Haltbarkeit: gekühlt etwa 2 Wochen

1. Champignons putzen, mit Küchenpapier abreiben, eventuell abspülen und trocken tupfen.

2. Für die Marinade Chilischoten putzen, abspülen und trocken tupfen. Knoblauch abziehen und in dünne Scheiben schneiden. Rosmarin abspülen und trocken tupfen.

3. Essig, Wein und Speiseöl in einen Topf geben. Chilischoten, Knoblauchscheiben, Rosmarin, Pfefferkörner und Salz hinzufügen. Die Zutaten kurz aufkochen lassen. Topf von der Kochstelle nehmen.

4. Champignons in der Marinade etwa 10 Minuten ziehen und abkühlen lassen.

5. Die Champignons mit der Marinade in vorbereitete Gläser füllen. Dann die Gläser mit Twist-off-Deckeln® verschließen. Champignons kalt gestellt einige Tage durchziehen lassen.

Tipp: Marinierte Champignons zu Grillspezialitäten reichen oder auf ein Buffet stellen.

Chili con carne, eingekocht

Dauert länger

etwa 4 Einkochgläser je 1 l

Insgesamt:
E: 433 g, F: 206 g, Kh: 386 g, kJ: 23104, kcal: 5525

750 g getrocknete, braune und rote Bohnen
1 kg Rindfleisch
50 ml Speiseöl
1 rote Paprikaschote
4 Zwiebeln
5 Tomaten
4 EL Tomatenmark
1 ½ l Fleischbrühe
1 ½ geh. TL Chilipulver
3 EL Paprikapulver edelsüß
Salz, frisch gemahlener Pfeffer
1 EL gehacktes Basilikum
1 abgezogene, zerdrückte Knoblauchzehe

Zubereitungszeit: 50 Minuten, ohne Einweich- und Abkühlzeit
Haltbarkeit: kühl und dunkel gestellt etwa 6 Monate

1. Am Vortag Bohnen über Nacht (etwa 12 Stunden) in reichlich kaltem Wasser einweichen.

2. Am nächsten Tag das Rindfleisch unter fließendem kalten Wasser abspülen, trocken tupfen und in Würfel schneiden.

3. Speiseöl in einer Pfanne erhitzen. Rindfleischwürfel darin von allen Seiten gut anbraten und herausnehmen. Eingeweichte Bohnen gut abtropfen lassen.

4. Rindfleischwürfel und Bohnen gleichmäßig in vorbereitete Einkochgläser füllen.

5. Paprikaschote halbieren, entstielen, entkernen und die weißen Scheidewände entfernen. Die Schotenhälften waschen, abtropfen lassen und in kleine Würfel schneiden. Die Zwiebeln abziehen und ebenfalls klein würfeln. Tomaten waschen, abtropfen lassen, kreuzweise einschneiden, kurz in kochendes Wasser legen und in kaltem Wasser abschrecken. Tomaten enthäuten, halbieren, entkernen und die Stängelansätze herausschneiden. Tomatenhälften grob würfeln.

6. Paprika- und Zwiebelwürfel in dem verbliebenen Bratfett unter gelegentlichem Rühren dünsten. Tomatenmark und Tomatenwürfel hinzufügen und mitdünsten lassen. Fleischbrühe hinzugießen und zum Kochen bringen. Mit Chili, Paprika, Salz und Pfeffer würzen. Basilikum und Knoblauch unterrühren, nochmals kräftig mit den Gewürzen abschmecken. Die Gemüsemasse etwas abkühlen lassen.

7. Gemüsebrühe über die Rindfleischwürfel und Bohnen gießen, sodass alles reichlich mit der Brühe bedeckt ist.

8. Jeweils Gummiring und Deckel nass auf den gesäuberten Glasrand legen, mit Klammern verschließen. Gläser auf einen Auflagenrost in den Einkochtopf stellen, so viel kaltes Wasser hinzugießen, dass die Gläser zu ¾ im Wasser stehen.

9. Den Topf verschließen. Chili con carne etwa 75 Minuten bei etwa 100 °C einkochen.

Cornichons | Beliebt

4–5 Gläser je 750 ml (3/4 l)

Insgesamt:
E: 19 g, F: 4 g, Kh: 224 g, kJ: 4601, kcal: 1092

2 kg sehr kleine Gurken
Salzwasser
(auf 1 l Wasser 75 g Salz)

Für die Essig-Zucker-Lösung:
900 ml Wasser
125 g Zucker
1 1/2 EL Salz
600 ml Kräuteressig (5 % Säure)

500 g Silberzwiebeln
1 Stück Meerrettich
einige Dilldolden
(ersatzweise Dillzweige)
2 EL grüne Pfefferkörner
1 1/2–2 EL Gurkengewürz

Außerdem:
1 Schnellkochtopf mit Einsatz
1 Küchenhandtuch

Zubereitungszeit: 70 Minuten, ohne Einleg- und Abkühlzeit
Haltbarkeit: kühl und dunkel gestellt bis 12 Monate

1. Am Vortag Gurken gründlich waschen, abtropfen lassen, in eine große Schüssel geben und mit Salzwasser bedecken. Gurken 12–24 Stunden an einem kühlen Ort stehen lassen.

2. Am nächsten Tag für die Essig-Zucker-Lösung das Wasser mit Zucker und Salz in einem Topf unter Rühren erhitzen, bis sich der Zucker aufgelöst hat. Kurz einmal aufkochen lassen. Den Topf von der Kochstelle nehmen und Kräuteressig hinzugießen. Die Flüssigkeit etwas abkühlen lassen.

3. In der Zwischenzeit Gurken sorgfältig bürsten, abspülen und abtrocknen.

4. Die Silberzwiebeln abziehen. Meerrettich putzen, schälen, abspülen, abtropfen lassen und in Scheiben schneiden. Dill abspülen und abtropfen lassen.

5. Gurken abwechselnd mit Zwiebeln, Meerrettichscheiben, Dill, Pfefferkörnern und Gurkengewürz in vorbereitete Gläser schichten.

6. Essig-Zucker-Lösung über die Gurken gießen, so dass sie reichlich damit bedeckt sind. Die Gläser mit Twist-off-Deckeln® verschließen.

7. Einen Schnellkochtopf (mit Einsatz) bis zum Einsatz mit Wasser füllen. Ein Küchenhandtuch auf den Einsatz legen und jeweils nur so viele Gläser nebeneinander in den Schnellkochtopf stellen, dass sie sich nicht berühren.

8. Den Schnellkochtopf schließen, auf die Herdplatte stellen und bei größter Stufe ankochen. Sobald etwas Dampf am Griff austritt (etwa 1 Minute lang) den Abdampfregler auf „Zu" stellen (Gebrauchsanleitung beachten). Wenn der erste Ring am Ventil erscheint, die Hitze auf mittlere bis kleine Stufe reduzieren. Ab dann beginnt die Einkochzeit (10 Minuten) für die Cornichons.

9. Nach Ablauf der Einkochzeit den Topf von der Kochstelle nehmen. Solange warten, bis der Dampfdruck nachgelassen hat und das Ventil des Schnellkochtopfes nicht mehr sichtbar ist. Ab dann etwa weitere 30 Minuten warten, bis sich der Schnellkochtopf weiter abgekühlt hat und man ihn ohne Probleme öffnen kann. Danach die Gläser herausnehmen.

Currysauce | Schnell

etwa 750 ml (3/4 l)

Insgesamt:
E: 11 g, F: 2 g, Kh: 146 g, kJ: 2777, kcal: 664

300 ml Wasser
1/2 EL Currypulver (indisch)
1–2 EL Zucker
1/2 TL Paprikapulver rosenscharf
1/2 TL Sambal Oelek
500 ml (1/2 l) Tomatenketchup

Zubereitungszeit: 25 Minuten
Haltbarkeit: gekühlt 3–4 Monate

1. Wasser in einen Topf geben. Currypulver, Zucker, Paprikapulver und Sambal Oelek hinzufügen und zum Kochen bringen.

2. Topf von der Kochstelle nehmen. Ketchup einrühren und unter ständigem Rühren bei schwacher Hitze etwas einkochen lassen.

3. Die Currysauce kann sofort verwendet werden.

4. Oder die Sauce in vorbereitete Gläser oder Flaschen füllen und fest verschließen.

Tipp: Die Currysauce passt gut zur klassischen Currywurst.

Dattelchutney | Raffiniert – mit Alkohol

2–3 Gläser je 200 ml

Insgesamt:
E: 11 g, F: 56 g, Kh: 106 g, kJ: 4464, kcal: 1066

150 g frische Datteln
50 g Ingwer (nicht zu dicke Knollen kaufen, diese sind häufig holzig)
4 EL Feigenlikör
1 TL Sambal Oelek
2 EL geröstete, gehobelte Mandeln
125 g Schlagsahne
etwa 1 EL Sherry

Zubereitungszeit: 35 Minuten
Haltbarkeit: gekühlt etwa 2 Tage

1. Die Haut der Datteln abziehen. Datteln längs halbieren und jeweils den Stein herausnehmen. Dattelhälften in kleine Würfel schneiden. Ingwer schälen, abspülen, trocken tupfen und ebenfalls in kleine Würfel schneiden.

2. Dattel- und Ingwerwürfel in eine Schüssel geben. Likör, Sambal Oelek und Mandeln hinzugeben. Die Zutaten gut vermengen.

3. Sahne cremig (halbsteif) schlagen und unter die Dattel-Ingwer-Masse heben. Mit Sherry abschmecken.

4. Dattelchutney in vorbereitete Gläser füllen. Gläser mit Twist-off-Deckeln® verschließen.

Tipps: Dattelchutney passt gut zu kaltem Geflügelfleisch und zu kaltem Braten. Statt frische Datteln können Sie auch getrocknete Datteln verwenden.

Dicke Bohnen, eingekocht I

Klassisch – dauert länger

etwa 4 Einkochgläser je 1 l

Insgesamt:
E: 770 g, F: 55 g, Kh: 1375 g, kJ: 40920, kcal: 9790

10 kg Bohnen mit Schoten
Salzwasser
(auf 1 l Wasser 10 g Salz)
8 Stängel Bohnenkraut

Zubereitungszeit: 50 Minuten
Haltbarkeit: kühl und dunkel gestellt etwa 9 Monate

1. Bohnen auspalen, waschen und abtropfen lassen. Salzwasser in einem großen Topf zum Kochen bringen. Bohnen hinzugeben, wieder zum Kochen bringen und kurz aufkochen lassen.

2. Bohnen in ein Sieb geben, dabei das Kochwasser auffangen. Bohnen kurz in kaltem Wasser abschrecken und abtropfen lassen. Bohnenkraut abspülen und trocken tupfen.

3. Bohnen mit dem Bohnenkraut in die vorbereiteten Einkochgläser füllen und mit dem aufgefangenen Kochwasser übergießen, sodass die Bohnen reichlich mit der Flüssigkeit bedeckt sind.

4. Jeweils Gummiring und Deckel nass auf den gesäuberten Glasrand legen, mit Klammern verschließen. Gläser auf einen Auflagenrost in den Einkochtopf stellen, so viel kaltes Wasser hinzugießen, dass die Gläser zu ¾ im Wasser stehen.

5. Den Topf verschließen. Die Bohnen etwa 90 Minuten bei etwa 100 °C einkochen.

Tipps: Reicht der Kochsud nicht aus, zusätzlich noch etwas Salzwasser zu den Bohnen hinzugießen. Der Küchenabfall der Bohnen liegt bei etwa 55 Prozent, d. h. sie erhalten bei 10 kg Bohnen mit Schoten gut 4 kg Bohnenkerne.

Dreifruchtgelee | Beliebt

etwa 4 Gläser je 200 ml

Insgesamt:
E: 9 g, F: 4 g, Kh: 487 g, kJ: 8843, kcal: 2110

400 ml Johannisbeersaft (von etwa 600 g roten Johannisbeeren)
300 ml Brombeersaft (von etwa 450 g Brombeeren)
200 ml Sauerkirschsaft (von etwa 350 g entsteinten Sauerkirschen)
1 Pck. Zitronensäure (5 g)
350 g Zucker, Fruchtzucker oder Sorbit (oder 25 ml Flüssigsüße)*
1 Beutel Gelfix Super 3:1 (25 g)

Zubereitungszeit: 30 Minuten, ohne Entsaftungs- und Abkühlzeit
Haltbarkeit: kühl und dunkel gestellt etwa 1 Jahr

1. Zum Vorbereiten Johannisbeeren waschen und abtropfen lassen. Beeren mithilfe eines Schnellkochtopfes oder Dampfensafters entsaften (bitte die Gebrauchsanleitung des Geräteherstellers beachten). Saft abkühlen lassen und 400 ml abmessen. Brombeeren verlesen, waschen, abtropfen lassen. Daraus wie zuvor beschrieben Saft gewinnen, ihn abkühlen lassen und 300 ml abmessen. Kirschen waschen, entstielen, entsteinen. Daraus ebenso Saft gewinnen, ihn abkühlen lassen und 200 ml abmessen.

2. Die Fruchtsäfte und Zitronensäure in einen großen Kochtopf geben. Süßungsmittel mit Gelfix Super mischen, dann mit dem Fruchtsaft verrühren (oder Säfte und Zitronensäure in einen großen Kochtopf geben, mit abgemessener Flüssigsüße und Gelfix Super gut verrühren).

3. Alles unter Rühren bei starker Hitze zum Kochen bringen und unter ständigem Rühren mindestens 3 Minuten sprudelnd kochen lassen. Topf von der Kochstelle nehmen.

4. Kochgut eventuell abschäumen und sofort randvoll in vorbereitete Gläser füllen. Die Gläser mit Twist-off-Deckeln® verschließen, umdrehen und etwa 5 Minuten auf den Deckeln stehen lassen.

*Diabetiker sollten Zuckeraustauschstoffe verwenden.

Dreifrucht-Schichtkonfitüre (Pflaumen, Äpfel, Birnen) ! Mit Alkohol

etwa 5 Gläser je 200 ml

Insgesamt:
E: 6 g, F: 3 g, Kh: 622 g, kJ: 11082, kcal: 2615

250 g Äpfel (vorbereitet gewogen)
250 g Birnen (vorbereitet gewogen)
500 g Pflaumen (Zwetschen, vorbereitet gewogen)

Für die Apfel-Birnen-Konfitüre:
30 g Weinbeeren
½ Pck. Extra Gelierzucker 2:1 (250 g)
2 EL Rum

Für die Pflaumen-Konfitüre:
1 Sternanis
1 Msp. gemahlene Nelken
1 Msp. gemahlener Zimt
½ Pck. Extra Gelierzucker 2:1 (250 g)

Zubereitungszeit: 60 Minuten, ohne Durchziehzeit
Haltbarkeit: kühl und dunkel gestellt 3–4 Monate

1. Äpfel und Birnen waschen, schälen, vierteln und entkernen. Apfel- und Birnenviertel klein schneiden, je 250 g Fruchtfleisch abwiegen. Pflaumen (Zwetschen) waschen, abtrocknen, halbieren, entsteinen, in kleine Stücke schneiden und 500 g Fruchtfleisch abwiegen.

2. Für die Apfel-Birnen-Konfitüre Apfel- und Birnenstücke mit den Weinbeeren in einen kleinen Kochtopf (etwa 2 l Inhalt) geben, mit Extra Gelierzucker (250 g) gut verrühren, etwa 30 Minuten stehen lassen.

3. Für die Pflaumen-Konfitüre Pflaumen (Zwetschen) mit Sternanis, Nelken und Zimt in einen weiteren Kochtopf (etwa 2 l Inhalt) geben, ebenfalls mit Extra Gelierzucker (250 g) gut verrühren und 30 Minuten stehen lassen.

4. Zunächst die Apfel-Birnen-Fruchtmasse bei starker Hitze zum Kochen bringen und mindestens 3 Minuten unter ständigem Rühren sprudelnd kochen lassen, Topf von der Kochstelle nehmen. Rum unterrühren.

5. Kochgut eventuell abschäumen. Etwa ⅓ (2–3 Esslöffel je Glas) von der Apfel-Birnen-Konfitüre mit einem Esslöffel oder einer kleinen Kelle vorsichtig in den vorbereiteten Gläsern verteilen, etwas fest werden lassen.

6. Die Pflaumen-Fruchtmasse auf die gleiche Weise (wie unter Punkt 4 beschrieben) zubereiten. Den Topf von der Kochstelle nehmen und Sternanis entfernen.

7. Kochgut eventuell abschäumen. Etwa ⅓ (2–3 Esslöffel je Glas) von der Pflaumen-Konfitüre mit einem Esslöffel oder einer kleinen Kelle auf die Apfel-Birnen-Konfitüre geben und wieder etwas fest werden lassen (etwa 10 Minuten).

8. Die Hälfte der restlichen Apfel-Birnen-Konfitüre daraufgeben und ⅓ von der Pflaumen-Konfitüre darauf verteilen. Restliche Apfel-Birnen-Konfitüre daraufgeben und mit der restlichen Pflaumen-Konfitüre die Gläser randvoll füllen.

9. Gläser mit Twist-off-Deckeln® verschließen, umdrehen und etwa 5 Minuten auf den Deckeln stehen lassen.

Tipp: Schichtkonfitüren sind nur 3–4 Monate kühl gestellt haltbar.

Duftendes Apfelgelee | Raffiniert

etwa 4 Gläser je 200 ml

Insgesamt:
E: 3 g, F: 3 g, Kh: 585 g, kJ: 10223, kcal: 2406

900 ml klarer Apfelsaft (von etwa 1,6 kg Äpfeln)
2–3 EL Thymian (frisch gehackt oder gerebelt)
1 Pck. Extra Gelierzucker 2:1 (500 g)

Zubereitungszeit: 45 Minuten, ohne Entsaftungs- und Abkühlzeit
Haltbarkeit: kühl und dunkel gestellt 3–4 Monate

1. Äpfel waschen, abtropfen lassen, vierteln und mithilfe eines Schnellkochtopfes oder Dampfentsafters Saft gewinnen (bitte Gebrauchsanleitung des Geräteherstellers beachten). Den Saft eventuell filtern, abkühlen lassen und 900 ml Saft abmessen.

2. 250 ml (1/4 l) von dem Apfelsaft in einem Topf aufkochen lassen. Topf von der Kochstelle nehmen. Thymian hinzugeben und etwa 10 Minuten ziehen lassen. Anschließend den Saft durch ein feines Sieb gießen und mit dem restlichen Apfelsaft auf 900 ml auffüllen.

3. Den Apfelsaft mit dem Extra Gelierzucker in einem großen Kochtopf gut verrühren. Alles unter Rühren bei starker Hitze zum Kochen bringen und dann unter ständigem Rühren mindestens 3 Minuten sprudelnd kochen lassen. Topf von der Kochstelle nehmen.

4. Kochgut eventuell abschäumen und sofort randvoll in vorbereitete Gläser füllen. Die Gläser mit Twist-off-Deckeln® verschließen, umdrehen und etwa 5 Minuten auf den Deckeln stehen lassen.

Tipps: Einfacher geht es, wenn Sie 900 ml gekauften Apfelsaft verwenden. Statt Thymian schmeckt auch Zitronenthymian. Er hat einen leicht zitronenartigen Geschmack. Sie können das Gelee statt mit Extra Gelierzucker auch mit Gelfix Super 3:1 und 350 g Zucker zubereiten. Bitte beachten Sie die Packungsanleitung.

Abwandlung: Verwenden Sie statt des Thymians 4 Aufgussbeutel Fencheltee oder 4 Aufgussbeutel Earl-Grey-Tee und lassen Sie den Tee ebenfalls in 250 ml (1/4 l) heißem Apfelsaft ziehen.

Dunkelrote Erdbeer-Konfitüre I

Raffiniert

etwa 5 Gläser je 200 ml

Insgesamt:
E: 8 g, F: 4 g, Kh: 579 g, kJ: 10214, kcal: 2440

900 g	***Erdbeeren (vorbereitet gewogen)***
100 ml	***schwarzer Johannisbeernektar (Handelsware)***
1 Pck.	***Dr. Oetker Finesse Natürliches Orangenschalen-Aroma***
500 g	***Zucker***
1 Beutel	***Gelfix Extra 2:1 (25 g)***

Zubereitungszeit: 25 Minuten
Haltbarkeit: kühl und dunkel gestellt etwa 1 Jahr

1. Erdbeeren waschen, abtropfen lassen, entstielen, klein schneiden und 900 g abwiegen.

2. Erdbeerstücke, Johannisbeernektar und Orangenschalen-Aroma in einen großen Kochtopf geben. Den Zucker mit Gelfix Extra mischen und mit der Fruchtmasse verrühren.

3. Die Zutaten unter Rühren bei starker Hitze zum Kochen bringen und unter ständigem Rühren mindestens 3 Minuten sprudelnd kochen lassen. Den Topf von der Kochstelle nehmen.

4. Kochgut eventuell abschäumen und sofort randvoll in vorbereitete Gläser füllen.

5. Gläser mit Twist-off-Deckeln® verschließen, umdrehen und anschließend etwa 5 Minuten auf den Deckeln stehen lassen.

Tipp: Schwarzer Johannisbeernektar gibt in kleinen Mengen jeder Erdbeerkonfitüre für lange Zeit eine besonders schöne Farbe.

Eingekochte Ente in Orangensud | Raffiniert

etwa 2 Einkochgläser je 1 l

Insgesamt:
E: 253 g, F: 122 g, Kh: 13 g, kJ: 9112, kcal: 2180

1 große, küchenfertige Ente (etwa 2 kg)
Salz, heißes Wasser
Saft von
2 Orangen
frisch gemahlener Pfeffer

Zubereitungszeit: 30 Minuten
Haltbarkeit: kühl und dunkel gestellt etwa 6 Monate

1. Den Backofen vorheizen.
Ober-/Unterhitze: etwa 220 °C
Heißluft: etwa 200 °C

2. Die Ente innen und außen unter fließendem kalten Wasser abspülen und trocken tupfen. Eventuell Fett aus der Bauchhöhle entfernen. Die Ente innen und außen mit Salz einreiben und mit dem Rücken nach unten in eine Fettfangschale legen.

3. Die Fettfangschale in den vorgeheizten Backofen (untere Einschubleiste) schieben und die Ente etwa 1 ½ Stunden garen.

4. Die Ente während der Garzeit mehrmals unterhalb der Flügel und Keulen mit einer Gabel einstechen, damit das Fett besser ausbraten kann. Nach etwa 30 Minuten Garzeit das angesammelte Fett abschöpfen. Sobald der Bratensatz bräunt, etwas heißes Wasser hinzugießen. Die Ente ab und zu mit dem Bratensatz begießen. Verdampfte Flüssigkeit nach und nach durch heißes Wasser ersetzen.

5. Die Ente kurz vor Ende der Garzeit mit Orangensaft übergießen und fertig garen.

6. Die Ente aus der Fettfangschale nehmen, kurz abkühlen lassen und passend für die Gläser in Portionsstücke schneiden. Ententeile heiß in die vorbereiteten Einkochgläser geben.

7. Den Bratensatz kräftig mit Salz und Pfeffer abschmecken und über die Ententeile gießen, sodass sie mit dem Bratensatz gut bedeckt sind.

8. Jeweils Gummiring und Deckel nass auf den gesäuberten Glasrand legen, mit Klammern verschließen. Gläser auf einen Auflagenrost in den Einkochtopf stellen, so viel heißes Wasser hinzugießen, dass die Gläser zu ¾ im Wasser stehen.

9. Den Topf verschließen. Die Ententeile etwa 1 Stunde bei etwa 100 °C einkochen.

Eingekochter Kürbis, pikant I

Gut vorzubereiten

etwa 2 Drahtbügelgläser je 1 l

Insgesamt:
E: 21 g, F: 3 g, Kh: 665 g, kJ: 11893, kcal: 2846

2 kg Kürbis, z. B. Hokkaido- oder Muskatkürbis

Zum Marinieren:
(auf je 1 kg Kürbis [vorbereitet gewogen]:)
125 ml (1/8 l) Weißweinessig
125 ml (1/8 l) Wasser

Für die Essig-Zucker-Lösung:
etwa 175 ml Weißweinessig
etwa 175 ml Wasser
600 g Zucker
Saft und Schale von 1/2 Bio-Zitrone (unbehandelt, ungewachst)
1 kleines Stück geschälter Ingwer

Zubereitungszeit: 50 Minuten, ohne Marinier- und Abkühlzeit
Haltbarkeit: 6–8 Monate

1. Zum Vorbereiten Kürbis schälen, halbieren und die Kerne mit einem Löffel herauskratzen. Kürbisfleisch in etwa 1 1/2 cm große Würfel schneiden und in eine große Schüssel geben.

2. Zum Marinieren Essig und Wasser verrühren, auf den Kürbiswürfeln verteilen, zugedeckt über Nacht kalt stellen und durchziehen lassen.

3. Kürbiswürfel mit einem Schaumlöffel aus der Marinade nehmen und in einem Sieb gut abtropfen lassen.

4. Für die Essig-Zucker-Lösung Essig, Wasser, Zucker, Zitronensaft, -schale und Ingwer in einem Topf zum Kochen bringen. Die Kürbiswürfel darin portionsweise 8–10 Minuten glasig kochen (nicht zu weich werden lassen).

5. Die Kürbiswürfel mit einem Schaumlöffel herausnehmen und in vorbereitete Drahtbügelgläser füllen. Die Essig-Zucker-Lösung abkühlen lassen. Die Gläser mit der Essig-Zucker-Lösung auffüllen.

6. Jeweils Gummiring und Deckel nass auf den gesäuberten Glasrand legen. Gläser verschließen. Gläser auf einen Auflagenrost in den Einkochtopf stellen. So viel kaltes Wasser hinzugießen, dass die Gläser zu 3/4 im Wasser stehen.

7. Den Topf verschließen. Die Kürbiswürfel etwa 30 Minuten bei etwa 75 °C einkochen.

Tipp: Kürbis zu gebratenem Fisch oder Sülze mit Bratkartoffeln reichen.

Eingelegte Paprika mit Schafkäse | Raffiniert

etwa 4 Gläser je 200 ml

Insgesamt:
E: 71 g, F: 311 g, Kh: 77 g, kJ: 14212, kcal: 3393

je 3 rote, gelbe und grüne Paprikaschoten
300 g Schafkäse, im Stück
6 Schalotten
6 Knoblauchzehen
3 kleine, rote Chilischoten
Saft von 3 Zitronen
½ TL Salz
frisch gemahlener Pfeffer
etwa 250 ml (¼ l) Olivenöl

Zubereitungszeit: 60 Minuten
Durchziehzeit: etwa 5 Tage
Haltbarkeit: gekühlt etwa 10 Tage

1. Den Backofen vorheizen.
Ober-/Unterhitze: etwa 220 °C
Heißluft: etwa 200 °C

2. Paprikaschoten vierteln, entstielen, entkernen und die weißen Scheidewände entfernen. Schotenviertel waschen, abtropfen lassen und mit der Hautseite nach oben auf ein Backblech (gefettet) legen. Das Backblech in den vorgeheizten Backofen schieben und die Paprikaviertel 10–15 Minuten backen. Die Paprikaviertel so lange backen, bis die Haut dunkel wird und Blasen wirft.

3. Das Backblech aus dem Backofen nehmen. Die Paprikaviertel mit einem feuchten Tuch bedecken und etwas abkühlen lassen. Anschließend die Haut abziehen.

4. Schafkäse in Würfel schneiden. Schalotten und Knoblauch abziehen, in grobe Stücke schneiden. Die Chilischoten waschen und abtropfen lassen.

5. Paprikaviertel, Schafkäsewürfel, Schalotten- und Knoblauchstücke in vorbereitete Gläser füllen. Mit Zitronensaft, Salz und Pfeffer würzen. Die Gläser randvoll mit dem Olivenöl auffüllen und mit je einem Twist-off-Deckel® verschließen. Eingelegte Paprika gut gekühlt etwa 5 Tage durchziehen lassen.

6. Eingelegte Paprika mit Schafkäse bis zum Verzehr im Kühlschrank aufbewahren.

Eingelegte Paprikaschoten I

Mit Alkohol

etwa 2 Einkochgläser je 500 ml (1/2 l)

Insgesamt:
E: 10 g, F: 4 g, Kh: 161 g, kJ: 3761, kcal: 898

je 250 g rote, grüne und gelbe Paprikaschoten
1/2 Bio-Zitrone (unbehandelt, ungewachst)
3 Knoblauchzehen
2 EL frische Majoranblättchen

Für die Essig-Zucker-Lösung:
175 ml trockener Weißwein
175 ml Weißweinessig
175 ml Wasser
125 g Zucker
1 1/2 TL Salz
1 TL Senfkörner
5 Pimentkörner
5 weiße Pfefferkörner

Zubereitungszeit: 35 Minuten
Haltbarkeit: kühl und dunkelt gestellt etwa 6 Monate

1. Die Paprikaschoten halbieren, entstielen, entkernen und die weißen Scheidewände entfernen. Die Schotenhälften waschen, abtropfen lassen und dann in grobe Stücke schneiden. Zitrone heiß abwaschen, abtrocknen und in Scheiben schneiden. Knoblauch abziehen und in Scheiben schneiden. Majoranblättchen abspülen und trocken tupfen.

2. Paprikastücke mit Knoblauch-, Zitronenscheiben und Majoranblättchen randvoll in vorbereitete Einkochgläser schichten.

3. Wein, Essig, Wasser, Zucker, Salz, Senf-, Piment-, und Pfefferkörner in einem Topf zum Kochen bringen. Den Sud etwa 5 Minuten kochen lassen. Den heißen Sud über die Paprikastücke gießen.

4. Jeweils Gummiring und Deckel nass auf den gesäuberten Glasrand legen, mit Klammern verschließen. Gläser auf einen Auflagenrost in den Einkochtopf stellen. So viel kaltes Wasser hinzugießen, dass die Gläser zu 3/4 im Wasser stehen.

5. Den Topf verschließen. Die Paprikaschoten etwa 30 Minuten bei etwa 75 °C einkochen. Die Gläser herausnehmen, erkalten lassen und kühl aufbewahren.

Eingelegte Tomaten | Gut vorzubereiten

etwa 2 Gläser je 750 ml (3/4 l)

Insgesamt:
E: 17 g, F: 6 g, Kh: 52 g, kJ: 1796, kcal: 425

1 kg reife Cocktailtomaten
4 Schalotten oder kleine, weiße Zwiebeln
2 Knoblauchzehen

Für die Essiglösung:
1 Dolde Dill
500 ml (1/2 l) Weißweinessig
125 ml (1/8 l) Wasser
10 g Salz
10 g Zucker
2 Wacholderbeeren
1 Gewürznelke
10 g weiße und schwarze Pfefferkörner
10 g Senfkörner
1 Pck. Einmach-Hilfe

Zubereitungszeit: 30 Minuten
Durchziehzeit: mindestens 3 Tage
Haltbarkeit: kühl und dunkel gestellt 2–3 Monate

1. Die Tomaten waschen, abtrocknen und vorsichtig die Stängelansätze herausschneiden. Jede Tomate 2–3-mal mit einem Holzspießchen einstechen.

2. Schalotten oder Zwiebeln und Knoblauch abziehen und mit den Tomaten in vorbereitete Gläser füllen.

3. Für die Essiglösung den Dill abspülen und trocken tupfen. Essig, Wasser, Salz, Zucker, Wacholderbeeren, Gewürznelke, Pfefferkörner, Senfkörner und Dill in einem Topf zum Kochen bringen, kurz aufkochen lassen. Den Topf von der Kochstelle nehmen. Einmach-Hilfe unterrühren.

4. Die Tomaten mit der Essiglösung übergießen, so dass sie gut bedeckt sind. Die Gläser sofort mit Twist-off-Deckeln® verschließen, umdrehen und etwa 5 Minuten auf den Deckeln stehen lassen. Die Tomaten mindestens 3 Tage durchziehen lassen.

Eingelegtes Gemüse nach Szechuan Art | Gut vorzubereiten

etwa 3 Gläser je 1 l

Insgesamt:
E: 8 g, F: 12 g, Kh: 32 g, kJ: 1227, kcal: 293

2 kg	*Gemüse, z. B. kleine Zwiebeln, Chinakohl, Gurken, Möhren, rote Paprikaschoten, Staudensellerie*
1 l	*Wasser*
3 EL	*Salz*
80 g	*brauner Zucker (Rohrzucker)*
500 ml (1/2 l)	*Reisessig*
7	*getrocknete Chilischoten*
3 EL	*Szechuan Pfefferkörner*
3	*Sternanis*
50 g	*geschälter, gehackter Ingwer*

Zubereitungszeit: 60 Minuten
Durchziehzeit: etwa 2 Tage
Haltbarkeit: kühl und dunkel gestellt 4–6 Monate

1. Zwiebeln abziehen und in kleine Würfel schneiden. Chinakohl putzen, Kohl vierteln und den Strunk herausschneiden. Chinakohl waschen, gut abtropfen lassen und in grobe Stücke schneiden. Gurken waschen, trocken tupfen, eventuell schälen und dann in dickere Scheiben schneiden.

2. Möhren putzen, schälen, abspülen, gut abtropfen lassen und der Länge nach in dünne Scheiben hobeln. Paprikaschoten halbieren, entstielen, entkernen und die weißen Scheidewände entfernen. Schotenhälften waschen, trocken tupfen und in Streifen schneiden. Sellerie putzen und die harten Außenfäden abziehen. Sellerie waschen, gut abtropfen lassen und in grobe Stücke schneiden.

3. Das vorbereitete Gemüse abwechselnd in vorbereitete Gläser schichten und fest andrücken.

4. Wasser, Salz, Rohrzucker, Reisessig, Chilischoten, Pfefferkörner, Sternanis und Ingwer in einem Topf unter Rühren gut aufkochen lassen.

5. Die heiße Marinade über das Gemüse gießen. Die Gläser sofort mit Twist-off-Deckeln® verschließen.

6. Das eingelegte Gemüse kann schon nach etwa 2 Tagen gegessen werden.

Tipp: Das eingelegte Gemüse als Vorspeise oder Beilage zu einem chinesischen Essen reichen.

Erdbeer-Aprikosen-Konfitüre mit Mandelkrokant | Mit Alkohol

etwa 5 Gläser je 200 ml

Insgesamt:
E: 14 g, F: 20 g, Kh: 582 g, kJ: 10952, kcal: 2616

30 g gehackte Mandeln
etwa 1 EL Puderzucker
750 g Erdbeeren (vorbereitet gewogen)
250 g Aprikosen (vorbereitet gewogen)
500 g Zucker
1 Beutel Gelfix Extra 2:1 (25 g)

Nach Belieben:
50 ml Amaretto (Mandellikör)

Zubereitungszeit: 35 Minuten
Haltbarkeit: kühl und dunkel gestellt 3–4 Monate

1. Mandeln mit Puderzucker in einer Pfanne ohne Fett goldgelb rösten und herausnehmen. Erdbeeren putzen, waschen, abtropfen lassen, entstielen, in kleine Stücke schneiden und 750 g abwiegen. Die Aprikosen waschen, abtropfen lassen, halbieren, entsteinen, klein schneiden und 250 g abwiegen.

2. Mandeln, Erdbeer- und Aprikosenstücke in einen großen Kochtopf geben. Zucker mit Gelfix Extra mischen, dann mit der Fruchtmasse verrühren. Alles unter Rühren bei starker Hitze zum Kochen bringen und unter ständigem Rühren mindestens 3 Minuten sprudelnd kochen lassen. Topf von der Kochstelle nehmen. Nach Belieben Amaretto unterrühren.

3. Kochgut eventuell abschäumen und sofort randvoll in vorbereitete Gläser füllen. Gläser mit Twist-off-Deckeln® verschließen, umdrehen und etwa 5 Minuten auf den Deckeln stehen lassen. Gläser während des Erkaltens gelegentlich umdrehen, damit sich die Mandeln gut verteilen.

Erdbeer-Chili-Konfitüre | Mit Alkohol

etwa 5 Gläser je 200 ml

Insgesamt:
E: 8 g, F: 4 g, Kh: 569 g, kJ: 10956, kcal: 2585

900 g Erdbeeren (vorbereitet gewogen)
2–3 rote Chilischoten
100 ml Cassislikör (Schwarzer Johannisbeerlikör)
1 Pck. Extra Gelierzucker 2:1 (500 g)

Zubereitungszeit: 30 Minuten
Haltbarkeit: kühl und dunkel gestellt 3–4 Monate

1. Erdbeeren putzen, waschen, gut abtropfen lassen und entstielen. Erdbeeren klein schneiden und 900 g abwiegen.

2. Chilischoten halbieren, entstielen, entkernen und die weißen Scheidewände entfernen. Schotenhälften waschen, trocken tupfen und in sehr kleine Würfel schneiden.

3. Erdbeerstückchen, Chiliwürfel und Cassislikör in einem großen Kochtopf mit Extra Gelierzucker gut verrühren.

4. Die Zutaten unter Rühren bei starker Hitze zum Kochen bringen und unter ständigem Rühren mindestens 3 Minuten sprudelnd kochen lassen. Topf von der Kochstelle nehmen.

5. Kochgut eventuell abschäumen und sofort randvoll in vorbereitete Gläser füllen. Gläser mit Twist-off-Deckeln® verschließen, umdrehen und etwa 5 Minuten auf den Deckeln stehen lassen.

Erdbeergelee | Klassisch

etwa 6 Gläser je 200 ml

Insgesamt:
E: 6 g, F: 3 g, Kh: 1051 g, kJ: 18181, kcal: 4346

etwa 1 ½ kg Erdbeeren
125 ml (⅛ l) Wasser
1 Beutel Gelfix Classic 1:1 (20 g)
1 kg Zucker
2 EL Zitronensaft

Außerdem:
1 Küchentuch (Mulltuch)

Zubereitungszeit: 50 Minuten, ohne Ablaufzeit
Haltbarkeit: kühl und dunkel gestellt etwa 1 Jahr

1. Erdbeeren putzen, waschen, gut abtropfen lassen und entstielen. Die Erdbeeren in einen Kochtopf geben und mit einem Stampfer zerdrücken oder mit einem Stabmixer grob pürieren.

2. Erdbeeren mit dem Wasser zum Kochen bringen. Erdbeerstücke zugedeckt bei schwacher Hitze weich, aber nicht musig kochen, dabei ab und zu umrühren.

3. Ein großes Sieb mit einem feuchten Küchentuch (Mulltuch) auslegen und über eine Schüssel hängen. Den Erdbeerfruchtbrei daraufgeben und den Saft ablaufen lassen. Den Fruchtbrei nach dem Erkalten mithilfe des Tuches ausdrücken. Von dem Erdbeersaft 850 ml abmessen (eventuell mit Wasser ergänzen) und in einen großen Kochtopf geben.

4. Gelfix Classic zuerst mit 2 Esslöffeln des Zuckers mischen, dann mit dem Erdbeersaft gut verrühren. Zitronensaft unterrühren.

5. Den Erdbeersaft unter Rühren bei starker Hitze zum Kochen bringen. Sobald alles bei ständigem Rühren sprudelnd kocht, restlichen Zucker hinzufügen.

6. Alles unter Rühren wieder zum Kochen bringen und unter ständigem Rühren mindestens 3 Minuten sprudelnd kochen lassen. Topf von der Kochstelle nehmen.

7. Das Kochgut eventuell abschäumen und sofort randvoll in vorbereitete Gläser füllen. Gläser mit Twist-off-Deckeln® verschließen, umdrehen und etwa 5 Minuten auf den Deckeln stehen lassen.

Tipps: 2 Esslöffel fein geschnittene Minze oder Zitronenmelisse unter das fertige Gelee rühren. Dadurch verkürzt sich jedoch die Haltbarkeit des Erdbeergelees (Haltbarkeit 3–4 Monate). Sie können auch mithilfe eines Schnellkochtopfes oder Dampfentsafters Saft gewinnen (Gebrauchsanleitung des Geräteherstellers beachten). Die Erdbeeren am besten über Nacht ablaufen lassen.

Erdbeer-Joghurt-Likör | Mit Alkohol

etwa 2 Flaschen je 700 ml

Insgesamt:
E: 18 g, F: 18 g, Kh: 246 g, kJ: 8625, kcal: 2061

500 g Erdbeeren
200 ml Erdbeersirup
500 g Erdbeerjoghurt (3,5 % Fett)
1 Pck. Dr. Oetker Vanillin-Zucker
400 ml Doppelkorn (38 Vol.-%)

Zubereitungszeit: 30 Minuten
Haltbarkeit: gekühlt etwa 2 Wochen

1. Erdbeeren putzen, waschen, abtropfen lassen, entstielen und vierteln. Erdbeerviertel mit Sirup, Joghurt und Vanillin-Zucker in einem Mixer mixen oder mit Handrührgerät mit Rührbesen auf höchster Stufe etwa 1 Minute durchrühren.

2. Doppelkorn hinzugießen und nochmals gut durchmixen oder durchrühren.

3. Likör in 2 vorbereitete Flaschen füllen, mit je einem Flaschenverschluss fest verschließen und anschließend kalt stellen.

Tipp: Likör vor dem Servieren kräftig durchschütteln.

Erdbeer-Kokos-Konfitüre I

Raffiniert – mit Alkohol

etwa 5 Gläser je 200 ml

Insgesamt:
E: 13 g, F: 66 g, Kh: 575 g, kJ: 12624, kcal: 3015

400 ml Erdbeer- oder Kirschsaft (von etwa 520 g Erdbeeren und 640 g Kirschen)
100 g Kokosraspel
450 g Erdbeeren (vorbereitet gewogen)
1 Pck. Zitronensäure (5 g)

Nach Belieben:
50 ml weißer Rum
500 g Zucker
1 Beutel Gelfix Extra 2:1 (25 g)

Zubereitungszeit: 30 Minuten, ohne Entsaftungs- und Abkühlzeit
Haltbarkeit: kühl und dunkel gestellt 3–4 Monate

1. Erdbeeren oder Kirschen waschen, abtropfen lassen, entstielen, Kirschen entsteinen bzw. Erdbeeren halbieren. Jeweils aus den Früchten mithilfe eines Schnellkochtopfes oder Dampfentsafters Saft gewinnen (Gebrauchsanleitung des Geräteherstellers beachten). Den Saft abkühlen lassen und 400 ml abmessen.

2. Erdbeer- oder Kirschsaft und Kokosraspel in einen Topf geben, zum Kochen bringen und zugedeckt etwa 5 Minuten bei mittlerer Hitze kochen lassen. Die Erdbeeren waschen, abtropfen lassen, entstielen, klein schneiden und 450 g abwiegen.

3. Erdbeerstücke, die gekochte Kokos-Saft-Masse, Zitronensäure und nach Belieben Rum in einen großen Kochtopf geben. Zucker mit Gelfix Extra mischen, dann mit der Frucht-Kokos-Masse verrühren.

4. Alles unter Rühren bei starker Hitze zum Kochen bringen und unter ständigem Rühren mindestens 3 Minuten sprudelnd kochen lassen. Topf von der Kochstelle nehmen.

5. Kochgut eventuell abschäumen und sofort randvoll in vorbereitete Gläser füllen. Gläser mit Twist-off-Deckeln® verschließen, umdrehen und etwa 5 Minuten auf den Deckeln stehen lassen.

Tipp: Für das Rezept kann statt selbst entsaftetem auch gekaufter Kirschsaft verwendet werden.

Erdbeerkonfitüre mit Pistazien I

Raffiniert

etwa 5 Gläser je 200 ml

Insgesamt:
E: 13 g, F: 19 g, Kh: 545 g, kJ: 10357, kcal: 2444

950 g Erdbeeren (vorbereitet gewogen)
30 g Pistazienkerne
½ Fl. Butter-Vanille-Aroma
1 Pck. Extra Gelierzucker 2:1 (500 g)

Zubereitungszeit: 30 Minuten
Haltbarkeit: kühl und dunkel gestellt 3–4 Monate

1. Erdbeeren putzen, waschen, abtropfen lassen, entstielen, klein schneiden und 950 g abwiegen. Pistazienkerne grob hacken.

2. Erdbeerstücke und Butter-Vanille-Aroma in einem großen Kochtopf mit Extra Gelierzucker gut verrühren.

3. Alles unter Rühren bei starker Hitze zum Kochen bringen und unter ständigem Rühren etwa 2 Minuten sprudelnd kochen lassen. Pistazienkerne hinzufügen und noch mindestens 1 Minute unter ständigem Rühren sprudelnd kochen lassen. Topf von der Kochstelle nehmen.

4. Kochgut eventuell abschäumen und sofort randvoll in vorbereitete Gläser füllen. Gläser mit Twist-off-Deckeln® verschließen, umdrehen und etwa 5 Minuten auf den Deckeln stehen lassen.

5. Anschließend die Gläser während des Erkaltens gelegentlich umdrehen, damit sich die Pistazienkerne gut verteilen.

Tipps: Das Butter-Vanille-Aroma können Sie nach Belieben ersatzlos weglassen. Sie können die Pistazienkerne durch die gleiche Menge gehackte Mandeln ersetzen. Durch die Zugabe von Pistazienkernen oder Mandeln wird die Haltbarkeit verkürzt.

Erdbeerlimes | Mit Alkohol

1 Flasche etwa 1 l

Insgesamt:
E: 6 g, F: 3 g, Kh: 159 g, kJ: 6738, kcal: 1610

700 g Erdbeeren
150 ml Erdbeersirup
40 ml Weinbrand (40 Vol.-%)
20 ml Grand Marnier (40 Vol.-%)
Saft von
1 Limette
120 ml Weingeist/Ethanol (hochprozentiger Alkohol aus der Apotheke, 90 Vol.-%)
1 Pck. Dr. Oetker Vanillin-Zucker

Zubereitungszeit: 40 Minuten
Haltbarkeit: gekühlt etwa 2 Wochen

1. Erdbeeren putzen, waschen, abtropfen lassen, entstielen und vierteln. Erdbeerviertel mit Sirup, Weinbrand, Grand Marnier, Limettensaft, Weingeist und Vanillin-Zucker in einen Mixer geben (eventuell in 2 Portionen) und alles in etwa 2 Minuten zu einer cremigen Masse verarbeiten.

2. Erdbeerlimes in eine vorbereitete Flasche füllen und mit einem Flaschenverschluss fest verschließen. Erdbeerlimes sofort genießen oder im Kühlschrank aufbewahren. Erdbeerlimes vor dem Servieren einmal kräftig durchschütteln.

Tipp: Limes ist ein fruchtiger Likör mit einem geringen Alkoholgehalt.

Essiggurken | Preiswert

1 großer Steintopf oder
etwa 4 Einkochgläser je 1 l

Insgesamt:
E: 23 g, F: 8 g, Kh: 308 g, kJ: 6278, kcal: 1495

2 ½ kg kleine, feste Gurken
Salzwasser
(auf 1 l Wasser 75 g Salz)
450 g Perlzwiebeln
Dilldolden oder Dillzweige
5 TL Gurkengewürz

Für die Essig-Zucker-Lösung:
200 g Kandiszucker
1 l Wasser
500 ml (½ l) Weißweinessig

Zubereitungszeit: 90 Minuten,
ohne Einleg- und Abkühlzeit
Durchziehzeit: einige Wochen
Haltbarkeit: kühl und dunkel gestellt etwa 1 Jahr

1. Am Vortag Gurken gründlich waschen, bürsten, abtropfen lassen, mit Salzwasser übergießen und 12–24 Stunden an einem kühlen Ort stehen lassen.

2. Am nächsten Tag Zwiebeln abziehen. Dill abspülen und trocken tupfen. Gurken aus dem Salzwasser nehmen, sorgfältig bürsten, abspülen, abtrocknen und schlechte Stellen entfernen.

3. Gurken, Zwiebeln, Gewürz und Dill in einen gründlich gereinigten, mit klarem Wasser nachgespülten Steintopf oder in vorbereitete Einkochgläser schichten.

4. Für die Essig-Zucker-Lösung Kandiszucker mit Wasser in einem Topf zum Kochen bringen, kurz aufkochen lassen und abschäumen.

5. Weinessig unterrühren und abkühlen lassen. Die Lösung über die Gurken gießen. Gurken so fest wie möglich in den Steintopf drücken, mit einem Leinentuch zudecken, mit Brett und Stein beschweren. Die Gurken an einen kühlen Ort (Keller) 4–6 Wochen zugedeckt aufbewahren.

6. Oder jeweils Gummiring und Deckel nass auf den gesäuberten Glasrand legen, mit Klammern verschließen. Gläser auf einen Auflagenrost in den Einkochtopf stellen, so viel kaltes Wasser hinzugießen, dass die Gläser zu ¾ im Wasser stehen.

7. Den Topf verschließen. Die Gurken etwa 30 Minuten bei etwa 85 °C einkochen.

Tipps: Die Gurken müssen vor dem Verzehr einige Wochen durchziehen, sonst kommt der typisch süß-saure Geschmack nicht heraus. Kleine Einlegegurken haben Hauptsaison im Spätsommer (Mitte August bis Mitte September). Im Gemüsefach des Kühlschrankes halten sie nur etwa 1–2 Tage, deshalb möglichst gleich weiterverarbeiten. Wichtig: Gurken nie zusammen mit Tomaten oder Obst lagern. Durch deren Äthylenausscheidung reifen sie nach und werden gelb. Große Mengen an Perlzwiebeln kann man am besten schälen, wenn man sie zuvor etwa 10 Sekunden in kochendem Wasser blanchiert. Anschließend Perlzwiebeln in einem Sieb abgießen und mit kaltem Wasser übergießen. Die Haut lässt sich dann ganz einfach mit den Fingern abstreifen.

Essigpflaumen | Gut vorzubereiten

etwa 3 Gläser je 1 l

Insgesamt:
E: 19 g, F: 6 g, Kh: 1282 g, kJ: 22743, kcal: 5434

3 kg Pflaumen

Für die Essig-Zucker-Lösung:
500 ml (1/2 l) Weißweinessig (5 % Säure)
250 ml (1/4 l) Wasser
1 kg Zucker
1 Stück Zimtstange
4–5 Gewürznelken
Schale von
1/2 Bio-Zitrone
(unbehandelt, ungewachst)
1 Pck. Einmach-Hilfe

Zubereitungszeit: 55 Minuten, ohne Abkühlzeit
Haltbarkeit: kühl und dunkel gestellt etwa 6 Monate

1. Pflaumen waschen, abtropfen lassen, trocken reiben, mit einem Holzstäbchen einige Male einstechen.

2. Essig mit Wasser, Zucker, Zimtstange, Nelken und Zitronenschale zum Kochen bringen. Pflaumen darin portionsweise etwa 5 Minuten gar kochen lassen.

3. Pflaumen mit einem Schaumlöffel herausnehmen, in einem Sieb gut abtropfen lassen und in vorbereitete Gläser geben.

4. Den Pflaumensaft dick einkochen lassen. Den Topf von der Kochstelle nehmen, Einmach-Hilfe unterrühren. Den Saft über die Pflaumen gießen und erkalten lassen. Gläser mit Twist-off-Deckeln® verschließen.

Estragonessig I

Preiswert

1 Flasche etwa 500 ml (1/2 l)

Insgesamt:

E: 2 g, F: 0 g, Kh: 4 g, kJ: 359, kcal: 86

2 Zweige Estragon
500 ml (1/2 l) Weißweinessig

Zubereitungszeit: 5 Minuten
Durchziehzeit: etwa 2 Wochen
Haltbarkeit: kühl und dunkel gestellt 2–4 Monate

1. Estragonzweige abspülen und trocken tupfen.

2. Die Estragonzweige mit Essig in eine vorbereitete Flasche geben und gut verschließen. Etwa 2 Wochen an einem dunklen, kühlen Ort (Keller) stehen lassen.

Exotische Essigfrüchte | Mit Alkohol

etwa 3 Gläser je 1 l

Insgesamt:
E: 12 g, F: 4 g, Kh: 235 g, kJ: 5433, kcal: 1297

2 Mango (600–800 g)
2 Papaya (600–800 g)
1 Ananas (600–800 g)

Für die Essig-Zucker-Lösung:
375 ml (3/8 l) Weißweinessig
250 ml (1/4 l) herber Weißwein
5–6 TL Flüssigsüße
1 Zimtstange
Scheiben von
1 Bio-Limette (unbehandelt, ungewachst)
100 g Rosinen
1 Pck. Einmach-Hilfe

Zubereitungszeit: 65 Minuten, ohne Abkühl- und Durchziehzeit
Haltbarkeit: kühl und dunkel gestellt etwa 6 Monate

1. Mango und Papaya halbieren, jeweils den Stein herauslösen. Mango- und Papayahälften schälen und in Stücke schneiden. Ananas schälen, halbieren und den mittleren Strunk herausschneiden. Ananashälften ebenfalls in Stücke schneiden.

2. Für die Essig-Zucker-Lösung den Essig mit Wein, Flüssigsüße, Zimtstange und Limettenscheiben in einem Topf zum Kochen bringen.

3. Die Mango-, Papaya-, Ananasstücke und Rosinen hinzugeben, wieder zum Kochen bringen. Die Früchte etwa 5 Minuten ziehen lassen. Dann den Topf von der Kochstelle nehmen. Die Früchte in dem Sud erkalten und zugedeckt (am besten über Nacht) stehen lassen.

4. Die Früchte mit einem Schaumlöffel aus dem Topf nehmen, gut abtropfen lassen und in vorbereitete Gläser füllen.

5. Den Sud nochmals zum Kochen bringen. Den Topf von der Kochstelle nehmen und Einmach-Hilfe unterrühren. Den Sud sofort über die Früchte gießen. Die Gläser sofort mit Twist-off-Deckeln® verschließen.

Exotische Frucht-Pickles | Mit Alkohol

etwa 3 Einkochgläser je 150 ml

Insgesamt:
E: 4 g, F: 2 g, Kh: 142 g, kJ: 4318, kcal: 1033

500 g Ananas-Fruchtfleisch (von 1 großen Ananas)
½ Bio-Zitrone (unbehandelt, ungewachst)
½ Bio-Limette (unbehandelt, ungewachst)
je ½ Kantalup- oder Netz- und Honigmelone (etwa 600 g)

Für die Weißweinlösung:
500 ml (½ l) Weißwein
50 g Zucker
1 Zimtstange
¼ TL gemahlener Ingwer

Zubereitungszeit: 60 Minuten
Durchziehzeit: etwa 1 Woche
Haltbarkeit: kühl, dunkel und trocken gestellt etwa 5 Monate

1. Ananas-Fruchtfleisch in dünne, kleine Stückchen schneiden. Zitrone und Limette heiß abwaschen, abtrocknen, halbieren und in dünne Scheiben schneiden.

2. Melonenhälften entkernen. Aus dem Fruchtfleisch mit einem Kugelausstecher kleine Kugeln ausstechen oder das Fruchtfleisch in kleine Würfel schneiden.

3. Die Früchte in die vorbereiteten Einkochgläser geben.

4. Für die Weißweinlösung Wein mit Zucker, Zimtstange und Ingwer in einem Topf zum Kochen bringen, etwa 5 Minuten kochen lassen.

5. Den heißen Sud über die Früchte gießen.

6. Jeweils Gummiring und Deckel nass auf den gesäuberten Glasrand legen, mit Klammern verschließen. Gläser auf einen Auflagenrost in den Einkochtopf stellen. So viel kaltes Wasser hinzugießen, dass die Gläser zu ¾ im Wasser stehen.

7. Den Topf verschließen. Die Frucht-Pickles etwa 30 Minuten bei etwa 75 °C einkochen. Die Gläser herausnehmen. Anschließend erkalten lassen und kühl aufbewahren.

8. Die Frucht-Pickles gekühlt vor dem Verzehr etwa 1 Woche durchziehen lassen.

Tipp: Frucht-Pickles zu Käseplatten oder Fondue reichen.

Feigen in Portwein I

Für Gäste – mit Alkohol

1 Glas etwa 1 ½ l

Insgesamt:
E: 14 g, F: 10 g, Kh: 433 g, kJ: 11294, kcal: 2698

500 g frische, blaue Feigen
1 große Bio-Orange (unbehandelt, ungewachst)
2 Zimtstangen
6 Gewürznelken
4 Wacholderbeeren
250 g brauner Kandiszucker
1 Flasche (0,7 l) roter Portwein

Zubereitungszeit: 25 Minuten
Durchziehzeit: etwa 1 Woche
Haltbarkeit: kalt und dunkel gestellt etwa 6 Wochen

1. Feigen waschen, trocken tupfen, halbieren und in ein vorbereitetes, verschließbares Glas geben. Orange heiß abwaschen. Die Schale dünn abschälen, dabei die weiße, pelzige Haut stehen lassen.

2. Orangenschalen mit Zimtstangen, Nelken, Wacholderbeeren und Kandiszucker zu den Feigenhälften in das Glas geben und mit Portwein auffüllen. Das Glas verschließen. Die Feigen kalt gestellt etwa 1 Woche durchziehen lassen.

Tipp: Auf Vanilleeis servieren.

Feigen-Fruchtaufstrich

Mit Alkohol

etwa 4 Gläser je 200 ml

Insgesamt:
E: 6 g, F: 3 g, Kh: 469 g, kJ: 9168, kcal: 2188

300 g	*frische Feigen (etwa 5 Stück, vorbereitet gewogen)*
1	*Zitrone*
etwa 450 ml	*Apfelsaft (Handelsware)*
200 ml	*Portwein*
350 g	*brauner Zucker, Fruchtzucker oder Sorbit* (oder 25 ml Flüssigsüße)*
1 Beutel	*Gelfix Super 3:1 (25 g)*

Zubereitungszeit: 40 Minuten
Haltbarkeit: kühl und dunkel gestellt etwa 1 Jahr

1. Die Feigen waschen, abtropfen lassen, entstielen, schälen, in kleine Stücke schneiden und 300 g abwiegen. Zitrone halbieren und den Saft auspressen. Zitronensaft mit Apfelsaft auf 500 ml (1/2 l) auffüllen.

2. Feigenstücke, Portwein und die Zitronen-Apfelsaft-Mischung in einen großen Kochtopf geben. Süßungsmittel mit Gelfix Super mischen, dann mit der Fruchtmasse verrühren (oder Früchte, Portwein, Zitronensaft und Apfelsaft in einen großen Kochtopf geben, mit Flüssigsüße und Gelfix Super gut verrühren.)

3. Alles unter Rühren bei starker Hitze zum Kochen bringen und unter ständigem Rühren mindestens 3 Minuten sprudelnd kochen lassen. Topf von der Kochstelle nehmen.

4. Kochgut eventuell abschäumen und sofort randvoll in vorbereitete Gläser füllen. Die Gläser mit Twist-off-Deckeln® verschließen, umdrehen und etwa 5 Minuten auf den Deckeln stehen lassen.

Tipps: Statt frischer Feigen können Sie auch 120 g getrocknete Feigen und zusätzlich 200 ml Apfelsaft mehr verwenden. Statt Portwein können Sie auch Sherry oder mehr Apfelsaft nehmen.

* Diabetiker sollen Zuckeraustauschstoffe verwenden.

Feigenkonfitüre mit Kumquats und Ingwer | Exotisch

etwa 5 Gläser je 200 ml

Insgesamt:
E: 11 g, F: 5 g, Kh: 644 g, kJ: 11358, kcal: 2712

700 g Feigen (vorbereitet gewogen, etwa 12 reife Feigen je 80 g)
250 g Kumquats (vorbereitet gewogen)
30 g Ingwer
5 EL Apfel- oder Orangensaft (Handelsware)
500 g Zucker
1 Beutel Gelfix Extra 2:1 (25 g)

Zubereitungszeit: 40 Minuten
Haltbarkeit: kühl und dunkel gestellt 3–4 Monate

1. Feigen abspülen, abtropfen lassen, entstielen und schälen. 700 g Fruchtfleisch abwiegen und in kleine Stücke schneiden. Kumquats heiß abspülen, trocken tupfen und die Stängelansätze entfernen. Kumquats halbieren, entkernen und 250 g Früchte abwiegen. Kumquathälften in sehr kleine Stücke schneiden. Den Ingwer schälen und sehr fein hacken.

2. Feigen-, Kumquat- und Ingwerstücke in einen großen Kochtopf geben. Mit Apfel- oder Orangensaft mischen.

3. Zucker mit Gelfix Extra mischen, dann mit der Fruchtmasse verrühren. Die Zutaten unter Rühren bei starker Hitze zum Kochen bringen und unter ständigem Rühren mindestens 3 Minuten sprudelnd kochen. Topf von der Kochstelle nehmen.

4. Kochgut eventuell abschäumen und sofort randvoll in vorbereitete Gläser füllen. Gläser mit Twist-off-Deckeln® verschließen, umdrehen und etwa 5 Minuten auf den Deckeln stehen lassen.

Tipp: Die Konfitüre schmeckt gut zu Fleischgerichten mit Curry oder zu Käse.

Fenchel, eingelegt | Raffiniert

etwa 2 Drahtbügelgläser je 500 ml (½ l)

Insgesamt:
E: 29 g, F: 8 g, Kh: 176 g, kJ: 3856, kcal: 920

1 kg Fenchel (3–4 Knollen)
2 Knoblauchzehen
500 ml (½ l) Wasser
Salz
einige Zweige Dill
2 kleine Chilischoten
2 Bio-Limetten (unbehandelt, ungewachst)
½ TL Senfkörner
125 g Zucker
1 EL grüne oder weiße Pfefferkörner
3–4 EL Essigessenz (25 % Säure)

Zubereitungszeit: 50 Minuten
Haltbarkeit: kalt gestellt 4–5 Wochen

1. Von den Fenchelknollen die Stiele dicht oberhalb der Knollen abschneiden. Braune Stellen und Blätter entfernen (etwas Fenchelgrün beiseitelegen) und die Wurzelenden gerade schneiden. Knollen halbieren, waschen und abtropfen lassen. Knollenhälften so in Achtel schneiden, dass die einzelnen Stücke noch zusammenhalten.

2. Knoblauch abziehen und halbieren. Wasser mit Salz in einem Topf zum Kochen bringen. Die Fenchelachtel darin portionsweise etwa 6 Minuten garen.

3. Fenchelachtel mit einer Schaumkelle herausnehmen, in ein Sieb geben, mit kaltem Wasser übergießen und abtropfen lassen.

4. Knoblauch kurz in kochendem Wasser blanchieren und dann in kaltem Wasser abschrecken.

5. Fenchelachtel und Knoblauch in vorbereitete Drahtbügelgläser schichten. Beiseitegelegtes Fenchelgrün und Dill abspülen und trocken tupfen.

6. Die Chilischoten halbieren, entstielen, entkernen, waschen und abtropfen lassen. Limetten heiß abwaschen, abtrocknen und in dünne Scheiben schneiden.

7. Fenchelgrün, Dillzweige, Chilischotenhälften, Limettenscheiben und Senfkörner in den Gläsern verteilen.

8. Die Fenchelkochflüssigkeit mit Zucker, Pfefferkörnern und Essigessenz zum Kochen bringen und etwa 3 Minuten kochen lassen. Den Sud heiß über die Fenchelstücke gießen.

9. Jeweils Gummiring und Deckel nass auf den gesäuberten Glasrand legen, Gläser verschließen.

Feuerzauber | Mit Alkohol

1 Flasche etwa 1 l

Insgesamt:
E: 18 g, F: 1 g, Kh: 158 g, kJ: 5205, kcal: 1244

1 Dose pürierte Tomaten (400 g)
300 ml Orangensaft (Handelsware)
Saft von
2 Zitronen
80 g Zucker
2 TL Tabasco
200 ml Wodka (40 Vol.-%)
frisch gemahlener Pfeffer

Zubereitungszeit: 20 Minuten
Haltbarkeit: gekühlt etwa 2 Wochen

1. Die Tomaten mit Orangen-, Zitronensaft, Zucker, Tabasco und Wodka in einem Mixer mixen bzw. mit Handrührgerät mit Rührbesen auf höchster Stufe durchrühren, so dass eine cremige Masse entsteht.

2. Feuerzauber mit Pfeffer abschmecken. In eine vorbereitete Flasche füllen. Die Flasche mit einem Flaschenverschluss fest verschließen und kalt stellen.

Tipp: Die Flasche mit einem Window-Color-Stift beschriften.

Frühlingskonfitüre I

Klassisch

(Erdbeer-Rhabarber-Konfitüre)
etwa 5 Gläser je 200 ml

Insgesamt:
E: 7 g, F: 3 g, Kh: 528 g, kJ: 9435, kcal: 2223

500 g Erdbeeren (vorbereitet gewogen)
500 g junger Rhabarber (vorbereitet gewogen)
1 Bio-Zitrone (unbehandelt, ungewachst)
1 Pck. Extra Gelierzucker 2:1 (500 g)

Zubereitungszeit: 30 Minuten
Haltbarkeit: kühl und dunkel gestellt etwa 1 Jahr

1. Die Erdbeeren putzen, waschen, abtropfen lassen, entstielen, in kleine Stücke schneiden und 500 g abwiegen. Rhabarber putzen, waschen, abtrocknen (eventuell abziehen), in sehr kleine Stücke schneiden und 500 g abwiegen. Zitrone heiß abwaschen, abtrocknen und die Schale abreiben. Zitrone halbieren und den Saft auspressen.

2. Erdbeer-, Rhabarberstücke, Zitronenschale und -saft mit Extra Gelierzucker in einem großen Kochtopf gut verrühren. Alles unter Rühren bei starker Hitze zum Kochen bringen und unter ständigem Rühren mindestens 3 Minuten sprudelnd kochen lassen. Topf von der Kochstelle nehmen.

3. Kochgut eventuell abschäumen und sofort randvoll in vorbereitete Gläser füllen. Die Gläser mit Twist-off-Deckeln® verschließen, umdrehen und etwa 5 Minuten auf den Deckeln stehen lassen.

Tipp: Verfeinern Sie den Geschmack der Konfitüre mit 2 Päckchen Dr. Oetker Bourbon-Vanille-Zucker, die Sie mit dem Gelierzucker hinzufügen.

Gelbe Pflaumenkonfitüre mit Lavendelblüten I

Zum Verschenken

etwa 7 Gläser je 200 ml

Insgesamt:
E: 11 g, F: 3 g, Kh: 636 g, kJ: 11330, kcal: 2673

1 kg	*gelbe Pflaumen (vorbereitet gewogen)*
1	*Bio-Orange (unbehandelt, ungewachst)*
400 g	*Orangenfilets mit Saft (vorbereitet gewogen, von der Bio-Orange und 2–3 weiteren Orangen)*
etwa 5 Stängel	*getrocknete Lavendelblüten (unbehandelt) oder 1 EL frische, unbehandelte Lavendelblüten*
1 Pck.	*Super Gelierzucker 3:1 (500 g)*

Zubereitungszeit: 50 Minuten
Haltbarkeit: kühl und dunkel gestellt 3–4 Monate

1. Pflaumen heiß waschen, trocken tupfen, halbieren und entsteinen. 1 kg Fruchtfleisch abwiegen und in kleine Würfel schneiden.

2. Bio-Orange heiß abwaschen und abtrocknen. Die Schale möglichst dünn abschälen und in kurze, feine Streifen schneiden. Alle Orangen, auch die Bio-Orange, so schälen, dass die weiße Haut vollständig entfernt wird. Orangenfilets herausschneiden, dabei den Saft auffangen. Von den Orangenfilets und dem aufgefangen Saft insgesamt 400 g abwiegen. Die Orangenfilets in kleine Stücke schneiden.

3. Die Lavendelblüten von den Stängeln streifen.

4. Pflaumenwürfel, Orangenfiletstücke, Orangensaft und -schale mit Gelierzucker in einem großen Kochtopf gut verrühren.

5. Alles unter Rühren bei starker Hitze zum Kochen bringen und unter ständigem Rühren mindestens 3 Minuten sprudelnd kochen lassen. Den Topf von der Kochstelle nehmen.

6. Kochgut eventuell abschäumen. Die Lavendelblüten unter die Konfitüre rühren und sofort randvoll in vorbereitete Gläser füllen. Gläser mit Twist-off-Deckeln® verschließen, umdrehen und etwa 5 Minuten auf den Deckeln stehen lassen.

Tipps: Die Konfitüre schmeckt gut zu Vanilleeis mit Schokoladensauce. Statt gelber Pflaumen können auch Renekloden verwendet werden.

Gemüserelish | Für Gäste

etwa 6 Gläser je 200 ml

Insgesamt:
E: 23 g, F: 65 g, Kh: 557 g, kJ: 12685, kcal: 3000

400 g Gemüsezwiebeln (vorbereitet gewogen)
je 200 g rote und grüne Paprikaschoten (vorbereitet gewogen)
400 g Zucchini (vorbereitet gewogen)
2 Knoblauchzehen
6 EL Olivenöl
200 g Fleischtomaten (vorbereitet gewogen)
375 ml (3/8 l) Weißweinessig
200 ml Tomatensaft
2 EL Tomatenmark
2 gestr. TL Salz
2 gestr. EL Paprikapulver edelsüß
1 gestr. TL Currypulver
frisch gemahlener Pfeffer
Cayennepfeffer
1 Pck. Extra Gelierzucker 2:1 (500 g)

Zubereitungszeit: 70 Minuten
Haltbarkeit: kühl und dunkel gestellt etwa 6 Monate

1. Gemüsezwiebeln abziehen, in kleine Würfel schneiden und 400 g abwiegen. Paprikaschoten halbieren, entstielen, entkernen und die weißen Scheidewände entfernen. Schotenhälften waschen, trocken tupfen, in kleine Würfel schneiden und 200 g abwiegen.

2. Zucchini waschen, abtrocknen und die Enden abschneiden. Zucchini längs halbieren, in kleine Würfel schneiden und 400 g abwiegen. Knoblauch abziehen und klein würfeln. Olivenöl in einem Topf erhitzen. Vorbereitete Gemüsewürfel darin eventuell portionsweise einige Minuten andünsten.

3. Tomaten waschen, abtropfen lassen, kreuzweise einschneiden, kurz in kochendes Wasser legen und in kaltem Wasser abschrecken. Tomaten enthäuten, halbieren, entkernen und die Stängelansätze herausschneiden. Tomatenhälften in Würfel schneiden und 200 g abwiegen.

4. Die Tomatenwürfel mit Essig, Tomatensaft, -mark, Salz, Paprika, Curry, Pfeffer, Cayennepfeffer und Extra Gelierzucker zu den Gemüsewürfeln geben. Alles unter Rühren zum Kochen bringen und etwa 15 Minuten kochen lassen. Dabei ab und zu durchrühren.

5. Nach Belieben die Masse nach dem Kochen so lange pürieren, bis die Hälfte musig ist. Dann gut verrühren und nochmals aufkochen lassen.

6. Relish sofort randvoll in vorbereitete Gläser füllen. Gläser mit Twist-off-Deckeln® verschließen, umdrehen und etwa 5 Minuten auf den Deckeln stehen lassen.

Geschichtetes Früchtetee-Gelee | Beliebt

etwa 5 Gläser je 200 ml

Insgesamt:
E: 1 g, F: 1 g, Kh: 502 g, kJ: 8704, kcal: 2049

Für den Früchtetee:
500 ml (1/2 l) Wasser
5 Beutel Früchtetee
100 g Heidelbeeren (vorbereitet gewogen)

Für den Orangentee:
500 ml (1/2 l) Wasser
5 Beutel Rotbusch Tee Orange, z. B. von Teekanne

Für das Fruchtgelee:
400 ml Früchtetee
1/2 Pck. Extra Gelierzucker 2:1 (250 g)
1/2 Pck. Zitronensäure (2 1/2 g)

Für das Orangengelee:
1 Bio-Orange (unbehandelt, ungewachst)
400 ml Orangentee
1/2 Pck. Extra Gelierzucker 2:1 (250 g)
1/2 Pck. Zitronensäure (2 1/2 g)

Zubereitungszeit: 45 Minuten, ohne Abkühlzeit
Haltbarkeit: kühl und dunkel gestellt etwa 1 Jahr

1. Für den Früchte- und Orangentee jeweils 500 ml (1/2 l) Wasser zum Kochen bringen und von der Kochstelle nehmen. Die Teebeutel jeweils hineingeben und je Teesorte 8 Minuten ziehen lassen. Die Beutel entfernen. Tee getrennt erkalten lassen.

2. Heidelbeeren verlesen, waschen und gut abtropfen lassen.

3. Für das Fruchtgelee 400 ml von dem zubereiteten Früchtetee abmessen und in einen Kochtopf (2 l Inhalt) geben. Mit Extra Gelierzucker und Zitronensäure gut verrühren. Alles unter Rühren bei starker Hitze zum Kochen bringen und unter ständigem Rühren mindestens 2 Minuten sprudelnd kochen lassen. Die Heidelbeeren hinzufügen, wieder zum Kochen bringen und noch 1 Minute unter ständigem Rühren sprudelnd kochen lassen. Den Topf von der Kochstelle nehmen.

4. Das Kochgut eventuell abschäumen und sofort bis zur Hälfte in vorbereitete Gläser füllen. Das Gelee etwa 20 Minuten abkühlen lassen.

5. In der Zwischenzeit die Orange heiß abwaschen, trocken reiben, mit einem Zestenreißer die Schale abziehen oder die Orange dünn schälen und die Schale in sehr feine Streifen schneiden. 1 1/2 Esslöffel davon abmessen. 400 ml von dem zubereiteten Orangentee abmessen und in einen kleinen Kochtopf (2 l Inhalt) geben. Mit Extra Gelierzucker und Zitronensäure gut verrühren. Alles unter Rühren bei starker Hitze zum Kochen bringen und unter ständigem Rühren mindestens 2 Minuten sprudelnd kochen lassen. Orangenschale hinzufügen, wieder zum Kochen bringen und noch 1 Minute unter ständigem Rühren sprudelnd kochen lassen. Den Topf von der Kochstelle nehmen.

6. Das Kochgut eventuell abschäumen und vorsichtig in die Gläser auf das Früchtetee-Gelee geben (am besten die Flüssigkeit über einen Löffelrücken laufen lassen), bis die Gläser randvoll sind.

7. Die Gläser mit Twist-off-Deckeln® verschließen und erkalten lassen. Nicht stürzen, sonst laufen die Gelees ineinander.

Getrocknete Tomatenhaut

Zum Garnieren

Insgesamt:
E: 2 g, F: 0 g, Kh: 5 g, kJ: 146, kcal: 34

2 kg Tomaten

Zubereitungszeit: 10 Minuten
Haltbarkeit: luftdicht verpackt 3–4 Monate

1. Den Backofen vorheizen.
Ober-/Unterhitze: etwa 100 °C
Heißluft: etwa 80 °C

2. Tomaten waschen, abtropfen lassen, kreuzweise einschneiden, kurz in kochendes Wasser legen und in eiskaltem Wasser abschrecken. Von den Tomaten die Haut abziehen und auf ein Backblech legen.

3. Das Backblech in den vorgeheizten Backofen schieben. Die Tomatenhaut so lange trocknen lassen, bis sie chipsähnlich ist.

Tipps: Das Tomatenfleisch für eine Tomatensuppe verwenden. Die Tomatenhaut ist ideal zum Garnieren oder Dekorieren von Dips und Tartes. Man kann sie in Gläsern mit Twist-off-Deckeln® oder Frischhaltedosen luftdicht aufbewahren.

Gewürzbirnen mit rotem Pfeffer | Mit Alkohol

(im Foto vorne)
etwa 2 Drahtbügelgläser je 1 l

Insgesamt:
E: 11 g, F: 7 g, Kh: 376 g, kJ: 7922, kcal: 1888

1 3/4 kg	*kleine, reife Birnen*
400 ml	*Weißweinessig*
je 1/2 EL	*Koriander- und Kreuzkümmelsamen (Cumin)*
1	*Bio-Orange (unbehandelt, ungewachst)*
375 ml (3/8 l)	*Weißwein*
2 EL	*Sherry*
100 g	*flüssiger Honig*
125 g	*Zucker*
1/2 TL	*Salz*
1 EL	*eingelegte, rote Pfefferkörner*

Zubereitungszeit: 40 Minuten, ohne Durchziehzeit
Haltbarkeit: gekühlt 2–3 Monate

1. Birnen waschen schälen, halbieren, entkernen, in 400 ml Weinessig legen und etwa 7 Stunden durchziehen lassen.

2. Koriander und Kreuzkümmel in einer Pfanne ohne Fett kurz rösten und herausnehmen.

3. Die Orange heiß abwaschen, abtrocknen und die Schale dünn raspeln oder hauchdünn schälen.

4. Wein, Sherry, Honig, Zucker, Salz, Koriander, Kreuzkümmel, Pfefferkörner und Orangenschale in einem Topf zum Kochen bringen und abschmecken, eventuell nachsalzen.

5. Die Birnenhälften in vorbereitete Drahtbügelgläser schichten und mit dem heißen Sud übergießen.

6. Jeweils Gummiring und Deckel nass auf den gesäuberten Glasrand legen. Gläser verschließen. Gläser auf einen Auflagenrost in den Einkochtopf stellen. So viel kaltes Wasser hinzugießen, dass die Gläser zu 3/4 im Wasser stehen.

7. Den Topf verschließen. Die Birnen etwa 30 Minuten bei etwa 90 °C einkochen (besonders harte Birnen etwa 45 Minuten einkochen). Die Gläser mit den Birnen aus dem Einkochtopf nehmen und erkalten lassen.

Gewürzgurken | Klassisch – dauert länger

(im Foto hinten)
etwa 3 Gläser je 1 l

Insgesamt:
E: 22 g, F: 9 g, Kh: 209 g, kJ: 4655, kcal: 1110

2 kg	*nicht zu große Einlegegurken*
500 ml (1/2 l)	*Wasser*
etwa 40 g	*Salz*
3–4	*Zwiebeln oder Perlzwiebeln (etwa 185 g)*
40 g	*frischer Meerrettich*
4–5	*Dillzweige*
2–3	*Estragonzweige*
2	*frische, rote Pfefferschoten*
1 EL	*Senfkörner*
1/2 EL	*Pfefferkörner*
2–3	*Lorbeerblätter*

Für die Essig-Zucker-Lösung:

500 ml (1/2 l)	*Weißweinessig*
750 ml (3/4 l)	*Wasser*
150 g	*Zucker*
1/2 Pck.	*Einmach-Hilfe*

Zubereitungszeit: 60 Minuten, ohne Einlegzeit
Durchziehzeit: mindestens 3 Wochen
Haltbarkeit: kühl und dunkel gestellt etwa 6 Monate

1. Gurken gründlich waschen und in eine Schüssel geben. Wasser mit Salz verrühren, über die Gurken gießen und 12–24 Stunden an einem kühlen Ort stehen lassen.

2. Gurken aus dem Salzwasser nehmen, sorgfältig abbürsten und abspülen. Gurken einzeln mit einem Tuch abtrocknen und die schlechten Stellen entfernen.

3. Zwiebeln abziehen und in Scheiben schneiden. Meerrettich schälen und in Stücke schneiden. Dill- und Estragonzweige abspülen, trocken tupfen. Pfefferschoten waschen, abtrocknen und in Scheiben schneiden.

4. Gurken abwechselnd mit den vorbereiteten Zutaten, Senfkörnern, Pfefferkörnern und Lorbeerblättern in vorbereitete Gläser schichten.

5. Für die Essig-Zucker-Lösung Essig mit Wasser und Zucker in einem Topf zum Kochen bringen. Topf von der Kochstelle nehmen, Einmach-Hilfe unterrühren. So viel von der Essig-Zucker-Lösung über die Gurken gießen, dass sie gut bedeckt sind.

6. Die Gläser sofort mit Twist-off-Deckeln® verschließen und an einem kühlen Ort (im Keller) mindestens 3 Wochen vor dem Verzehr durchziehen lassen.

Ginfrüchte | Mit Alkohol

1 Glas etwa 2 l

Insgesamt:
E: 6 g, F: 2 g, Kh: 544 g, kJ: 17306, kcal: 4134

1 Honigmelone (etwa 1 kg)
4 Kiwis
4 Nektarinen
375 g weißer Kandis
4 Pimentkörner
2 Zimtstangen
0,7 l Gin (37,5 Vol.-%)

Zubereitungszeit: 25 Minuten
Durchziehzeit: etwa 1 Woche
Haltbarkeit: 3–4 Wochen

1. Die Honigmelone halbieren, entkernen, vierteln und schälen. Das Fruchtfleisch in Streifen schneiden. Die Melonenstreifen in ein vorbereitetes, großes, verschließbares Glas (2 l Inhalt) oder mehrere kleine Gläser geben.

2. Die Kiwis schälen und in Scheiben schneiden. Die Nektarinen waschen, abtrocknen, halbieren und dann jeweils den Stein herauslösen. Nektarinenhälften in Scheiben schneiden.

3. Die Kiwi- und Nektarinenscheiben abwechselnd mit dem Kandis in das große Glas oder die kleinen Gläser schichten.

4. Pimentkörner und Zimtstangen hinzufügen, mit Gin auffüllen. Glas oder Gläser verschließen und kalt stellen. Ginfrüchte etwa 1 Woche durchziehen lassen.

Grapefruit-Bananen-Konfitüre I

Fruchtig-herb

etwa 5 Gläser je 200 ml

Insgesamt:
E: 5 g, F: 1 g, Kh: 601 g, kJ: 10781, kcal: 2546

500 g Pink-Grapefruit-Filets (vorbereitet gewogen, von etwa 5 Grapefruits)
250 g Bananen (vorbereitet gewogen)
300 ml Orangensaft (Handelsware)
1 Pck. Extra Gelierzucker 2:1 (500 g)
1 Pck. Zitronensäure (5 g)

Zubereitungszeit: 35 Minuten
Haltbarkeit: kühl und dunkel gestellt etwa 1 Jahr

1. Grapefruits so schälen, dass die weiße Haut vollständig entfernt wird. Grapefruits filetieren und 500 g abwiegen. Die Bananen schälen, klein schneiden und 250 g abwiegen.

2. Grapefruit-Filets, Bananenstücke und Orangensaft in einem großen Kochtopf mit Extra Gelierzucker und Zitronensäure gut verrühren.

3. Alles unter Rühren bei starker Hitze zum Kochen bringen und unter ständigem Rühren mindestens 3 Minuten sprudelnd kochen lassen. Topf von der Kochstelle nehmen.

4. Kochgut eventuell abschäumen und sofort randvoll in vorbereitete Gläser füllen. Gläser mit Twist-off-Deckeln® verschließen, umdrehen und etwa 5 Minuten auf den Deckeln stehen lassen.

Tipp: Sie können statt der Grapefruit-Filets auch 500 ml (½ l) frisch gepressten Grapefruitsaft oder ungesüßten Grapefruitsaft (Handelsware) verwenden.

Grapefruit-Mandarinen-Marmelade | Mit Alkohol

etwa 7 Gläser je 200 ml

Insgesamt:
E: 6 g, F: 2 g, Kh: 1239 g, kJ: 21142, kcal: 5044

600 g rosa Grapefruit-Filets (vorbereitet gewogen)
400 g Mandarinen-Fruchtfleisch (vorbereitet gewogen)
1 Beutel Gelfix Classic 1:1 (20 g)
1150 g Zucker
2 EL Orangenlikör

Zubereitungszeit: 50 Minuten
Haltbarkeit: kühl und dunkel gestellt etwa 1 Jahr

1. Grapefruit so schälen, dass die weiße Haut vollständig entfernt wird. Grapefruit filetieren, in kleine Stücke schneiden und 600 g abwiegen. Grapefruitstücke in einen großen Kochtopf geben.

2. Mandarinen schälen, in Spalten teilen, klein schneiden und 400 g abwiegen. Mandarinenstücke mit den Grapefruitstücken vermischen.

3. Gelfix Classic zuerst mit 2 Esslöffeln des Zuckers mischen, dann mit der Fruchtmasse verrühren.

4. Die Zutaten unter Rühren bei starker Hitze zum Kochen bringen. Sobald alles bei ständigem Rühren sprudelnd kocht, restlichen Zucker hinzufügen.

5. Alles unter Rühren wieder zum Kochen bringen und unter ständigem Rühren mindestens 3 Minuten sprudelnd kochen lassen. Topf von der Kochstelle nehmen. Orangenlikör unterrühren.

6. Das Kochgut eventuell abschäumen und sofort randvoll in vorbereitete Gläser füllen.

7. Gläser mit Twist-off-Deckeln® verschließen, umdrehen und anschließend etwa 5 Minuten auf den Deckeln stehen lassen.

Grapefruitmarmelade | Gut vorzubereiten

7–8 Gläser je 200 ml

Insgesamt:
E: 6 g, F: 2 g, Kh: 1081 g, kJ: 18874, kcal: 4511

1 Bio-Grapefruit (unbehandelt, ungewachst)
900 g Grapefruit-Filets mit Saft und Schale (vorbereitet gewogen, von der Bio-Grapefruit und 4–5 weiteren Grapefruits)
1 Beutel Gelfix Classic 1:1 (20 g)
1 kg Zucker

Zubereitungszeit: 40 Minuten
Haltbarkeit: kühl und dunkel gestellt etwa 1 Jahr

1. Die Bio-Grapefruit heiß abwaschen, abtrocknen und 25 g Schale abreiben. Alle Grapefruits so schälen, dass die weiße Haut vollständig entfernt wird. Grapefruits filetieren, Kerne entfernen und dabei den Saft auffangen. Grapefruit-Fruchtfleisch klein schneiden.

2. Grapefruitstücke und -saft mit der abgeriebenen Schale mischen und 900 g abwiegen. Die Fruchtmasse in einen großen Kochtopf geben.

3. Gelfix Classic zuerst mit 2 Esslöffeln des Zuckers mischen, dann mit der Fruchtmasse gut verrühren. Die Grapefruitmasse unter Rühren bei starker Hitze zum Kochen bringen. Sobald alles bei ständigem Rühren sprudelnd kocht, restlichen Zucker hinzufügen.

4. Alles unter Rühren wieder zum Kochen bringen und unter ständigem Rühren mindestens 3 Minuten sprudelnd kochen lassen. Topf von der Kochstelle nehmen.

5. Das Kochgut eventuell abschäumen und sofort randvoll in vorbereitete Gläser füllen. Gläser mit Twist-off-Deckeln® verschließen, umdrehen und etwa 5 Minuten auf den Deckeln stehen lassen.

Grüne Oliven in Öl | Für Gäste

etwa 4 Gläser je 200 ml

Insgesamt:
E: 5 g, F: 441 g, Kh: 13 g, kJ: 16751, kcal: 4000

320 g	*grüne Oliven (aus dem Glas)*
1 TL	*Fenchelsamen*
4	*Knoblauchzehen*
1	*Bio-Zitrone (unbehandelt, ungewachst)*
3 Zweige	*frischer Thymian*
etwa 400 ml	*Olivenöl*

Zubereitungszeit: 25 Minuten
Durchziehzeit: etwa 2 Wochen
Haltbarkeit: kühl und dunkel gestellt 6–9 Monate

1. Oliven abspülen und trocken tupfen. Oliven mit einem Fleischklopfer oder mit der Unterseite eines dicken Glases leicht aufschlagen und jeweils den Stein entfernen. Die Fenchelsamen leicht zerdrücken. Den Knoblauch abziehen, zerdrücken oder durch eine Knoblauchpresse drücken. Zitrone heiß abwaschen, abtrocknen und einen langen Streifen von der Zitronenschale abschälen. Thymian abspülen und trocken tupfen.

2. Oliven mit Fenchelsamen, Knoblauch, Zitronenschale und Thymian in vorbereitete Gläser geben. Gläser dabei etwas auf die Arbeitsfläche aufstoßen, damit die Oliven dicht im Glas zusammenrutschen.

3. Die Oliven mit so viel Olivenöl übergießen, dass sie gut bedeckt sind. Die Gläser nochmals vorsichtig aufstoßen, damit Luftblasen entweichen können.

4. Die Gläser mit Twist-off-Deckeln® verschließen. Oliven kalt, dunkel und trocken gestellt etwa 2 Wochen vor dem Verzehr durchziehen lassen. Die Gläser während der Durchziehzeit ab und zu schwenken.

Grüner-Tee-Gelee | Mit Alkohol

etwa 5 Gläser je 200 ml

Insgesamt:
E: 0 g, F: 0 g, Kh: 1113 g, kJ: 19282, kcal: 4610

500 ml (1/2 l)	*heller Traubensaft (ungezuckert, Handelsware)*
2 EL	*loser, grüner Tee*
300 ml	*Apfelsaft (ungezuckert, Handelsware)*
1 Pck.	*Dr. Oetker Finesse Geriebene Zitronenschale*
1 Pck.	*Gelfix Classic 1:1 (20 g)*
1 kg	*Zucker*
50 ml	*trockener Sherry*

Zubereitungszeit: 25 Minuten, ohne Abkühlzeit
Haltbarkeit: kühl und dunkel gestellt 3–4 Monate

1. Den Traubensaft in einem Topf zum Kochen bringen und etwas abkühlen lassen. Den Tee mit dem Traubensaft übergießen und etwa 3 Minuten ziehen lassen. Tee durch ein feines Sieb geben.

2. Teezubereitung mit Apfelsaft und Zitronenschale in einen großen Kochtopf geben.

3. Gelfix Classic zuerst mit 2 Esslöffeln des Zuckers mischen, dann mit der Tee-Saft-Mischung verrühren.

4. Die Tee-Saft-Zubereitung unter Rühren bei starker Hitze zum Kochen bringen. Sobald alles bei ständigem Rühren sprudelnd kocht, restlichen Zucker hinzufügen.

5. Alles unter Rühren wieder zum Kochen bringen und unter ständigem Rühren mindestens 3 Minuten sprudelnd kochen lassen. Topf von der Kochstelle nehmen. Sherry unterrühren.

6. Das Kochgut eventuell abschäumen und sofort randvoll in vorbereitete Gläser füllen. Gläser mit Twist-off-Deckeln® verschließen, umdrehen und etwa 5 Minuten auf den Deckeln stehen lassen.

Gurken, eingelegt | Klassisch

(im Foto rechts)
etwa 3 Gläser je 750 ml (3/4 l)

Insgesamt:
E: 14 g, F: 4 g, Kh: 167 g, kJ: 3757, kcal: 893

1 1/2 kg	*kleine, gerade Einlegegurken*
	Salzwasser (auf 1 l Wasser 75 g Salz)
je 2 Zweige	*Dill und glatte Petersilie*
1 Zweig	*Rosmarin*
2	*Salbeiblättchen*

Für die Essig-Zucker-Lösung:

250 g	*kleine Perlzwiebeln*
1 Stück	*Ingwer*
je 125 ml (1/8 l)	*Weißweinessig und Weißwein*
500 ml (1/2 l)	*Wasser*
100 g	*Zucker*
3 gestr. TL	*Salz*
2	*Lorbeerblätter*
1/2 TL	*Pfefferkörner*
1 Pck.	*Einmach-Hilfe*

Zubereitungszeit: 60 Minuten, ohne Einlegzeit
Durchziehzeit: mindestens 3 Wochen
Haltbarkeit: kühl und dunkel gestellt etwa 6 Monate

1. Gurken gründlich waschen und in eine Schüssel geben. Das Salzwasser über die Gurken gießen und 12–24 Stunden an einem kühlen Ort stehen lassen.

2. Gurken aus dem Salzwasser nehmen, sorgfältig abbürsten und abspülen. Gurken einzeln mit einem Tuch abtrocknen und die schlechten Stellen entfernen.

3. Dill, Petersilie, Rosmarin und Salbeiblättchen abspülen, trocken tupfen. Gurken und Kräuter in vorbereitete Gläser füllen.

4. Für die Essig-Zucker-Lösung Zwiebeln abziehen, Ingwer schälen, mit Essig, Wein, Wasser, Zucker, Salz, Lorbeerblättern und Pfefferkörnern in einem Topf zum Kochen bringen. Den Topf von der Kochstelle nehmen, Einmach-Hilfe unterrühren.

5. Die Essig-Zucker-Lösung über die Gurken gießen. Die Gläser sofort mit Twist-off-Deckeln® verschließen. Gurken mindestens 3 Wochen kalt gestellt vor dem Verzehr durchziehen lassen.

Gurken in Bier | Schnell – mit Alkohol

(im Foto links)
1 Glas etwa 1 3/4 l

Insgesamt:
E: 4 g, F: 1 g, Kh: 32 g, kJ: 1115, kcal: 264

1	*große Salatgurke (etwa 800 g)*
etwas	*kochendes Salzwasser*
1	*Bio-Zitrone (unbehandelt, ungewachst)*
375 ml (3/8 l)	*dunkles Bier*
2 TL	*Zucker*
1 gestr. TL	*Salz*
2 Msp.	*Einmach-Hilfe*

Zubereitungszeit: 20 Minuten
Durchziehzeit: 2–3 Tage
Haltbarkeit: kühl und dunkel gestellt 2–3 Wochen

1. Gurke schälen und die Enden abschneiden. Gurke längs halbieren, entkernen und dann quer in Streifen schneiden. Gurkenstreifen in etwas Salzwasser geben, zum Kochen bringen, einmal aufkochen und anschließend in einem Sieb abtropfen lassen.

2. Zitrone heiß abwaschen, abtrocknen und von der Hälfte die Schale abreiben. Zitrone halbieren und eine Hälfte auspressen. Von der zweiten Zitronenhälfte 2 Scheiben abschneiden.

3. Bier mit Zitronenschale, -saft, Zucker und Salz in einem Topf zum Kochen bringen. Gurkenstreifen hinzugeben und etwa 5 Minuten bei schwacher Hitze dünsten lassen. Topf von der Kochstelle nehmen und Einmach-Hilfe unterrühren.

4. Die Gurkenstreifen mit den Zitronenscheiben in ein vorbereitetes, großes Glas geben, mit einem Twist-off-Deckel® verschließen. 2–3 Tage durchziehen lassen.

Hagebuttenkonfitüre **I** Raffiniert

7–8 Gläser je 200 ml

Insgesamt:
E: 36 g, F: 4 g, Kh: 933 g, kJ: 16878, kcal: 4034

1,2 kg	*Hagebutten (vorbereitet gewogen)*
500 ml (1/2 l)	*Wasser*
3	*Gewürznelken*
	Schale von
1/2	*Bio-Zitrone (unbehandelt, ungewachst)*
1 Beutel	*Gelfix Classic 1:1 (20 g)*
1150 g	*Zucker*
1/2 gestr. TL	*gemahlener Zimt*
1–2 EL	*frisch gepresster Zitronensaft*

Zubereitungszeit: 80 Minuten
Haltbarkeit: kühl und dunkel gestellt 3–4 Monate

1. Hagebutten waschen, gut abtropfen lassen und putzen. Dafür jeweils die Hagebutte von Stiel und Blüte befreien. Von den geputzten Hagebutten etwa 1,2 kg abwiegen.

2. Die Hagebutten mit Wasser in einem Topf zum Kochen bringen und zugedeckt etwa 25 Minuten bei schwacher Hitze weich kochen lassen.

3. Hagebuttenmasse durch ein Sieb streichen (am besten mit dem Passierstab des Handrührgerätes), damit die Kerne und Härchen zurückbleiben. Von dem so gewonnenen Hagebuttenmark 1 kg abwiegen (eventuell mit Wasser auffüllen). Gewürznelken und Zitronenschale unter das Hagebuttenmark rühren.

4. Gelfix Classic zuerst mit 2 Esslöffeln des Zuckers mischen, dann mit dem Hagebuttenmark verrühren.

5. Die Fruchtmasse unter Rühren bei starker Hitze zum Kochen bringen. Sobald alles bei ständigem Rühren sprudelnd kocht, restlichen Zucker, Zimt und Zitronensaft hinzufügen.

6. Alles unter Rühren wieder zum Kochen bringen und unter ständigem Rühren mindestens 3 Minuten sprudelnd kochen lassen. Topf von der Kochstelle nehmen.

7. Das Kochgut eventuell abschäumen und sofort randvoll in vorbereitete Gläser füllen. Gläser mit Twist-off-Deckeln® verschließen, umdrehen und etwa 5 Minuten auf den Deckeln stehen lassen.

Tipp: Hagebutten sind die rotleuchtenden Früchte der Heckenrose, die man oft an Wald- und Feldrändern an sonnigen Plätzen findet. Das Pflücken, Putzen und Zubereiten der Vitamin-C reichen Früchte macht zwar Mühe – doch der Aufwand lohnt sich.

Harissa (scharfe Chilipaste) I

Klassisch

etwa 3 Gläser je 200 ml

Insgesamt:
E: 18 g, F: 178 g, Kh: 63 g, kJ: 7978, kcal: 1905

100 g getrocknete, rote Chilischoten
4 Knoblauchzehen
4 TL Koriandersamen
4 TL Kreuzkümmelsamen (Cumin)
4 TL Kümmelsamen
2 TL Meersalz
150 ml kalt gepresstes Olivenöl

2 EL kalt gepresstes Olivenöl

Zubereitungszeit: 35 Minuten, ohne Durchziehzeit
Haltbarkeit: kühl und dunkel gestellt etwa 4 Monate

1. Chilischoten in eine Schüssel geben, mit heißem Wasser übergießen und etwa 1 Stunde durchziehen lassen. Schoten in ein Sieb geben und gut abtropfen lassen. Knoblauch abziehen.

2. Chilischoten mit Knoblauch, Koriander-, Kümmelsamen und Salz in eine Schale geben und mit einem Mörser zu einer Paste verarbeiten, oder mit einem Stabmixer zerkleinern. 10 Esslöffel Olivenöl unter die Paste rühren, in vorbereitete Gläser füllen und das restliche Olivenöl darauf verteilen (versiegeln).

3. Die Gläser mit Twist-off-Deckeln® verschließen und bis zum Öffnen mindestens 1 Tag kalt, dunkel und trocken aufbewahren.

Tipps: Die Paste ist eine vielseitige Würzpaste, die vielen Gerichten das gewisse Etwas gibt. Sie passt gut zu geschmortem Fleisch, Geflügel oder zu Gemüse. Man verwendet Harissa auch für mit Safran gewürzte Fischsuppen und Eintöpfe oder zum Würzen von Salatsaucen. Etwas Harissa, vermischt mit geschälten, entkernten, klein gehackten Tomaten und 1 Prise Salz ergibt eine würzige Sauce für Kebabs.

Hausgemachter, süßer Senf | Schnell

1 Glas etwa 200 ml oder
2–3 kleine Gläser je 80–100 ml

Insgesamt:
E: 32 g, F: 36 g, Kh: 135 g, kJ: 4240, kcal: 1013

45 g gelbes Senfmehl (aus dem Glas)
80 g grünes Senfmehl (aus schwarzen Senfkörnern)

Für die Essig-Zucker-Lösung:
125 ml (1/8 l) Weißweinessig
125 ml (1/8 l) Wasser
100 g Rohrzucker
Salz

Zubereitungszeit: 20 Minuten
Haltbarkeit: gekühlt etwa 4 Wochen

1. Beide Senfmehle mischen.

2. Für die Essig-Zucker-Lösung Essig, Wasser, Rohrzucker und Salz in einem Topf zum Kochen bringen. Senfmehlmischung hinzufügen und gut unterrühren.

3. Den Senf randvoll in vorbereitete, kleine Gläser oder ein Glas füllen und mit Twist-off-Deckeln® verschließen. Die Gläser oder das Glas umdrehen und etwa 5 Minuten auf den Deckeln stehen lassen.

Tipps: Einige ganze Senfkörner unterrühren. Süßer Senf passt zu Weißwürsten und Leberkäse. Angebrochener Senf hält sich im Kühlschrank 8–10 Tage. Ideal sind kleine Schraubverschlussgläser von Kapern, eingelegtem Pfeffer o. ä. Gemahlenes Senfmehl gibt es in gut sortierten Supermärkten, Apotheken (auf Bestellung) oder im Reformhaus zu kaufen. Gegebenenfalls die ganzen Körner mit dem Mörser fein mahlen.

Heidelbeeren, eingekocht I

Klassisch

etwa 4 Einkochgläser je 1 l

Insgesamt:
E: 20 g, F: 20 g, Kh: 774 g, kJ: 14817, kcal: 3530

3 1/2 kg Heidelbeeren
etwa 525 g Zucker
(auf je 1 kg Heidelbeeren 150 g Zucker)

Außerdem:
1 Küchentuch (Mulltuch)

Zubereitungszeit: 50 Minuten, ohne Durchziehzeit
Haltbarkeit: kühl und dunkel gestellt etwa 1 Jahr

1. Am Vorabend Heidelbeeren sorgfältig verlesen, vorsichtig waschen und gut abtropfen lassen. Die Heidelbeeren lagenweise mit Zucker in eine Schüssel füllen, vorsichtig durchschütteln und mit einem Mulltuch belegen. Heidelbeeren an einem kühlen Ort über Nacht stehen und durchziehen lassen.

2. Am nächsten Tag die Heidelbeeren mit dem entstandenen Saft in vorbereitete Einkochgläser füllen. Jeweils Gummiring und Deckel nass auf den gesäuberten Glasrand legen, mit Klammern verschließen. Gläser auf einen Auflagenrost in den Einkochtopf stellen. So viel kaltes Wasser hinzugießen, dass die Gläser zu 3/4 im Wasser stehen.

3. Den Topf verschließen. Die Heidelbeeren etwa 30 Minuten bei etwa 80 °C einkochen.

Heidelbeerkonfitüre mit Vanille | Raffiniert

6–7 Gläser je 200 ml

Insgesamt:
E: 6 g, F: 6 g, Kh: 606 g, kJ: 11124, kcal: 2626

1 kg	*TK-Heidelbeeren*
500 ml (½ l)	*Orangensaft (Handelsware)*
1 Pck.	*Dr. Oetker Finesse Bourbon-Vanille-Aroma*
1 Pck.	*Super Gelierzucker 3:1 (500 g)*

Zubereitungszeit: 15 Minuten, ohne Auftau- und Abkühlzeit
Haltbarkeit: kühl und dunkel gestellt etwa 1 Jahr

1. Heidelbeeren auftauen lassen, dabei den entstehenden Saft auffangen.

2. Die Heidelbeeren mit Saft, Orangensaft und Vanille-Aroma in einem großen Kochtopf mit Super Gelierzucker gut verrühren. Die Zutaten unter Rühren bei starker Hitze zum Kochen bringen und unter ständigem Rühren mindestens 3 Minuten sprudelnd kochen lassen. Topf von der Kochstelle nehmen.

3. Kochgut eventuell abschäumen und sofort randvoll in vorbereitete Gläser füllen. Gläser mit Twist-off-Deckeln® verschließen, umdrehen und etwa 5 Minuten auf den Deckeln stehen lassen.

Tipp: Anstelle von TK-Heidelbeeren können Sie auch frische Kulturheidelbeeren verwenden. Dann sollten Sie allerdings die Hälfte der Beeren pürieren.

Variante: **Beschwipste Heidelbeerkonfitüre mit Vanille.** 100 ml Orangensaft kann durch 100 ml Rum (37 Vol.-%) ersetzt werden. Den Rum jedoch erst nach dem Kochen unterrühren.

Heidelbeerlikör I

Raffiniert – mit Alkohol

etwa 2 Flaschen je 625 ml

Insgesamt:
E: 1 g, F: 1 g, Kh: 187 g, kJ: 9125, kcal: 2181

200–300 g Heidelbeeren
175 g brauner Kandis
1 zerkleinerte Zimtstange
3 Gewürznelken
700 ml Weizenkorn (38 Vol.-%)

Zubereitungszeit: 20 Minuten
Durchziehzeit: etwa 6 Wochen
Haltbarkeit: gekühlt etwa 2 Monate

1. Die Heidelbeeren verlesen, vorsichtig abspülen und gut abtropfen lassen.

2. Dann zu gleichen Teilen die Heidelbeeren mit Kandis, Zimt und Nelken in 2 vorbereitete Flaschen geben und mit Weizenkorn auffüllen.

3. Die Flaschen verschließen, vorsichtig schütteln und kalt stellen. Den Heidelbeerlikör etwa 6 Wochen durchziehen lassen. Bis sich der Kandis aufgelöst hat, die Flaschen gelegentlich vorsichtig schütteln.

4. Den Likör nach Belieben durch ein feines Sieb gießen, wieder in die gut gesäuberten, großen Flaschen oder in kleine Flaschen umfüllen, fest verschließen und kalt stellen.

Herbsüßes Orangengelee mit Himbeeren | Mit Alkohol

7–8 Gläser je 200 ml

Insgesamt:
E: 12 g, F: 3 g, Kh: 1101 g, kJ: 19335, kcal: 4620

9–10	*saftige Orangen (davon 2 Bio-Orangen, unbehandelt, ungewachst)*
250 g	*Himbeeren (vorbereitet gewogen)*
1 Beutel	*Gelfix Classic 1:1 (20 g)*
1 kg	*Zucker*
1 Pck.	*Zitronensäure (5 g)*
3–4 EL	*Rotwein*

Zubereitungszeit: 45 Minuten
Haltbarkeit: kühl und dunkel gestellt etwa 1 Jahr

1. Die Bio-Orangen heiß abwaschen, abtrocknen und die Schale mit einem Zestenreißer in feinen Streifen abziehen. Oder die Orangen dünn schälen und die Schale in feine Streifen schneiden.

2. Alle Orangen auspressen. 750 ml Saft abmessen. Himbeeren verlesen und abwiegen.

3. Orangensaft und -schale in einen großen Topf geben. Gelfix Classic zuerst mit 2 Esslöffeln des Zuckers mischen, dann mit der Orangenmasse gut verrühren.

4. Die Zutaten unter Rühren bei starker Hitze zum Kochen bringen. Sobald alles bei ständigem Rühren sprudelnd kocht, restlichen Zucker und Zitronensäure hinzufügen. Alles unter Rühren wieder zum Kochen bringen und unter ständigem Rühren mindestens 3 Minuten sprudelnd kochen lassen. Himbeeren hinzufügen und 1 Minute unter ständigem Rühren sprudelnd kochen lassen. Topf von der Kochstelle nehmen. Rotwein unterrühren.

5. Kochgut eventuell abschäumen und sofort randvoll in vorbereitete Gläser füllen. Gläser mit Twist-off-Deckeln® verschließen, umdrehen und etwa 5 Minuten auf den Deckeln stehen lassen.

Tipp: Wer den herben Geschmack der Orangenschalen nicht mag, lässt sie einfach weg.

Himbeeren in Weinbrand I

Schnell – für Gäste – mit Alkohol

1 Glas etwa 2 l

Insgesamt:
E: 6 g, F: 1 g, Kh: 523 g, kJ: 16245, kcal: 3883

500 g Himbeeren
250 ml (1/4 l) Wasser
500 g Zucker
750 ml (3/4 l) Weinbrand

Zubereitungszeit: 20 Minuten, ohne Abkühlzeit
Durchziehzeit: mehrere Wochen
Haltbarkeit: kühl und dunkel gestellt etwa 6 Monate

1. Himbeeren verlesen, eventuell entstielen, kurz abspülen, trocken tupfen und in ein vorbereitetes, verschließbares, großes Glas geben.

2. Wasser mit Zucker verrühren, zum Kochen bringen und abschäumen. Zuckerwasser etwas abkühlen lassen und über die Himbeeren gießen.

3. Weinbrand hinzugießen. Die Flüssigkeit erkalten lassen und das Glas verschließen. Himbeeren einige Wochen durchziehen lassen.

Tipps: Gut schmecken die Himbeeren auch in weißem Rum oder Wodka. Sie können auf diese Weise auch Brombeeren zubereiten.

Himbeeressig | Raffiniert

1 Flasche etwa 500 ml (1/2 l)

Insgesamt:
E: 6 g, F: 1 g, Kh: 17 g, kJ: 821, kcal: 196

300 g frische oder TK-Himbeeren
knapp
500 ml (1/2 l) Weißweinessig (5 % Säure)

Zubereitungszeit: 15 Minuten, ohne Durchzieh- und Abkühlzeit
Haltbarkeit: kühl und dunkel gestellt etwa 6 Monate

1. Frische Himbeeren verlesen. TK-Himbeeren nach Packungsanleitung auftauen lassen.

2. Himbeeren in eine vorbereitete Flasche mit weitem Hals geben und mit Essig auffüllen. Die Flasche verschließen und etwa 2 Wochen an einem sonnigen Platz (Fenster) oder einem warmen Ort (Küche) stehen lassen. Dabei die Flasche zwischendurch schütteln.

3. Den Essig abgießen, einmal aufkochen und abkühlen lassen. Den Essig wieder über die Himbeeren gießen und die Flasche verschließen.

Tipp: Himbeeressig eignet sich zum Würzen feiner Salate und Saucen sowie von Wild, Geflügel und Leber.

Himbeerkonfitüre | Klassisch

7–8 Gläser je 200 ml

Insgesamt:
E: 13 g, F: 3 g, Kh: 1193 g, kJ: 20838, kcal: 4981

1 kg Himbeeren (vorbereitet gewogen)
1 Beutel Gelfix Classic 1:1 (20 g)
1150 g Zucker

Zubereitungszeit: 30 Minuten
Haltbarkeit: kühl und dunkel gestellt 6–9 Monate

1. Himbeeren verlesen, eventuell entstielen und 1 kg abwiegen.

2. Himbeeren in einen großen Kochtopf geben. Himbeeren am besten mit einem Stampfer zerdrücken. Gelfix Classic zuerst mit 2 Esslöffeln des Zuckers mischen, dann mit dem Himbeermus gut verrühren.

3. Die Himbeermasse unter Rühren bei starker Hitze zum Kochen bringen. Sobald alles bei ständigem Rühren sprudelnd kocht, restlichen Zucker hinzufügen. Alles unter Rühren wieder zum Kochen bringen und unter ständigem Rühren mindestens 3 Minuten sprudelnd kochen lassen. Topf von der Kochstelle nehmen.

4. Kochgut eventuell abschäumen und sofort randvoll in vorbereitete Gläser füllen. Gläser mit Twist-off-Deckeln® verschließen, umdrehen und etwa 5 Minuten auf den Deckeln stehen lassen.

Himbeerlikör | Fruchtig – mit Alkohol

etwa 2 Flaschen je 500 ml (1/2 l)

Insgesamt:
E: 7 g, F: 3 g, Kh: 223 g, kJ: 12641, kcal: 3019

500 g Himbeeren
1 Limette
1 Vanilleschote
0,7 l Doppelkorn (38 Vol.-%)
100 ml Weingeist/Ethanol (hochprozentiger Alkohol aus der Apotheke, 90 Vol.-%)
200 g Zucker

Zubereitungszeit: 30 Minuten
Durchziehzeit: etwa 4 Wochen
Haltbarkeit: gekühlt 4–6 Monate

1. Himbeeren verlesen, vorsichtig unter fließendem kalten Wasser abspülen und gut abtropfen lassen. Limette so schälen, dass die weiße Haut mitentfernt wird. Limette in Scheiben schneiden.

2. Himbeeren und Limettenscheiben in ein vorbereitetes Glas (1 1/2 l Inhalt) geben. Vanilleschote halbieren und das Mark herauskratzen. Schote und Mark mit in das Glas geben.

3. Doppelkorn mit Weingeist verrühren, den Zucker darin unter Rühren auflösen. Die Himbeeren mit der Alkoholmischung begießen. Das Glas mit einem Deckel fest verschließen und kalt gestellt 4 Wochen durchziehen lassen.

4. Nach der Durchziehzeit die Flüssigkeit in 2 vorbereitete Flaschen abfiltern und die Flaschen gut verschließen.

Himbeer-Mango-Konfitüre | Exotisch

etwa 5 Gläser je 200 ml

Insgesamt:
E: 10 g, F: 4 g, Kh: 569 g, kJ: 10210, kcal: 2409

600 g Himbeeren (vorbereitet gewogen)
400 g Mango (von 1–2 Mango, vorbereitet gewogen)
1 Pck. Extra Gelierzucker 2:1 (500 g)

Zubereitungszeit: 25 Minuten
Haltbarkeit: kühl und dunkel gestellt etwa 1 Jahr

1. Himbeeren verlesen, eventuell kurz abspülen, trocken tupfen und 600 g abwiegen.

2. Die Mango halbieren und jeweils den Stein herauslösen. Mangohälften schälen, in kleine Würfel schneiden und 400 g abwiegen.

3. Himbeeren und Mangowürfel in einem großen Kochtopf mit Extra Gelierzucker gut verrühren. Alles unter Rühren bei starker Hitze zum Kochen bringen und unter ständigem Rühren mindestens 3 Minuten sprudelnd kochen lassen. Topf von der Kochstelle nehmen.

4. Kochgut eventuell abschäumen und sofort randvoll in vorbereitete Gläser füllen. Gläser mit Twist-off-Deckeln® verschließen, umdrehen und etwa 5 Minuten auf den Deckeln stehen lassen.

Tipp: Anstelle von frischen Himbeeren können Sie auch TK-Himbeeren verwenden. Gefrorene Himbeeren abwiegen, auftauen lassen und den entstehenden Saft bei der Zubereitung mitverwenden.

Variante: **Himbeer-Mango-Konfitüre mit Orangenlikör.** Rühren Sie direkt nach dem Kochen 50 ml Orangenlikör (z. B. Cointreau, Grand Marnier) unter die Konfitüre.

Himbeer-Pink-Grapefruit-Konfitüre | Raffiniert

etwa 6 Gläser je 200 ml

Insgesamt:
E: 9 g, F: 2 g, Kh: 410 g, kJ: 7621, kcal: 1800

500 g Himbeeren (vorbereitet gewogen)
450 g Pink-Grapefruit-Filets und -saft (von 5–6 Pink Grapefruits, vorbereitet gewogen)
70 ml Zitronensaft (von 1–2 Zitronen)
1 Pck. Dr. Oetker Finesse Orangenschalen-Aroma
1 Pck. Diät Gelier-Fruchtzucker (350 g)

Zubereitungszeit: 45 Minuten
Haltbarkeit: kühl und dunkel gestellt etwa 1 Jahr

1. Himbeeren verlesen, eventuell abspülen, trocken tupfen und 500 g abwiegen. Grapefruits so schälen, dass die weiße Haut vollständig entfernt wird. Grapefruits filetieren, dabei den Saft auffangen und insgesamt 450 g abwiegen. Zitronen halbieren, den Saft auspressen und 70 ml abmessen.

2. Vorbereitete Früchte, Zitronensaft und Orangenschalen-Aroma mit Diät Gelier-Fruchtzucker in einem großen Kochtopf gut verrühren. Alles unter Rühren bei starker Hitze zum Kochen bringen und unter ständigem Rühren mindestens 3 Minuten sprudelnd kochen lassen. Topf von der Kochstelle nehmen.

3. Kochgut eventuell abschäumen und sofort randvoll in vorbereitete Gläser füllen. Gläser mit Twist-off-Deckeln® verschließen, umdrehen und etwa 5 Minuten auf den Deckeln stehen lassen.

Tipp: Ersetzen Sie den Zitronensaft durch frisch gepressten Granatapfelsaft.

Variante: Für eine **Himbeer-Orangen-Konfitüre** Grapefruit-Filets und -saft durch 450 ml Orangensaft (von 6–7 Orangen oder gekauften Orangensaft) ersetzen.

Holunderbeergelee mit Schuss I

Mit Alkohol

etwa 6 Gläser je 200 ml

Insgesamt:
E: 19 g, F: 4 g, Kh: 1064 g, kJ: 19170, kcal: 4581

800 ml	*Holunderbeersaft (ungesüßt, von etwa 1 ¾ kg Holunderbeeren ohne Dolden)*
1 Pck.	*Zitronensäure (5 g)*
1 Beutel	*Gelfix Classic 1:1 (20 g)*
1 kg	*Zucker*
½ TL	*gemahlener Zimt*
1 Msp.	*gemahlene Nelken*
50 ml	*Rum*

Zubereitungszeit: 40 Minuten, ohne Entsaftungs- und Abkühlzeit
Haltbarkeit: kühl und dunkel gestellt 3–4 Monate

1. Holunderbeeren waschen, abtropfen lassen und mithilfe eines Schnellkochtopfes oder Dampfentsafters entsaften (Gebrauchsanleitung des Geräteherstellers beachten). Den Saft abkühlen lassen und 800 ml abmessen.

2. Den Holunderbeersaft und Zitronensäure in einen großen Kochtopf geben.

3. Gelfix Classic zuerst mit 2 Esslöffeln des Zuckers mischen. Dann mit Zimt, Nelken und dem Holunderbeersaft verrühren.

4. Den Saft unter Rühren bei starker Hitze zum Kochen bringen. Sobald alles bei ständigem Rühren sprudelnd kocht, restlichen Zucker hinzufügen.

5. Alles unter Rühren wieder zum Kochen bringen und unter ständigem Rühren mindestens 3 Minuten sprudelnd kochen lassen. Topf von der Kochstelle nehmen. Rum unterrühren.

6. Das Kochgut eventuell abschäumen und sofort randvoll in vorbereitete Gläser füllen. Gläser mit Twist-off-Deckeln® verschließen, umdrehen und etwa 5 Minuten auf den Deckeln stehen lassen.

Warenkunde: Schwarze Holunderbeeren sind in ganz Deutschland heimisch. Die weiß blühenden Büsche wachsen an Waldrändern, Mauern oder Zäunen. Die glänzenden violett-schwarzen Beeren wachsen an Dolden und sind im Herbst reif. Für die Zubereitung reife Holunderbeeren waschen, abtropfen lassen und mit einer Gabel die Beeren von den Dolden streifen, dann wie im Rezept beschrieben weiterverarbeiten.

Wichtig: Roh sind Holunderbeeren nicht genießbar (Vergiftungsgefahr: Brechreiz, Verdauungsprobleme).

Tipp: Wer keinen Schnellkochtopf oder Dampfentsafter besitzt, kann die geputzten Holunderbeeren auch knapp mit Wasser (etwa 125 ml [⅛ l]) bedeckt in einem Topf zum Kochen bringen. Holunderbeeren bei schwacher Hitze weich, aber nicht musig kochen. Dann ein großes Sieb mit einem feuchten Küchentuch (Mulltuch) auslegen und über eine Schüssel hängen. Den Holunderbeerbrei daraufgeben, damit der Saft ablaufen kann. Den Fruchtbrei nach dem Erkalten (über Nacht) mithilfe des Tuches ausdrücken. Von dem Saft 800 ml abmessen, eventuell mit Wasser ergänzen. Weiter wie im Rezept beschrieben verfahren.

Holunderbeersaft, gekocht I

Klassisch

3 Flaschen je 500 ml (½ l)

Insgesamt:
E: 14 g, F: 7 g, Kh: 908 g, kJ: 16211, kcal: 3877

2 kg Holunderbeerdolden
1 1/4 l Wasser
750 g–1 kg Zucker
1/2 Pck. Einmach-Hilfe

Außerdem:
1 Safttuch

Zubereitungszeit: 30 Minuten
Haltbarkeit: gekühlt etwa 6 Wochen

1. Holunderbeerdolden verlesen, waschen, gut abtropfen lassen, in einen Kochtopf geben und zerdrücken (am besten mit einem Stampfer). Wasser hinzugießen und zum Kochen bringen.

2. Holunderbeerdolden auf ein gespanntes Safttuch geben und gut ablaufen lassen.

3. Den gewonnenen Saft abmessen und in den gesäuberten Topf gießen, mit Zucker verrühren (auf 1 l Saft 3/4–1 kg Zucker nehmen), einmal aufkochen lassen und abschäumen. Den Topf von der Kochstelle nehmen. Einmach-Hilfe in den heißen Saft rühren.

4. Den Holunderbeersaft in vorbereitete Flaschen (mit Dreh- oder Schnappverschluss) füllen und heiß verschließen.

Holunder-Trauben-Gelee mit Quitten | Einfach

etwa 6 Gläser je 200 ml

Insgesamt:
E: 13 g, F: 3 g, Kh: 626 g, kJ: 11230, kcal: 2653

500 ml (1/2 l)	*Holunderbeersaft (ungesüßt, von etwa 1,4 kg Holunderbeeren oder Handelsware)*
250 g	*Quitten (vorbereitet gewogen)*
500 ml (1/2 l)	*heller Traubensaft (ungesüßt, Handelsware)*
1 Pck.	*Super Gelierzucker 3:1 (500 g)*

Zubereitungszeit: 30 Minuten, ohne Entsaftungs- und Abkühlzeit
Haltbarkeit: kühl und dunkel gestellt etwa 1 Jahr

1. Die Holunderbeeren an der Dolde waschen, abtropfen lassen und mithilfe eines Schnellkochtopfes oder Dampfentsafters entsaften (Gebrauchsanleitung des Geräteherstellers beachten). Saft abkühlen lassen und 500 ml (1/2 l) abmessen.

2. Quitten mit einem Tuch trocken abreiben, um den Flaum zu entfernen. Quitten waschen, abtropfen lassen, entstielen, halbieren und entkernen. Quittenhälften in kleine Stücke schneiden und 250 g abwiegen.

3. Holunder-, Traubensaft und Quittenstücke in einem großen Kochtopf mit Super Gelierzucker gut verrühren. Alles unter Rühren bei starker Hitze zum Kochen bringen und unter ständigem Rühren mindestens 3 Minuten sprudelnd kochen lassen. Topf von der Kochstelle nehmen.

4. Kochgut eventuell abschäumen und sofort randvoll in vorbereitete Gläser füllen. Gläser mit Twist-off-Deckeln® verschließen, umdrehen und etwa 5 Minuten auf den Deckeln stehen lassen.

5. Anschließend die Gläser während des Erkaltens gelegentlich umdrehen, damit sich die Quittenstücke besser verteilen.

Variante 1: **Holunder-Weißwein-Gelee.**
Bereiten Sie das Gelee statt mit Traubensaft mit Weißwein zu.

Variante 2: **Holunder-Trauben-Gelee mit Birnen.**
Ersetzen Sie die Quittenstückchen durch Birnenstückchen, die Birnen jedoch vorher schälen.

Ingwer-Birnen, süß-sauer I

Gut vorzubereiten

etwa 3 Drahtbügelgläser je 1 l

Insgesamt:
E: 13 g, F: 9 g, Kh: 1219 g, kJ: 21186, kcal: 5065

2 kg kleine Birnen
Salz-Zitronen-Wasser

Für die Essig-Zucker-Lösung:
375 ml (3/8 l) Weißweinessig
250 ml (1/4 l) Wasser
1 kg weißer Kandis
4 Gewürznelken
1 Stück Zimtstange
1 Stück Ingwer (getrocknet)
2–3 Sternanis

1 Pck. Einmach-Hilfe

Zubereitungszeit: 30 Minuten, ohne Durchziehzeit
Haltbarkeit: kühl und dunkel gestellt etwa 12 Monate

1. Die Birnen waschen, schälen, Blüten und Stiele entfernen. Birnen in Salz-Zitronen-Wasser legen, um zu verhindern, dass die Birnen braun werden.

2. Essig, Wasser, Kandis, Nelken, Zimtstange, Ingwer und Sternanis in einem Topf zum Kochen bringen, bis der Zucker völlständig aufgelöst ist.

3. Birnen portionsweise in der Essig-Zucker-Lösung fast weich kochen lassen. Birnen mit einem Schaumlöffel herausnehmen und in vorbereitete Drahtbügelgläser füllen.

4. Den Sud etwas einkochen lassen und über die Birnen gießen. Danach die Gläser mit den Deckeln verschließen.

5. Den Saft nach 3 Tagen abgießen und in einem Topf dick einkochen lassen. Den Topf von der Kochstelle nehmen. Einmach-Hilfe unterrühren.

6. Den Saft über die Birnen gießen. Die Gläser nach dem Erkalten jeweils mit Gummiring und Deckel verschließen.

Ingwergelee | Zum Verschenken

5–6 Gläser je 200 ml

Insgesamt:
E: 0 g, F: 0 g, Kh: 1013 g, kJ: 17283, kcal: 4131

150 g	*Ingwer (vorbereitet gewogen)*
1	*große Bio-Orange (unbehandelt, ungewachst)*
800 ml	*Wasser*
200 ml	*Orangensaft (von der Bio-Orange und 1–2 weiteren Orangen)*
1 Beutel	*Gelfix Classic 1:1 (20 g)*
1 kg	*Zucker*

Zubereitungszeit: 45 Minuten
Haltbarkeit: kühl und dunkel gestellt etwa 1 Jahr

1. Ingwer schälen, in feine Streifen schneiden, 150 g abwiegen und in einen Kochtopf geben.

2. Bio-Orange heiß abwaschen, abtrocknen und die Schale dünn abschälen. Orangenschale, Ingwerstreifen und Wasser in einen Topf geben, zum Kochen bringen und zugedeckt etwa 30 Minuten kochen lassen (es darf kein Dampf entweichen). Die Ingwerflüssigkeit in ein Sieb geben und die Flüssigkeit dabei auffangen. 2 Esslöffel Ingwerstreifen aus dem Sieb nehmen und beiseitestellen.

3. Alle Orangen auspressen, 200 ml Saft abmessen, mit der Ingwerflüssigkeit auf 850 ml auffüllen.

4. Gelfix Classic zuerst mit 2 Esslöffeln des Zuckers mischen, dann mit der abgemessenen Ingwer-Orangen-Flüssigkeit und den beiseitegelegten Ingwerstreifen verrühren.

5. Das Kochgut unter Rühren bei starker Hitze zum Kochen bringen. Sobald alles bei ständigem Rühren sprudelnd kocht, restlichen Zucker hinzufügen. Alles unter Rühren wieder zum Kochen bringen und unter ständigem Rühren mindestens 3 Minuten sprudelnd kochen lassen. Anschließend den Topf von der Kochstelle nehmen.

6. Das Kochgut eventuell abschäumen und sofort randvoll in vorbereitete Gläser füllen. Gläser mit Twist-off-Deckeln® verschließen, umdrehen und etwa 5 Minuten auf den Deckeln stehen lassen.

Ingwer-Kürbis, eingelegt I

Preiswert – mit Alkohol

4–5 Gläser je 1 l

Insgesamt:
E: 37 g, F: 8 g, Kh: 990 g, kJ: 17597, kcal: 4187

3 kg Kürbis

Für die Essig-Zucker-Lösung:
1 Stück Ingwer (etwa 80 g)
100 g Zitronat (im Stück)
750 ml (3/4 l) Weißweinessig
375 ml (3/8 l) Weißwein
800 g Zucker
2 Zimtstangen
1 EL Gewürznelken

Zubereitungszeit: 70 Minuten, ohne Durchziehzeit
Haltbarkeit: kühl und dunkel gestellt etwa 12 Monate

1. Kürbis schälen und halbieren. Die Kerne mit einem Löffel herauskratzen. Das Kürbisfleisch in kleine Würfel schneiden.

2. Für die Essig-Zucker-Lösung Ingwer schälen und in dünne Scheiben schneiden. Zitronat in feine Streifen schneiden. Ingwerscheiben und Zitronatstreifen mit Essig, Wein, Zucker, Zimt und Nelken in einem Topf zum Kochen bringen.

3. Kürbiswürfel hinzugeben, wieder zum Kochen bringen und glasig kochen. Den Topf von der Kochstelle nehmen. Kürbiswürfel in dem Sud erkalten und etwa 24 Stunden durchziehen lassen.

4. Die Kürbiswürfel mit einem Schaumlöffel herausnehmen und in vorbereitete Gläser füllen. Die Essig-Zucker-Lösung erhitzen und heiß über die Kürbiswürfel gießen. Die Gläser sofort mit Twist-off-Deckeln® verschließen, umdrehen und etwa 5 Minuten auf den Deckeln stehen lassen.

Irish-Stew | Dauert länger

etwa 4 Einkochgläser je 1 l

Insgesamt:
E: 217 g, F: 213 g, Kh: 222 g, kJ: 16310, kcal: 3895

1 kg Wirsing
1 kg Kartoffeln
500 g Zwiebeln
2 Möhren
750 g Lammfleisch (ohne Knochen)
1 1/2 l Fleischbrühe
Salz
frisch gemahlener, schwarzer Pfeffer
Kümmelsamen
1 TL gerebelter Thymian

Zubereitungszeit: 50 Minuten, ohne Abkühlzeit
Haltbarkeit: kühl und dunkel gestellt etwa 6 Monate

1. Vom Wirsing die groben, äußeren Blätter entfernen. Den Wirsing vierteln und den Strunk herausschneiden. Wirsingviertel in Streifen schneiden, waschen und gut abtropfen lassen.

2. Kartoffeln waschen, schälen, abspülen, abtropfen lassen und in Würfel schneiden. Zwiebeln abziehen und in kleine Würfel schneiden. Möhren putzen, schälen, abspülen, abtropfen lassen und ebenfalls würfeln.

3. Lammfleisch unter fließendem kalten Wasser abspülen, trocken tupfen und in mundgerechte Würfel schneiden.

4. Die vorbereiteten Zutaten abwechselnd fest in vorbereitete Einkochgläser füllen.

5. Fleischbrühe in einem Topf zum Kochen bringen, mit Salz, Pfeffer, Kümmel und Thymian würzen. Die Brühe etwas abkühlen lassen. Anschließend über das eingeschichtete Gemüse und Fleisch gießen, sodass die Gemüse- und Fleischstücke gut mit der Brühe bedeckt sind.

6. Jeweils Gummiring und Deckel nass auf den gesäuberten Glasrand legen, mit Klammern verschließen. Gläser auf einen Auflagenrost in den Einkochtopf stellen. So viel kaltes Wasser hinzugießen, dass die Gläser zu 3/4 im Wasser stehen.

7. Den Topf verschließen. Die Gläser etwa 90 Minuten bei etwa 100 °C einkochen.

Tipp: Irish-Stew kann statt mit Lamm- auch mit Rindfleisch zubereitet werden.

Joghurt-Käse-Bällchen in Kräuteröl | Raffiniert

etwa 2 Drahtbügelgläser je 400 ml

Insgesamt:
E: 50 g, F: 555 g, Kh: 61 g, kJ: 22582, kcal: 5398

1 1/2 kg Joghurt
2 gestr. TL Salz
2 frische Lorbeerblätter
3 frische Zweige Thymian
2 frische Zweige Oregano
500 ml (1/2 l) kalt gepresstes Olivenöl

Außerdem:
evtl. 1 Passiertuch

Zubereitungszeit: 35 Minuten, ohne Abtropf- und Kühlzeit
Durchziehzeit: mindestens 1–2 Wochen
Haltbarkeit: gekühlt etwa 6–8 Wochen

1. Joghurt in eine Schüssel geben und mit Salz verrühren. Anschließend in ein Sieb geben (mit einem Passiertuch oder mit Küchenpapier ausgelegt). Sieb auf eine Schüssel setzen. Joghurt im Kühlschrank gut abtropfen lassen (am besten 2 Tage).

2. Den abgetropften Joghurt (er hat jetzt die Konsistenz vom italienischen Ricottakäse) mit angefeuchteten Händen oder mit 2 Löffeln in taubeneigroße Bällchen formen und auf einen flachen Teller legen. Die Bällchen nochmals zugedeckt etwa 3 Stunden kalt stellen, bis sie fest geworden sind.

3. Lorbeerblätter, Thymian- und Oregano abspülen und trocken tupfen.

4. Die Joghurtbällchen mit den Lorbeerblättern und den Kräuterzweigen in vorbereitete Drahtbügelgläser geben und mit so viel Olivenöl übergießen, dass die Bällchen gut bedeckt sind. Jeweils Gummiring und Deckel nass auf den gesäuberten Glasrand legen. Gläser verschließen.

5. Joghurt-Käse-Bällchen mindestens 1–2 Wochen kalt, dunkel und trocken aufbewahren. Nach dem Öffnen dann möglichst innerhalb von 6–8 Wochen verbrauchen.

Tipp: Joghurt-Käse-Bällchen passen gut zu knusprigem Brot oder zu knackigen Blattsalaten.

Johannisbeergelee mit Zitronenthymian | Fruchtig – würzig

etwa 5 Gläser je 200 ml

Insgesamt:
E: 8 g, F: 1 g, Kh: 691 g, kJ: 12221, kcal: 2883

900 ml	*Johannisbeersaft (von etwa 1 1/2 kg roten Johannisbeeren, vorbereitet gewogen)*
4 Stängel	*Zitronenthymian*
1 Pck.	*Extra Gelierzucker 2:1 (500 g)*

Zubereitungszeit: 45 Minuten, ohne Entsaftungszeit
Haltbarkeit: kühl und dunkel gestellt 3–4 Monate

1. Johannisbeeren abspülen, abtropfen lassen und verlesen. Johannisbeeren im Schnellkochtopf oder Dampfentsafter entsaften (Gebrauchsanleitung des Geräteherstellers beachten). 900 ml Saft abmessen.

2. Zitronenthymian abspülen und trocken tupfen. Die Blättchen von den Stängeln zupfen.

3. Fruchtsaft und Extra Gelierzucker in einem großen Kochtopf verrühren. Alles unter Rühren bei starker Hitze zum Kochen bringen und unter ständigem Rühren mindestens 3 Minuten sprudelnd kochen lassen. Topf von der Kochstelle nehmen.

4. Kochgut eventuell abschäumen, Thymianblättchen unterrühren und sofort randvoll in vorbereitete Gläser füllen. Gläser mit Twist-off-Deckeln® verschließen, umdrehen und etwa 5 Minuten auf den Deckeln stehen lassen.

5. Gläser während des Erkaltens gelegentlich umdrehen, damit sich die Thymianblättchen gleichmäßig verteilen.

Tipp: Das Gelee schmeckt gut auf dunklem Brot oder Pumpernickel oder zu kurz gebratenem Fleisch.

Johannisbeer-Kirsch-Konfitüre

Klassisch

etwa 5 Gläser je 200 ml

Insgesamt:
E: 16 g, F: 18 g, Kh: 661 g, kJ: 12511, kcal: 2959

500 ml (1/2 l)	*Johannisbeersaft (von etwa 800 g roten Johannisbeeren)*
500 g	*Sauerkirschen (vorbereitet gewogen)*
30 g	*Pinienkerne*
1 Pck.	*Dr. Oetker Finesse Bourbon-Vanille-Aroma*
1 Pck.	*Extra Gelierzucker 2:1 (500 g)*

Zubereitungszeit: 35 Minuten, ohne Entsaftungs- und Abkühlzeit
Haltbarkeit: kühl und dunkel gestellt 3–4 Monate

1. Johannisbeeren waschen, abtropfen lassen, mithilfe eines Schnellkochtopfes oder Dampfentsafters entsaften (Gebrauchsanleitung des Geräteherstellers beachten). Saft abkühlen lassen und 500 ml (1/2 l) abmessen.

2. Die Kirschen waschen, abtropfen lassen, entstielen, entsteinen, halbieren und 500 g abwiegen. Die Pinienkerne in einer Pfanne ohne Fett goldgelb rösten und auf einem Teller erkalten lassen.

3. Johannisbeersaft, Kirschen, Pinienkerne und Aroma in einem großen Kochtopf mit Extra Gelierzucker gut verrühren.

4. Die Zutaten unter Rühren bei starker Hitze zum Kochen bringen und unter ständigem Rühren mindestens 3 Minuten sprudelnd kochen lassen. Topf von der Kochstelle nehmen.

5. Kochgut eventuell abschäumen und sofort randvoll in vorbereitete Gläser füllen.

6. Gläser mit Twist-off-Deckeln® verschließen, umdrehen und etwa 5 Minuten auf den Deckeln stehen lassen.

7. Gläser während des Erkaltens gelegentlich umdrehen, damit sich die Pinienkerne und Kirschen gleichmäßig verteilen.

Tipps: Die Haltbarkeit wird durch die Zugabe von Pinienkernen verkürzt, da sie Fett enthalten. Statt der Pinienkerne können Sie auch gestiftelte Mandeln verwenden.

Johannisbeer-Pink-Grapefruit-Konfitüre | Für Diabetiker

etwa 6 Gläser je 200 ml

Insgesamt:
E: 9 g, F: 2 g, Kh: 420 g, kJ: 7739, kcal: 1827

550 g rote Johannisbeeren (vorbereitet gewogen)
450 g Pink-Grapefruit-Filets (vorbereitet gewogen, von etwa 6 Pink Grapefruits)
1 Pck. Diät Gelier-Fruchtzucker (350 g)

Zubereitungszeit: 40 Minuten
Haltbarkeit: kühl und dunkel gestellt etwa 1 Jahr

1. Johannisbeeren waschen und abtropfen lassen. Die Beeren von den Rispen streifen und 550 g abwiegen. Pink Grapefruits so schälen, dass die weiße Haut vollständig entfernt wird. Grapefruits filetieren und 450 g abwiegen.

2. Die Johannisbeeren und Grapefruitfilets in einem großen Kochtopf mit Diät Gelier-Fruchtzucker gut verrühren. Alles unter Rühren bei starker Hitze zum Kochen bringen und unter ständigem Rühren mindestens 3 Minuten sprudelnd kochen lassen. Den Topf von der Kochstelle nehmen.

3. Kochgut eventuell abschäumen und sofort randvoll in vorbereitete Gläser füllen. Gläser mit Twist-off-Deckeln® verschließen, umdrehen und etwa 5 Minuten auf den Deckeln stehen lassen.

Tipp: Die Konfitüre kann statt mit Diät Gelier-Fruchtzucker auch mit Super Gelierzucker 3:1 zubereitet werden. Dann benötigen Sie allerdings 900 g vorbereitete Johannisbeeren und 600 g Pink-Grapefruit-Filets.

Kaffeelikör | Raffiniert

1 Flasche etwa 1 l

Insgesamt:
E: 1 g, F: 0 g, Kh: 373 g, kJ: 12899, kcal: 3083

250 ml (1/4 l) Wasser
375 g Zucker
375 ml (3/8 l) sehr starker Kaffee
1 Pck. Dr. Oetker Vanillin-Zucker
250 ml (1/4 l) Weingeist/Ethanol (hochprozentiger Alkohol aus der Apotheke, 90 Vol.-%)

Zubereitungszeit: 25 Minuten, ohne Abkühlzeit
Haltbarkeit: gekühlt 6 Wochen

1. Wasser mit Zucker in einem Topf zum Kochen bringen und sirupartig einkochen lassen.

2. Zuckerlösung mit Kaffee und Vanillin-Zucker verrühren und erkalten lassen. Anschließend Weingeist unterrühren.

3. Den Kaffeelikör in eine vorbereitete Flasche füllen und verschließen. Kaffeelikör sofort genießen oder kalt gestellt aufbewahren.

Karibik-Konfitüre

Raffiniert – exotisch

7–8 Gläser je 200 ml

Insgesamt:
E: 8 g, F: 3 g, Kh: 1264 g, kJ: 21777, kcal: 5205

1 kleine Mango
1 kleine Papaya
1 große Banane
½ reife Ananas
100 g Physalis
6–7 Kumquats (etwa 50 g)
1 Stängel Zitronengras
1 Beutel Gelfix Classic 1:1 (20 g)
700 g Rohrzucker, hell
450 g Zucker

Zubereitungszeit: 50 Minuten
Haltbarkeit: kühl und dunkel gestellt 3–4 Monate

1. Mango und Papaya halbieren, entkernen und schälen. Banane schälen. Von der Ananas das Blatt- und Strunkende entfernen. Die schuppige Schale möglichst dick abschneiden, damit die „Augen" mitentfernt werden. Ananas vierteln, jeweils den mittleren Strunk entfernen. Von den Physalis jeweils die Blätter entfernen. Physalis waschen und gut abtropfen lassen. Die Kumquats waschen, gut abtropfen lassen, halbieren und entkernen. Vorbereitete Früchte in kleine Würfel schneiden und 1 kg abwiegen.

2. Von dem Zitronengras die äußeren harten Blätter entfernen. Zitronengras in sehr feine Streifen schneiden und 1 gehäuften Esslöffel davon abmessen.

3. Abgewogenes Fruchtfleisch mit Zitronengras in einen großen Kochtopf geben. Gelfix Classic zuerst mit 2 Esslöffeln des Rohrzuckers mischen, dann mit der Fruchtmasse gut verrühren.

4. Das Kochgut unter Rühren bei starker Hitze zum Kochen bringen. Sobald alles bei ständigem Rühren sprudelnd kocht, restlichen Rohrzucker und Zucker hinzufügen. Alles unter Rühren wieder zum Kochen bringen und unter ständigem Rühren mindestens 3 Minuten sprudelnd kochen lassen. Topf von der Kochstelle nehmen.

5. Kochgut eventuell abschäumen und sofort randvoll in vorbereitete Gläser füllen. Gläser mit Twist-off-Deckeln® verschließen, umdrehen und etwa 5 Minuten auf den Deckeln stehen lassen.

Tipp: Karibik-Konfitüre eignet sich als Tortenfüllung oder als Zugabe zu Geflügelpasteten.

Kirsch-Bananen-Konfitüre I

Beliebt – mit Alkohol

etwa 7 Gläser je 200 ml

Insgesamt:
E: 10 g, F: 3 g, Kh: 668 g, kJ: 12342, kcal: 2947

850 g Süßkirschen (vorbereitet gewogen)
150 g Bananen (vorbereitet gewogen)
125 ml (1/8 l) Kirschnektar
125 ml (1/8 l) Bananennektar
125 ml (1/8 l) Sherry
1 Pck. Zitronensäure (5 g)
1 Pck. Super Gelierzucker 3:1 (500 g)

Zubereitungszeit: 45 Minuten
Haltbarkeit: kühl und dunkel gestellt etwa 1 Jahr

1. Kirschen waschen, abtropfen lassen, entstielen, entsteinen und 850 g abwiegen. Kirschen mit einem Stabmixer grob pürieren. Bananen schälen, in kleine Stücke schneiden und 150 g abwiegen.

2. Die vorbereiteten Früchte, Kirsch-, Bananennektar, Sherry und Zitronensäure mit Super Gelierzucker in einem großen Kochtopf gut verrühren. Dann alles unter Rühren bei starker Hitze zum Kochen bringen und unter ständigem Rühren mindestens 3 Minuten sprudelnd kochen lassen. Topf von der Kochstelle nehmen.

3. Kochgut eventuell abschäumen und sofort randvoll in vorbereitete Gläser füllen. Gläser mit Twist-off-Deckeln® verschließen, umdrehen und etwa 5 Minuten auf den Deckeln stehen lassen.

Tipp: 125 ml (1/8 l) Sherry können durch 125 ml (1/8 l) Bananen- oder Kirschnektar ersetzt werden.

Kirsch-Creme-Likör I

Fruchtig – mit Alkohol

etwa 2 Flaschen je 700 ml

Insgesamt:
E: 22 g, F: 24 g, Kh: 480 g, kJ: 12812, kcal: 3063

350 ml Kirschsirup
750 g Kirschjoghurt (3,5 % Fett)
120 g Zucker
1 Pck. Dr. Oetker Vanillin-Zucker
40 ml Kirschwasser (42 Vol.-%)
350 ml Doppelkorn (38 Vol.-%)

Zubereitungszeit: 20 Minuten
Haltbarkeit: gekühlt etwa 2 Wochen

1. Kirschsirup mit Kirschjoghurt, Zucker und Vanillin-Zucker in einem Mixer mixen oder mit Handrührgerät mit Rührbesen auf höchster Stufe etwa 1 Minute durchrühren.

2. Kirschwasser und Doppelkorn hinzugeben, nochmals gut durchmixen oder durchrühren.

3. Den Kirsch-Creme-Likör in 2 vorbereitete Flaschen füllen, mit je einem Flaschenverschluss fest verschließen und kalt stellen.

Tipp: Bereiten Sie diesen Likör mit 500 g frischen Süßkirschen zu. Waschen, entsteinen und pürieren Sie die Kirschen. Geben Sie unter Punkt 1 die Kirschen mit in den Mixer, lassen Sie dafür den Zucker weg.

Kiwi-Bananen-Konfitüre | Schnell

etwa 5 Gläser je 200 ml

Insgesamt:
E: 10 g, F: 5 g, Kh: 643 g, kJ: 11595, kcal: 2770

750 g Kiwis (vorbereitet gewogen)
250 g Bananen (vorbereitet gewogen)
1 Pck. Zitronensäure (5 g)
500 g Zucker
1 Beutel Gelfix Extra 2:1 (25 g)

Zubereitungszeit: 45 Minuten
Haltbarkeit: kühl und dunkel gestellt etwa 1 Jahr

1. Die Kiwis schälen, in kleine Stücke schneiden und 750 g abwiegen. Bananen schälen, ebenfalls klein schneiden und 250 g abwiegen.

2. Kiwi-, Bananenstücke und Zitronensäure in einen großen Kochtopf geben. Zucker mit Gelfix Extra mischen, dann mit den Fruchtstücken verrühren. Alles unter Rühren bei starker Hitze zum Kochen bringen und unter ständigem Rühren mindestens 3 Minuten sprudelnd kochen lassen. Topf von der Kochstelle nehmen.

3. Kochgut eventuell abschäumen und sofort randvoll in vorbereitete Gläser füllen. Die Gläser mit Twist-off-Deckeln® verschließen, umdrehen und etwa 5 Minuten auf den Deckeln stehen lassen.

Tipps: Sie können die Konfitüre statt mit Gelfix Extra und 500 g Zucker auch mit Gelfix Super 3:1 und 350 g Zucker zubereiten. Bitte beachten Sie die Packungsanleitung. Mit 1–2 Esslöffeln Blue Curaçao (mit und ohne Alkohol erhältlich) bekommt die Konfitüre eine besonders interessante Farbe.

Abwandlung: Sie können 100 g der Kiwis durch 100 g Äpfel ersetzen. 250 g der Bananen können durch 250 ml (1/4 l) Bananennektar ersetzt werden.

Kiwi-Birnen-Konfitüre mit Pfefferminzlikör | Mit Alkohol

etwa 5 Gläser je 200 ml

Insgesamt:
E: 7 g, F: 4 g, Kh: 601 g, kJ: 11502, kcal: 2715

450 g Kiwis (vorbereitet gewogen)
300 g Birnen (vorbereitet gewogen)
100 g kernlose, grüne Weintrauben (vorbereitet gewogen)
100 ml Pfefferminzlikör
1 Pck. Extra Gelierzucker 2:1 (500 g)

Zubereitungszeit: 40 Minuten
Haltbarkeit: kühl und dunkel gestellt etwa 1 Jahr

1. Kiwis schälen, halbieren, in Stücke schneiden und 450 g abwiegen. Birnen waschen, schälen, halbieren, entkernen, in kleine Würfel schneiden und 300 g abwiegen. Weintrauben waschen, gut abtropfen lassen, entstielen, halbieren und 100 g abwiegen.

2. Vorbereitete Fruchtstücke mit Likör in einen großen Topf geben und mit Extra Gelierzucker verrühren. Alles unter Rühren bei starker Hitze zum Kochen bringen und unter ständigem Rühren mindestens 3 Minuten sprudelnd kochen lassen. Den Topf von der Kochstelle nehmen.

3. Kochgut eventuell abschäumen und sofort randvoll in vorbereitete Gläser füllen. Gläser mit Twist-off-Deckeln® verschließen, umdrehen und etwa 5 Minuten auf den Deckeln stehen lassen.

Tipps: Statt Pfefferminzlikör für Kinder Waldmeister-Sirup oder Waldmeister-Dessert-Sauce verwenden. Konfitüre zu Käse oder Wildbraten reichen.

Kiwi-Stachelbeer-Konfitüre I

Mit Alkohol

etwa 5 Gläser je 200 ml

Insgesamt:
E: 8 g, F: 4 g, Kh: 606 g, kJ: 11767, kcal: 2779

500 g Kiwis (vorbereitet gewogen)
400 g grüne Stachelbeeren (vorbereitet gewogen)
100 ml grüner Kiwi-Likör
1 Pck. Zitronensäure (5 g)
1 Pck. Extra Gelierzucker 2:1 (500 g)

Zubereitungszeit: 30 Minuten
Haltbarkeit: kühl und dunkel gestellt etwa 1 Jahr

1. Kiwis schälen, vierteln, in feine Scheiben schneiden und 500 g abwiegen. Stachelbeeren waschen, gut abtropfen lassen, Stiel- und Blütenansätze entfernen. Stachelbeeren halbieren und 400 g abwiegen.

2. Stachelbeeren, Likör und Zitronensäure in einem großen Kochtopf mit Extra Gelierzucker gut verrühren.

3. Alles unter Rühren bei starker Hitze zum Kochen bringen und unter ständigem Rühren mindestens 3 Minuten sprudelnd kochen lassen. Topf von der Kochstelle nehmen.

4. Kochgut eventuell abschäumen und sofort randvoll in vorbereitete Gläser füllen. Gläser mit Twist-off-Deckeln® verschließen, umdrehen und etwa 5 Minuten auf den Deckeln stehen lassen.

Knoblauch-Chiliöl & -essig I

Klassisch

etwa 1 l

Insgesamt:

Chiliöl:

E: 6 g, F: 997 g, Kh: 19 g, kJ: 37322, kcal: 8913

Chiliessig:

E: 10 g, F: 1 g, Kh: 23 g, kJ: 1222, kcal: 293

12 Knoblauchzehen
12 frische, rote Chilischoten
20 Melisse- oder Minzeblätter
1 l Olivenöl
oder 1 l Weißweinessig

Zubereitungszeit: 20 Minuten
Durchziehzeit: 3–4 Wochen
Haltbarkeit: kühl und dunkel gestellt 6–9 Monate

1. Knoblauch abziehen. Chilischoten waschen und trocken tupfen. Melisse- oder Minzeblättchen abspülen und vorsichtig trocken tupfen. Knoblauch, Chilischoten und Melisseblättchen in vorbereitete Flaschen geben.

2. Die Flaschen jeweils mit Olivenöl oder Essig auffüllen und sofort verschließen. Knoblauch-Chiliöl & -essig 3–4 Wochen durchziehen lassen.

Kokos-Kirsch-Konfitüre | Mit Alkohol

5–6 Gläser je 200 ml

Insgesamt:
E: 15 g, F: 133 g, Kh: 576 g, kJ: 15986, kcal: 3828

100 g Kokosraspel
400 ml Kokosnussmilch (Fertigprodukt)
400 g Süßkirschen (vorbereitet gewogen)
100 ml Kirschwasser
500 g Zucker
1 Beutel Gelfix Extra 2:1 (25 g)

Zubereitungszeit: 25 Minuten
Haltbarkeit: kühl und dunkel gestellt 3–4 Monate

1. Kokosraspel mit Kokosnussmilch in einem Topf zum Kochen bringen und zugedeckt etwa 10 Minuten bei schwacher Hitze kochen lassen. Den Topf von der Kochstelle nehmen.

2. In der Zwischenzeit Kirschen waschen, abtropfen lassen, entstielen, entsteinen und halbieren. Von den Kirschen 400 g abwiegen.

3. Kokosraspel mit der Milch, Kirschen und Kirschwasser in einen großen Kochtopf geben.

4. Zucker mit Gelfix Extra mischen, dann mit der Frucht-Kokosraspel-Masse verrühren. Alles unter Rühren bei starker Hitze zum Kochen bringen und unter ständigem Rühren mindestens 3 Minuten sprudelnd kochen lassen. Topf von der Kochstelle nehmen.

5. Das Kochgut eventuell abschäumen und sofort randvoll in vorbereitete Gläser füllen. Gläser mit Twist-off-Deckeln® verschließen, umdrehen und etwa 5 Minuten auf den Deckeln stehen lassen.

Kräuteressig, scharf | Raffiniert

etwa 1,2 l

Insgesamt:
E: 4 g, F: 0 g, Kh: 6 g, kJ: 790, kcal: 190

je 1 Bund Dill und Schnittlauch
je 1 Zweig Thymian, Rosmarin und Zitronenmelisse
je 1 kleine, rote und grüne Peperoni
2–3 Schalenstücke von 1 Bio-Orange (unbehandelt, ungewachst)
1 l Weißweinessig

Zubereitungszeit: 20 Minuten
Durchziehzeit: mindestens 2 Wochen
Haltbarkeit: gekühlt, dunkel gestellt und gut verschlossen 2–4 Monate

1. Dill, Schnittlauch, Thymian, Rosmarin und Zitronenmelisse vorsichtig abspülen und trocken tupfen. Peperoni längs halbieren, entkernen, waschen, trocken tupfen und fein hacken. Orangenschalenstücke heiß abwaschen und abtrocknen.

2. Kräuter, Peperoni und Orangenschale in eine vorbereitete Flasche oder nach Belieben in mehrere vorbereitete Flaschen verteilen und mit Essig auffüllen.

3. Die Flasche bzw. Flaschen fest verschließen und kräftig durchschütteln. Den Kräuteressig mindestens 2 Wochen kalt und dunkel stehen lassen.

4. Den Kräuteressig durch ein feines Sieb gießen und wieder in gut gesäuberte Flaschen füllen.

Tipp: Die Wahl der Kräuter je nach Verwendungszweck und Geschmack variieren.

Kräutergelee | Raffiniert

etwa 5 Gläser je 200 ml

Insgesamt:
E: 0 g, F: 0 g, Kh: 602 g, kJ: 10481, kcal: 2473

- *1 Bio-Zitrone (unbehandelt, ungewachst)*
- *1 Zweig Rosmarin*
- *1 Zweig Zitronenthymian*
- *1 Zweig Salbei*
- *1 Zweig Basilikum*
- *1 l Apfelsaft (Handelsware)*
- *1 Pck. Extra Gelierzucker 2:1 (500 g)*
- *1 Pck. Zitronensäure (5 g)*
- *5 kleine Salbeiblättchen*
- *4 Basilikumblättchen*
- *2 Zweige Zitronenthymian*
- *1 Zweig Rosmarin*

Zubereitungszeit: 30 Minuten, ohne Abkühlzeit
Haltbarkeit: kühl und dunkel gestellt 3–4 Monate

1. Zitrone heiß abwaschen und abtrocknen. 1/4 der Schale mit einem Messer dünn abschälen. Kräuterzweige abspülen und trocken tupfen.

2. Den Apfelsaft mit gut der Hälfte der Zitronenschale (die restliche Schale beiseitelegen) und den Kräuterzweigen in einem Topf zum Kochen bringen und bei mittlerer Hitze etwa 10 Minuten kochen lassen. Topf von der Kochstelle nehmen. Kräuter-Apfel-Flüssigkeit erkalten lassen.

3. Anschließend durch ein Sieb in einen Topf gießen und 900 ml abmessen.

4. Die abgemessene Kräuter-Apfel-Flüssigkeit mit Extra Gelierzucker und Zitronensäure in einen Kochtopf geben und gut verrühren. Beiseitegelegte Zitronenschale in 5–6 Stücke schneiden und unterrühren. Alles unter Rühren bei starker Hitze zum Kochen bringen und unter ständigem Rühren mindestens 2 Minuten sprudelnd kochen lassen.

5. Kräuterblättchen und -zweige abspülen, trocken tupfen (Zitronenthymian- und Rosmarinzweige eventuell etwas zerkleinern), hinzufügen und mindestens 1 Minute unter ständigem Rühren sprudelnd mitkochen lassen. Topf von der Kochstelle nehmen.

6. Kochgut eventuell abschäumen und sofort randvoll in vorbereitete Gläser füllen. Darauf achten, dass in jedem Glas jeweils 1 Stück Zitronenschale und unterschiedliche Kräuter sind.

7. Gläser mit Twist-off-Deckeln® verschließen, umdrehen und etwa 5 Minuten auf den Deckeln stehen lassen.

8. Gläser während des Erkaltens gelegentlich umdrehen, damit sich die Zitronenschale und die Kräuter gut verteilen.

Tipps: Kräutergelee zu Käse, z. B. Brie-Käse oder italienischen Weichkäse reichen. Die Haltbarkeit des Gelees wird durch die Zugabe der Kräuter verkürzt.

Kräuterlikör | Würzig – mit Alkohol

1 Flasche etwa 1 l

Insgesamt:
E: 0 g, F: 0 g, Kh: 433 g, kJ: 13835, kcal: 3302

125 ml (1/8 l) Wasser
225 g Zucker
1 Stängel Rosmarin
1 Stängel Salbei
1 Stängel Basilikum
1 Stängel Thymian
1 Stängel Pfefferminze
1 Stängel Zitronenmelisse
5 Lorbeerblätter
700 ml Southern Comfort (40 Vol.-%)

Zubereitungszeit: 20 Minuten, ohne Abkühlzeit
Durchziehzeit: etwa 2 Wochen
Haltbarkeit: gekühlt etwa 4 Wochen

1. Wasser mit Zucker in einem Topf zum Kochen bringen und kurz aufkochen. Die Zuckerlösung erkalten lassen.

2. Kräuterstängel vorsichtig abspülen, trocken tupfen und mit den Lorbeerblättern in eine vorbereitete Flasche geben.

3. Die Zuckerlösung mit Southern Comfort verrühren und in die mit den Kräutern gefüllte Flasche füllen. Dann die Flasche mit einem Flaschenverschluss fest verschließen und kalt gestellt 2 Wochen durchziehen lassen, dabei die Flasche gelegentlich durchschütteln.

4. Nach der Durchziehzeit die Flüssigkeit nach Belieben in eine vorbereitete Flasche abfiltern und die Flasche fest verschließen.

Tipp: Probieren Sie diesen Likör statt mit Southern Comfort einmal mit Wacholder.

Kräuteröl, pikant | Würzig

(im Foto rechts)
1 Flasche etwa 750 ml (3/4 l)

Insgesamt:
E: 0 g, F: 743 g, Kh: 0 g, kJ: 27473, kcal: 6563

1 Bund	*Dill*
1	*kleine, rote Peperoni*
1 EL	*gerebelter Rosmarin*
1 EL	*gerebelter Thymian*
1 TL	*Currypulver*
1 TL	*Paprikapulver edelsüß*
1/4 gestr. TL	*Meersalz*
750 ml (3/4 l)	*Speiseöl, z. B. Sonnenblumen- oder Distelöl*

Zubereitungszeit: 15 Minuten
Durchziehzeit: mindestens 2 Wochen
Haltbarkeit: kühl und dunkel gestellt 2–3 Monate

1. Dill abspülen und trocken tupfen. Die Spitzen von den Stängeln zupfen. Spitzen sehr klein schneiden. Peperoni abspülen, trocken tupfen, halbieren, entkernen und sehr fein hacken.

2. Dill mit Peperoni, Rosmarin, Thymian, Curry und Paprika mischen, in eine vorbereitete Flasche geben, mit Speiseöl auffüllen.

3. Die Flasche verschließen und kräftig durchschütteln. Das Kräuteröl mindestens 2 Wochen durchziehen lassen.

4. Kräuteröl durch eine Filtertüte gießen und wieder in die zuvor gesäuberte Flasche füllen. Kräuteröl kühl und dunkel aufbewahren.

Tipp: Für Salatsaucen von Kartoffel-, Fleisch oder Fischsalaten verwenden.

Kräuter-Öl-Mischung |

Gut vorzubereiten
(im Foto links)
1 Flasche etwa 750 ml (3/4 l)

Insgesamt:
E: 4 g, F: 499 g, Kh: 12 g, kJ: 18759, kcal: 4480

1 Bund	*Petersilie*
3 Zweige	*Estragon*
1 Bund	*Schnittlauch*
je 1/4	*rote, gelbe und grüne Paprikaschote*
1/2 EL	*gemahlener Kümmel*
1/2 EL	*grob zerdrückter, schwarzer Pfeffer*
500 ml (1/2 l)	*Olivenöl*

Zubereitungszeit: 25 Minuten
Durchziehzeit: etwa 1 Woche
Haltbarkeit: dunkel gestellt 2–3 Wochen

1. Die Kräuter vorsichtig abspülen und trocken tupfen. Von der Petersilie und dem Estragon die Blättchen von den Stängeln zupfen. Petersilien- und Estragonblättchen klein schneiden. Schnittlauch in kleine Röllchen schneiden.

2. Paprikaviertel entstielen, entkernen und die weißen Scheidewände entfernen. Die Schotenviertel waschen, trocken tupfen und in Würfel schneiden.

3. Paprikawürfel mit den Kräutern, Kümmel, Pfeffer und Olivenöl verrühren. Die Mischung in eine vorbereitete Flasche geben, verschließen, kräftig durchschütteln und etwa 1 Woche an einem dunklen Ort stehen und durchziehen lassen.

4. Nach Belieben das durchgezogene Kräuteröl durch eine Filtertüte gießen, wieder in die zuvor gesäuberte Flasche füllen und danach an einem dunklen Ort aufbewahren.

Tipp: Die Kräuter-Öl-Mischung für Tomaten- und Paprikasalate verwenden sowie zum Braten von Lamm- oder Schweinefleisch.

Kumquat-Orangen-Marmelade I

Schnell

etwa 7 Gläser je 200 ml

Insgesamt:
E: 16 g, F: 12 g, Kh: 1439 g, kJ: 21326, kcal: 5092

400 g Kumquats (vorbereitet gewogen)
600 g Orangenfilets (vorbereitet gewogen, von 1,2 kg Orangen)
1 Beutel Gelfix Classic 1:1 (20 g)
1150 g Zucker

Zubereitungszeit: 45 Minuten
Haltbarkeit: kühl und dunkel gestellt etwa 1 Jahr

1. Kumquats heiß abwaschen, abtrocknen, halbieren, entkernen, in kleine Stücke schneiden und 400 g abwiegen.

2. Die Orangen so schälen, dass die weiße Haut vollständig mitentfernt wird. Orangen filetieren, in Stücke schneiden und 600 g abwiegen. Fruchtstücke in einen großen Kochtopf geben.

3. Gelfix Classic zuerst mit 2 Esslöffeln des Zuckers mischen, dann mit den Fruchtstücken gut verrühren.

4. Das Kochgut unter Rühren bei starker Hitze zum Kochen bringen. Sobald alles bei ständigem Rühren sprudelnd kocht, restlichen Zucker hinzufügen.

5. Alles unter Rühren wieder zum Kochen bringen und unter ständigem Rühren mindestens 3 Minuten sprudelnd kochen lassen. Topf von der Kochstelle nehmen.

6. Das Kochgut eventuell abschäumen und sofort randvoll in vorbereitete Gläser füllen. Gläser mit Twist-off-Deckeln® verschließen, umdrehen und etwa 5 Minuten auf den Deckeln stehen lassen.

Kumquats, eingelegt I

Schnell – mit Alkohol

1 Glas etwa 750 ml (3/4 l)

Insgesamt:
E: 31 g, F: 52 g, Kh: 581 g, kJ: 7864, kcal: 1878

20 Kumquats
4 Ingwerpflaumen (in Sirup eingelegt)
16 Gewürznelken
1 Zimtstange
50 g Pinienkerne
1 EL Minzeblättchen
250 ml (1/4 l) Wasser
150 g Zucker
6 EL Orangenlikör

Zubereitungszeit: 35 Minuten, ohne Abkühlzeit
Haltbarkeit: kühl und dunkel gestellt etwa 2 Wochen

1. Kumquats waschen, abtrocknen, mit einem Zahnstocher mehrmals einstechen und in ein vorbereitetes, großes Glas geben.

2. Ingwerpflaumen vierteln, mit Nelken, Zimt, Pinienkernen und Minzeblättchen zu den Kumquats geben.

3. Das Wasser mit Zucker in einem Topf zum Kochen bringen und etwa 10 Minuten kochen lassen. Zuckerwasser über die Kumquats gießen, erkalten lassen.

4. Orangenlikör hinzugießen. Glas mit einem Twist-off-Deckel® verschließen, im Kühlschrank aufbewahren.

Kürbis, pikant eingelegt I

Gut vorzubereiten

etwa 4 Gläser je 1 l

Insgesamt (mit Essig-Zucker-Lösung):
E: 29 g, F: 4 g, Kh: 1580 g, kJ: 27634, kcal: 6610

Zum Vorbereiten:
4 kg Kürbis

Zum Durchziehen:
(auf je 1 kg Kürbis [vorbereitet gewogen]:)
125 ml (1/8 l) Weißweinessig
125 ml (1/8 l) Wasser

Für die Essig-Zucker-Lösung:
375 ml (3/8 l) Weißweinessig
375 ml (3/8 l) Wasser
1 1/2 kg Zucker
Saft und Schale von 1/2 Bio-Zitrone (unbehandelt, ungewachst)
1 kleines Stück geschälter Ingwer

Zubereitungszeit: 90 Minuten, ohne Durchzieh- und Abkühlzeit
Haltbarkeit: kühl und dunkel gestellt etwa 9 Monate

1. Zum Vorbereiten den Kürbis halbieren und in breite Spalten schneiden. Kürbiskerne und lose Fasern mit einem Löffel entfernen. Die Kürbisspalten schälen, in kleine Würfel schneiden und in eine große Schüssel geben.

2. Zum Durchziehen Essig mit Wasser verrühren und auf die Kürbiswürfel gießen. Kürbiswürfel zugedeckt über Nacht kalt stellen und durchziehen lassen.

3. Kürbiswürfel mit einem Schaumlöffel herausnehmen und gut abtropfen lassen.

4. Für die Essig-Zucker-Lösung Essig, Wasser, Zucker, Zitronensaft, -schale und Ingwer in einem großen Topf zum Kochen bringen. Die Kürbiswürfel darin nach und nach glasig kochen (nicht zu weich werden lassen). Die Kürbiswürfel mit einem Schaumlöffel herausnehmen und in vorbereitete Gläser füllen. Die Essig-Zucker-Lösung abkühlen lassen.

5. Die Gläser mit der Essig-Zucker-Lösung auffüllen, sodass die Kürbiswürfel gut mit der Flüssigkeit bedeckt sind. Gläser mit Twist-off-Deckeln® verschließen.

6. Gläser auf einen Auflagenrost in den Einkochtopf stellen. So viel kaltes Wasser hinzugießen, dass die Gläser zu 3/4 im Wasser stehen. Kürbiswürfel etwa 30 Minuten bei etwa 75 °C einkochen.

Tipp: Kürbis zu Bratkartoffeln oder Reisgerichten reichen.

Kürbis-Chutney I

Etwas aufwendiger – gut vorzubereiten

etwa 3 Gläser je 200 ml

Insgesamt:
E: 11 g, F: 2 g, Kh: 186 g, kJ: 3555, kcal: 844

350 g Kürbis (vorbereitet gewogen)
150 g Ananas (vorbereitet gewogen)
200 g Zwiebeln (vorbereitet gewogen)
100 g Paprikaschoten (vorbereitet gewogen)
50 ml Apfelsaft (Handelsware)
2 Lorbeerblätter
1/4 Pck. Extra Gelierzucker 2:1 (125 g)
125 ml (1/8 l) Apfelessig
20 g Salz
1 gestr. TL Currypulver
je 1/2 gestr. TL Cayennepfeffer, weißer Pfeffer, Kreuzkümmel (Cumin), Koriander (alles gemahlen)

Zubereitungszeit: 90 Minuten
Haltbarkeit: kühl und dunkel gestellt etwa 6 Monate

1. Kürbis schälen und die Kerne entfernen. Den Kürbis in sehr kleine Würfel schneiden und 350 g abwiegen. Von der Ananas Blatt- und Strunkende entfernen. Dann die schuppige Schale möglichst dick abschneiden, damit die „Augen" mitentfernt werden. Die Ananas zuerst in Scheiben schneiden, dann mit einem Ausstechförmchen die holzige Mitte ausstechen. Ananasscheiben in kleine Stücke schneiden und 150 g abwiegen.

2. Zwiebeln abziehen, in kleine Würfel schneiden und 200 g abwiegen. Paprikaschote halbieren, entstielen, entkernen und die weißen Scheidewände entfernen. Schotenhälften waschen, abtropfen lassen, in sehr kleine Würfel schneiden und 100 g abwiegen.

3. Die vorbereiteten Gemüse- und Obstzutaten in einen großen Kochtopf geben. Apfelsaft und Lorbeerblätter hinzufügen. Die Zutaten zum Kochen bringen und etwa 20 Minuten bei schwacher Hitze kochen lassen, dabei gelegentlich umrühren.

4. Lorbeerblätter entfernen. Extra Gelierzucker und Essig hinzugeben, wieder zum Kochen bringen und weitere 8 Minuten unter Rühren bei starker Hitze kochen lassen. Den Topf von der Kochstelle nehmen. Chutney mit Salz und den restlichen Gewürzen verrühren.

5. Chutney sofort randvoll in vorbereitete Gläser füllen. Gläser mit Twist-off-Deckeln® verschließen, umdrehen und etwa 5 Minuten auf den Deckeln stehen lassen.

Landleberwurst, grob I

Preiswert – dauert länger

8–9 Einkochgläser je 500 ml (1/2 l)

Insgesamt:
E: 800 g, F: 375 g, Kh: 20 g, kJ: 29816, kcal: 7108

2 1/2 kg Schweinefleisch, wie gewachsen (Schulter, Kopf, Bauch)
750 g frische Schwarten
Salzwasser
750 g Schweine- oder Rinderleber
Salz
je 1 TL frisch gemahlener, schwarzer Pfeffer
gemahlene Lorbeerblätter
gerebelter Majoran
frisch geriebene Muskatnuss
gemahlene Nelken
gerebelter Thymian
250 g Zwiebeln

Zubereitungszeit: 75 Minuten, ohne Abkühlzeit
Haltbarkeit: kühl und dunkel gestellt etwa 9 Monate, geöffnete Gläser innerhalb 1 Woche verbrauchen

1. Schweinefleisch und Schwarten unter fließendem kalten Wasser abspülen, abtropfen lassen und dann in einem großen Topf mit Salzwasser bedeckt zum Kochen bringen. Schweinefleisch und die Schwarten zugedeckt etwa 90 Minuten bei mittlerer Hitze garen, dabei ab und zu umrühren.

2. Schweinefleisch und Schwarten mit einer Schaumkelle aus der Brühe nehmen und etwas abkühlen lassen. Das Fleisch von den Knochen lösen.

3. Die Schwarten und etwa die Hälfte des Fleisches durch die feine Scheibe des Fleischwolfs drehen.

4. Leber unter fließendem kalten Wasser abspülen, trocken tupfen und ebenfalls durch die feine Scheibe des Fleischwolfs drehen.

5. Restliches Schweinefleisch in sehr kleine Würfel schneiden.

6. Alle Zutaten gut miteinander vermengen, mit Salz, Pfeffer, Lorbeerblättern, Majoran, Muskat, Nelken und Thymian würzen. So viel Kochbrühe hinzufügen, dass ein geschmeidiger Brei entsteht.

7. Zwiebeln abziehen, sehr fein reiben und unter den Fleischbrei mischen. Nochmals kräftig mit Salz, Pfeffer, Thymian und Majoran abschmecken.

8. Den Fleischbrei nur zu 3/4 in vorbereitete Einkochgläser füllen, da sich der Fleischbrei beim Einkochen etwas ausdehnt. Jeweils Gummiring und Deckel nass auf den gesäuberten Glasrand legen, mit Klammern verschließen.

9. Die Gläser auf einen Auflagenrost in den Einkochtopf stellen. So viel kaltes Wasser hinzugießen, dass die Gläser zu 3/4 im Wasser stehen.

10. Den Topf verschließen und die Leberwurst etwa 110 Minuten bei etwa 100 °C einkochen.

Tipp: Wer keine kleinen Einkochgläser besitzt, kann die Leberwurstmasse auch in Gläser mit Twist-off-Deckeln® füllen und anschließend im Einkochautomaten einkochen.

Latte-Macchiato-Likör

Für Gäste – mit Alkohol

etwa 2 Flaschen je 700 ml

Insgesamt:

E: 80 g, F: 106 g, Kh: 350 g, kJ: 16743, kcal: 3997

6 Eigelb (Größe M)
250 g gesiebter Puderzucker
2 Pck. Dr. Oetker Vanillin-Zucker
2 Dosen Kondensmilch (10 % Fett, je 340 ml)
150 ml Weingeist/Ethanol (hochprozentiger Alkohol aus der Apotheke, 90 Vol.-%)
150 ml Whisky (40 Vol.-%)
180 ml kalter, starker Espresso

Zubereitungszeit: 30 Minuten
Haltbarkeit: gut gekühlt etwa 2 Wochen

1. Eigelb mit Puderzucker und Vanillin-Zucker mit Handrührgerät mit Rührbesen in etwa 3 Minuten aufschlagen. Nach und nach Kondensmilch unterrühren. Weingeist und Whisky langsam unter Rühren hinzugießen. Zum Schluss Espresso unterrühren.

2. Latte-Macchiato-Likör in 2 vorbereitete Flaschen füllen und diese mit je einem Flaschenverschluss fest verschließen. Likör sofort genießen oder im Kühlschrank aufbewahren.

Tipps: Für den Likör nur ganz frische Eigelb verwenden, die nicht älter als 5 Tage sind (Legedatum beachten!). Vor dem Servieren den Likör einmal gut durchschütteln.

Leberwurst | Gut vorzubereiten

6–7 Drahtbügelgläser je 250 ml ($^1/_4$ l)

Insgesamt:
E: 342 g, F: 256 g, Kh: 2 g, kJ: 16846, kcal: 4061

750 g Rinderleber
2 Zwiebeln
1 kg Gehacktes (halb Rind-, halb Schweinefleisch)
2 leicht geh. EL Pökelsalz
frisch geriebene Muskatnuss
frisch gemahlener Pfeffer
gerebelter Oregano
gerebeltes Basilikum
gerebelter Thymian

Zubereitungszeit: 50 Minuten
Haltbarkeit: kühl und dunkel gestellt etwa 9 Monate, geöffnete Gläser innerhalb 1 Woche verbrauchen

1. Den Backofen vorheizen.
Ober-/Unterhitze: etwa 180 °C
Heißluft: etwa 160 °C

2. Die Rinderleber unter fließendem kalten Wasser abspülen, trocken tupfen und in Würfel schneiden. Zwiebeln abziehen und halbieren. Leberwürfel und Zwiebelhälften durch die mittlere Scheibe des Fleischwolfs drehen.

3. Hackfleisch in eine Schüssel geben. Leber-Zwiebel-Masse, Pökelsalz, Muskat, Pfeffer, Oregano, Basilikum und Thymian hinzugeben und mit der Hackfleischmasse gut vermengen.

4. Den Fleischbrei zu nur $^3/_4$ in vorbereitete Einkochgläser füllen, da sich der Fleischbrei beim Einkochen etwas ausdehnt. Jeweils Gummiring und Deckel nass auf den gesäuberten Glasrand legen, mit Klammern verschließen.

5. Dann eine Fettpfanne zur Hälfte mit heißem Wasser füllen. Die Gläser mit etwas Abstand in die Fettpfanne stellen und in den vorgeheizten Backofen schieben. Leberwurst im Anschluß daran etwa 1 $^1/_2$ Stunden einkochen.

Tipps: Dekorativ sieht es aus, wenn Sie die Leberwurst in sogenannten Drahtbügelgläsern einkochen (Foto). Die Leberwurst lässt sich auch im Einkochtopf (-automat) in etwa 110 Minuten bei etwa 100 °C einkochen. Bitte beachten Sie beim Einkochen im Backofen die Gebrauchsanleitung Ihres Geräteherstellers.

Lemon-Curd | Mit Alkohol

2–3 Gläser je 200 ml

Insgesamt:
E: 0 g, F: 83 g, Kh: 189 g, kJ: 6937, kcal: 1658

100 ml Zitronensaft (von 5 Zitronen)
150 ml Orangensaft (von 2 Orangen)
100 g Butter
30 g gesiebte Speisestärke
150 ml Weißwein
150 g Zucker
1 Pck. Dr. Oetker Finesse Geriebene Zitronenschale

Zubereitungszeit: 15 Minuten
Haltbarkeit: kühl und dunkel gestellt etwa 4 Wochen, geöffnete Gläser innerhalb von 3 Wochen verbrauchen

1. Zitronen auspressen und 150 ml Zitronensaft abmessen. Orangen auspressen und 100 ml Orangensaft abmessen.

2. Butter in einem Topf bei mittlerer Hitze zerlassen. Speisestärke darin unter Rühren so lange erhitzen, bis sie hellgelb ist. Zitronen-, Orangensaft und Weißwein unter Rühren mit einem Schneebesen hinzufügen. Dabei darauf achten, dass keine Klümpchen entstehen. Zucker und Zitronenschale hinzufügen, unter Rühren zum Kochen bringen und etwa 2 Minuten kochen lassen, dabei ab und zu umrühren. Topf von der Kochstelle nehmen.

3. Das Kochgut sofort randvoll in vorbereitete Gläser füllen und mit Twist-off-Deckeln® verschließen. Gläser umdrehen und etwa 5 Minuten auf den Deckeln stehen lassen.

Liebesapfellikör I

Für Gäste – mit Alkohol

1 Flasche etwa 1,4 l

Insgesamt:

E: 1 g, F: 1 g, Kh: 259 g, kJ: 8700, kcal: 2081

3 säuerliche Äpfel (etwa 400 g, z. B. Boskop)
Saft von 1 Zitrone
80 g gesiebter Puderzucker
200 ml Grenadine-Sirup
500 ml (1/2 l) Doppelkorn (38 Vol.-%)

Zubereitungszeit: 30 Minuten
Haltbarkeit: gekühlt etwa 2 Wochen

1. Äpfel waschen, schälen, vierteln, entkernen und klein schneiden. Die Apfelstücke mit Zitronensaft mischen, in einen Mixer füllen und pürieren. Puderzucker, Sirup und Doppelkorn hinzufügen und alles noch einmal kräftig durchmixen.

2. Liebesapfellikör in eine vorbereitete Flasche füllen und mit einem Flaschenverschluss fest verschließen. Den Likör sofort genießen oder im Kühlschrank aufbewahren. Vor dem Servieren den Likör kräftig durchschütteln.

Limettenlikör I

Fruchtig – mit Alkohol

etwa 1 l

Insgesamt:
E: 0 g, F: 0 g, Kh: 251 g, kJ: 11269, kcal: 2694

150 ml Wasser
250 g Rohrzucker
4 Bio-Limetten (unbehandelt, ungewachst)
1 Zimtstange
550 ml Rum (54 Vol.-%)

Zubereitungszeit: 30 Minuten, ohne Abkühlzeit
Durchziehzeit: etwa 4 Wochen
Haltbarkeit: gekühlt 4–6 Wochen

1. Wasser mit Rohrzucker in einem Topf zum Kochen bringen und kurz aufkochen lassen. Zuckerlösung erkalten lassen.

2. Die Limetten heiß abwaschen, abtrocknen und 2 Limetten dünn schälen. Limetten halbieren und den Saft auspressen.

3. Die Limettenschale mit Limettensaft, Zimtstange, Zuckerlösung und Rum in eine vorbereitete Flasche geben. Die Flasche mit einem Flaschenverschluss fest verschließen und einmal kräftig durchschütteln. An einem kühlen Ort etwa 4 Wochen durchziehen lassen.

4. Nach der Durchziehzeit den Likör in kleine, vorbereitete Flaschen abfiltern und die Flaschen gut verschließen.

Mandarinenmarmelade | Für Kinder

etwa 4 Gläser je 200 ml

Insgesamt:
E: 3 g, F: 1 g, Kh: 492 g, kJ: 8727, kcal: 2085

3 kleine Dosen	*Mandarinen (Abtropfgewicht je 175 g)*
	Saft von
1	*Zitrone*
etwa 450 ml	*Orangensaft (Handelsware)*
350 g	*Zucker*
1 Beutel	*Gelfix Super 3:1 (25 g)*

Zubereitungszeit: 30 Minuten
Haltbarkeit: kühl und dunkel gestellt etwa 1 Jahr

1. Die Mandarinen in einem Sieb abtropfen lassen, große Fruchtstückchen klein schneiden und 500 g abwiegen. Zitrone auspressen. Den Zitronensaft mit Orangensaft auf 500 ml auffüllen.

2. Mandarinen und den Saft in einen großen Kochtopf geben. Zucker mit Gelfix Super mischen und mit der Fruchtmasse verrühren. Alles bei starker Hitze unter Rühren zum Kochen bringen und unter ständigem Rühren mindestens 3 Minuten sprudelnd kochen lassen. Topf von der Kochstelle nehmen.

3. Kochgut eventuell abschäumen und sofort randvoll in vorbereitete Gläser füllen. Gläser mit Twist-off-Deckeln® verschließen, umdrehen und etwa 5 Minuten auf den Deckeln stehen lassen.

Tipps: Gläser während des Erkaltens gelegentlich umdrehen, damit sich die Mandarinenstücke besser verteilen. Bei ungezuckerten Mandarinenkonserven kann der abgetropfte Saft mitverwendet werden (Orangensaft entsprechend reduzieren).

Mango-Chutney I

Gut vorzubereiten – mit Alkohol

etwa 3 Gläser je 200 ml

Insgesamt:
E: 6 g, F: 3 g, Kh: 221 g, kJ: 4585, kcal: 1087

400 g	*Mango (vorbereitet gewogen)*
100 g	*Zwiebeln (vorbereitet gewogen)*
2–3 Stück	*eingelegter Ingwer*
1 TL	*grüne Pfefferkörner in Lake*
180 ml	*Weißwein*
2 EL	*Weißweinessig*
60 g	*Rosinen*
1/4 Pck.	*Extra Gelierzucker 2:1 (125 g)*
	Salz
	Currypulver

Zubereitungszeit: 45 Minuten
Haltbarkeit: kühl und dunkel gestellt etwa 1 Jahr

1. Mangos halbieren und jeweils den Stein herauslösen. Mangohälften schälen, in kleine Würfel schneiden und 400 g abwiegen. Zwiebeln abziehen, ebenfalls klein würfeln und 100 g abwiegen. Ingwer abtropfen lassen und klein schneiden. Pfefferkörner abspülen und abtropfen lassen.

2. Die vorbereiteten Zutaten in einen großen Kochtopf geben. Wein, Essig, Rosinen und Extra Gelierzucker hinzugeben, unter Rühren zum Kochen bringen und unter gelegentlichem Rühren etwa 5 Minuten kochen lassen. Chutney mit Salz und Curry abschmecken, sofort in vorbereitete Gläser füllen.

3. Gläser mit Twist-off-Deckeln® verschließen, umdrehen und etwa 5 Minuten auf den Deckeln stehen lassen.

Tipp: Mango-Chutney schmeckt sehr gut zu gegrilltem Fleisch.

Mango-Melonen-Konfitüre | Exotisch

etwa 7 Gläser je 200 ml

Insgesamt:
E: 7 g, F: 3 g, Kh: 1235 g, kJ: 21228, kcal: 5071

500 g Mango (vorbereitet gewogen)
500 g Honigmelone (vorbereitet gewogen)
1 Beutel Gelfix Classic 1:1 (20 g)
1150 g Zucker

Zubereitungszeit: 40 Minuten
Haltbarkeit: kühl und dunkel gestellt etwa 1 Jahr

1. Mango halbieren, das Fruchtfleisch jeweils vom Stein lösen. Fruchtfleisch schälen, in kleine Stücke schneiden und 500 g abwiegen.

2. Melone halbieren, entkernen und schälen. Das Fruchtfleisch in kleine Stücke schneiden und 500 g abwiegen. Fruchtstücke in einen großen Kochtopf geben.

3. Gelfix Classic zuerst mit 2 Esslöffeln des Zuckers mischen, dann mit der Fruchtmasse gut verrühren.

4. Das Kochgut unter Rühren bei starker Hitze zum Kochen bringen. Sobald alles bei ständigem Rühren sprudelnd kocht, restlichen Zucker hinzufügen. Alles unter Rühren wieder zum Kochen bringen und unter ständigem Rühren mindestens 3 Minuten sprudelnd kochen lassen. Topf von der Kochstelle nehmen.

5. Kochgut eventuell abschäumen und sofort randvoll in vorbereitete Gläser füllen. Gläser mit Twist-off-Deckeln® verschließen, umdrehen und etwa 5 Minuten auf den Deckeln stehen lassen.

Maracujagelee | Schnell

4–5 Gläser je 200 ml

Insgesamt:
E: 5 g, F: 2 g, Kh: 448 g, kJ: 7650, kcal: 1822

750 ml (3/4 l)	*Maracujasaft (ungezuckert, Handelsware)*
	Saft von
1	*Zitrone*
400 g	*Zucker*
1 Beutel	*Gelfix Extra 2:1 (25 g)*

Zubereitungszeit: 25 Minuten
Haltbarkeit: kühl und dunkel gestellt etwa 1 Jahr

1. Den Maracujasaft mit Zitronensaft in einen großen Kochtopf geben.

2. Zucker mit Gelfix Extra mischen, dann mit dem Saft verrühren.

3. Alles unter Rühren bei starker Hitze zum Kochen bringen und unter ständigem Rühren mindestens 3 Minuten sprudelnd kochen lassen. Den Topf von der Kochstelle nehmen.

4. Kochgut eventuell abschäumen und sofort randvoll in vorbereitete Gläser füllen. Gläser mit Twist-off-Deckeln® verschließen, umdrehen und etwa 5 Minuten auf den Deckeln stehen lassen.

Maronenkonfitüre mit Apfelsaft I

Raffiniert

etwa 5 Gläser je 200 ml

Insgesamt:
E: 10 g, F: 7 g, Kh: 726 g, kJ: 12940, kcal: 3061

2 Pck.	*Maronen, gekocht (vakuum verpackt, 400 g)*
1	*Bio-Zitrone (unbehandelt, ungewachst)*
50 ml	*Zitronensaft (von etwa 2 Zitronen)*
50 g	*flüssiger Blütenhonig*
500 ml (1/2 l)	*Apfelsaft (Handelsware)*
1 Pck.	*Extra Gelierzucker 2:1 (500 g)*

Zubereitungszeit: 20 Minuten
Haltbarkeit: kühl und dunkel gestellt etwa 1 Jahr

1. Maronen aus der Verpackung lösen und in feine Stücke schneiden. Zitrone heiß abwaschen, abtrocknen und die Schale dünn abreiben.

2. Maronen, Zitronenschale und -saft mit dem Honig und Apfelsaft in einen großen Kochtopf geben. Die Zutaten mit einem Schneidestab pürieren. Extra Gelierzucker hinzugeben und gut verrühren.

3. Alles unter Rühren bei starker Hitze zum Kochen bringen und unter ständigem Rühren mindestens 3 Minuten sprudelnd kochen lassen. Topf von der Kochstelle nehmen.

4. Kochgut eventuell abschäumen und sofort randvoll in vorbereitete Gläser geben.

5. Gläser mit Twist-off-Deckeln® verschließen, umdrehen und anschließend etwa 5 Minuten auf den Deckeln stehen lassen.

Melone in Gin | Mit Alkohol

1 Glas 1 1/2–2 l

Insgesamt:
E: 0 g, F: 0 g, Kh: 63 g, kJ: 2866, kcal: 685

2 mittelgroße Netzmelonen
250 g Zucker
2 EL Zitronensaft
1 gestr. TL gemahlener Ingwer
1 Flasche (0,7 l) Gin

Zubereitungszeit: 30 Minuten, ohne Durchziehzeit
Haltbarkeit: etwa 6 Monate

1. Melonen zuerst halbieren, dann in Spalten schneiden, entkernen und schälen. Melonenspalten in Stücke schneiden und in eine Schüssel geben.

2. Zucker, Zitronensaft und Ingwer untermengen und die Melonenmasse zugedeckt über Nacht durchziehen lassen.

3. Melonenstücke in einem Sieb abtropfen lassen und in ein vorbereitetes, großes, verschließbares Glas geben, dabei den Saft auffangen.

4. Den Saft mit Gin verrühren und über die Melonenstücke gießen. Das Glas gut verschließen und einige Wochen durchziehen lassen.

Melonen-Paprika-Chutney | Raffiniert

etwa 6 Gläser je 200 ml

Insgesamt:
E: 10 g, F: 4 g, Kh: 429 g, kJ: 8103, kcal: 1923

500 g Honigmelonen-Fruchtfleisch (vorbereitet gewogen)
300 g rote Paprikaschoten (vorbereitet gewogen)
150 g Orangenfilets (vorbereitet gewogen)
100 g Rosinen
200 ml Obstessig
300 ml Orangensaft (Handelsware)
½ Pck. Super Gelierzucker 3:1 (250 g)
1 TL Senfkörner
Salz
frisch gemahlener Pfeffer
Paprikapulver rosenscharf

Zubereitungszeit: 60 Minuten
Haltbarkeit: kühl, dunkel und trocken gestellt etwa 6 Monate

1. Die Melone halbieren und die Kerne mit einem Löffel herauslösen. Melonenhälften zuerst in kleine Spalten schneiden, dann die Schale abschneiden. Das Fruchtfleisch klein würfeln und 500 g abwiegen.

2. Paprikaschoten halbieren, entstielen, entkernen und die weißen Scheidewände entfernen. Schotenhälften waschen, abtropfen lassen, sehr fein würfeln und 300 g abwiegen. Orangen so schälen, dass die weiße Haut mitentfernt wird. Filets herausschneiden und 150 g abwiegen.

3. Die vorbereiteten Zutaten mit Rosinen, Obstessig, Orangensaft, Gelierzucker und Senfkörnern in einen Topf geben. Alles unter Rühren zum Kochen bringen und etwa 5 Minuten kochen lassen, dabei ab und zu umrühren.

4. Das Chutney mit Salz, Pfeffer und Paprika abschmecken und sofort randvoll in vorbereitete Gläser füllen. Mit Twist-off-Deckeln® verschließen, umdrehen und etwa 5 Minuten auf den Deckeln stehen lassen.

Tipp: Melonen-Paprika-Chutney passt gut zu Käse oder Käse-Fondue.

Melonen-Zitrus-Konfitüre | Raffiniert

5–6 Gläser je 200 ml

Insgesamt:
E: 7 g, F: 2 g, Kh: 427 g, kJ: 7732, kcal: 1825

400 g Wassermelone (vorbereitet gewogen)
350 g Pink-Grapefruit-Filets und -saft (von etwa 3 Pink Grapefruits)
250 g Orangenfilets und -saft (von etwa 4 Orangen)
1 Pck. Zitronensäure (5 g)
1 Pck. Diät Gelier-Fruchtzucker (350 g)

Zubereitungszeit: 40 Minuten
Haltbarkeit: kühl und dunkel gestellt etwa 1 Jahr

1. Wassermelone in Spalten schneiden. Das Fruchtfleisch aus der Schale lösen und die Kerne entfernen. Fruchtfleisch in Würfel schneiden und 400 g abwiegen. Grapefruits und Orangen so schälen, dass die weiße Haut vollständig mitentfernt wird. Grapefruits und Orangen filetieren, dabei jeweils den Saft auffangen. Von den Grapefruitfilets mit dem -saft 350 g und von den Orangenfilets mit dem -saft 250 g abwiegen.

2. Melonenwürfel, Fruchtfilets, -säfte und Zitronensäure in einem großen Kochtopf mit Diät Gelier-Fruchtzucker gut verrühren. Alles unter Rühren bei starker Hitze zum Kochen bringen und unter ständigem Rühren mindestens 3 Minuten sprudelnd kochen lassen. Topf von der Kochstelle nehmen.

3. Kochgut eventuell abschäumen und sofort randvoll in vorbereitete Gläser füllen. Gläser mit Twist-off-Deckeln® verschließen, umdrehen und etwa 5 Minuten auf den Deckeln stehen lassen.

4. Gläser während des Erkaltens gelegentlich umdrehen, damit sich die Fruchtstücke gleichmäßig verteilen.

Tipp: Einfacher ist es, wenn Sie die Zitrusfrüchte nur auspressen. Verwenden Sie dann das Fruchtfleisch ohne Kerne mit.

Mirabellen, eingekocht I

Gut vorzubereiten

etwa 4 Einkochgläser je 1 l

Insgesamt:
E: 20 g, F: 6 g, Kh: 589 g, kJ: 10936, kcal: 2617

etwa 3 kg Mirabellen

Für die Zuckerlösung:
250–375 g Zucker
1 l Wasser

Zubereitungszeit: 60 Minuten, ohne Abkühlzeit
Haltbarkeit: kühl und dunkel gestellt etwa 9 Monate

1. Mirabellen waschen, gut abtropfen lassen, entstielen, in die vorbereiteten Einkochgläser bis fast unter den Glasrand füllen.

2. Für die Zuckerlösung Zucker mit Wasser in einem Topf zum Kochen bringen und kurz aufkochen lassen, bis der Zucker vollständig aufgelöst ist. Den Topf von der Kochstelle nehmen. Zuckerlösung abkühlen lassen und über die Mirabellen gießen, sodass die Mirabellen mit der Zuckerlösung bedeckt sind.

3. Jeweils Gummiring und Deckel nass auf den gesäuberten Glasrand legen, mit Klammern verschließen. Die Gläser auf einen Auflagenrost in den Einkochtopf stellen. So viel kaltes Wasser hinzugießen, dass die Gläser zu ¾ im Wasser stehen.

4. Den Topf verschließen und die Mirabellen etwa 30 Minuten bei etwa 75 °C einkochen.

Tipps: Die Mirabellen entsteint einkochen. Die eingekochten Mirabellen als Kompott reichen oder für Tortenbeläge verwenden.

Mirabellenkonfitüre I

Gut vorzubereiten

etwa 5 Gläser je 200 ml

Insgesamt:
E: 2 g, F: 1 g, Kh: 313 g, kJ: 5276, kcal: 1260

1 kg Mirabellen (vorbereitet gewogen)
1 Beutel Gelfix Classic 1:1 (20 g)
1150 g Zucker

Zubereitungszeit: 45 Minuten
Haltbarkeit: kühl und dunkel gestellt etwa 1 Jahr

1. Die Mirabellen waschen, gut abtropfen lassen, entstielen, halbieren und entsteinen. Mirabellenhälften in kleine Stücke schneiden, 1 kg abwiegen und in einen großen Kochtopf geben.

2. Gelfix Classic zuerst mit 2 Esslöffeln des Zuckers mischen, dann mit den Fruchtstückchen gut verrühren.

3. Das Kochgut unter Rühren bei starker Hitze zum Kochen bringen. Sobald alles bei ständigem Rühren sprudelnd kocht, restlichen Zucker hinzufügen.

4. Alles unter Rühren wieder zum Kochen bringen und unter ständigem Rühren mindestens 3 Minuten sprudelnd kochen lassen. Topf von der Kochstelle nehmen.

5. Das Kochgut eventuell abschäumen und sofort randvoll in vorbereitete Gläser füllen. Gläser mit Twist-off-Deckeln® verschließen, umdrehen und etwa 5 Minuten auf den Deckeln stehen lassen.

Tipp: Zuletzt 4 Esslöffel Zwetschenwasser unter die Konfitüre rühren.

Mirabellenkonfitüre mit Lavendelblüten I

Zum Verschenken

etwa 5 Gläser je 200 ml

Insgesamt:
E: 7 g, F: 2 g, Kh: 630 g, kJ: 11050, kcal: 2605

1 kg Mirabellen (vorbereitet gewogen)
1 EL unbehandelte, getrocknete Lavendelblüten
1 Pck. Extra Gelierzucker 2:1 (500 g)

Zubereitungszeit: 40 Minuten
Haltbarkeit: kühl und dunkel gestellt 3–4 Monate

1. Mirabellen waschen, abtropfen lassen, entstielen, halbieren und entsteinen. Fruchtfleisch klein schneiden und 1 kg abwiegen. Lavendelblüten von den Stängeln ablösen und 1 gehäuften Esslöffel abmessen.

2. Mirabellenstückchen mit den Lavendelblüten in einen großen Kochtopf geben. Mit Extra Gelierzucker gut verrühren. Alles unter Rühren bei starker Hitze zum Kochen bringen und unter ständigem Rühren mindestens 3 Minuten sprudelnd kochen lassen. Topf von der Kochstelle nehmen.

3. Kochgut eventuell abschäumen und sofort randvoll in vorbereitete Gläser füllen. Gläser mit Twist-off-Deckeln® verschließen, umdrehen und etwa 5 Minuten auf den Deckeln stehen lassen.

Tipps: Statt Mirabellen können Sie auch Renekloden, statt getrocknetem Lavendel frischen Lavendel verwenden. Die Lavendelblüten vorsichtig abspülen, abtrocknen und vom Stiel lösen.

Mittelmeer-Pickles I

Für Gäste – dauert länger

etwa 4 Einkochgläser je 1 l

Insgesamt:
E: 40 g, F: 132 g, Kh: 105 g, kJ: 7799, kcal: 1863

1 kg Auberginen
Salz
1 kg Zucchini
500 g rote Paprikaschoten
250 g kleine Zwiebeln
1 Fenchelknolle
2 EL gehackte Oreganoblättchen
2 EL Basilikumblättchen
8 Lorbeerblätter
2 EL Pfefferkörner
4 Salbeiblättchen
4 abgezogene, fein gehackte Knoblauchzehen

Für das Essigwasser:
500 ml (1/2 l) Wasser
250 ml (1/4 l) Weißweinessig
Zucker
frisch gemahlener Pfeffer
125 ml (1/8 l) Olivenöl

Zubereitungszeit: 40 Minuten, ohne Durchziehzeit
Haltbarkeit: kühl und dunkel gestellt etwa 9 Monate

1. Auberginen waschen, abtrocknen und die Stängelansätze entfernen. Auberginen in Würfel schneiden und mit Salz bestreuen. Die Auberginenwürfel etwa 30 Minuten ziehen lassen.

2. Auberginenwürfel mit Küchenpapier gut trocken tupfen. Zucchini waschen, abtrocknen und die Enden abschneiden. Zucchini in Scheiben schneiden.

3. Paprikaschoten halbieren, entstielen, entkernen und die weißen Scheidewände entfernen. Schotenhälften waschen, trocken tupfen und in breite Streifen schneiden.

4. Zwiebeln abziehen und vierteln. Von der Fenchelknolle die Stiele dicht oberhalb der Knolle abschneiden. Braune Stellen und Blätter entfernen. Die Wurzelenden gerade schneiden. Knolle waschen, abtropfen lassen und in Streifen schneiden.

5. Das vorbereitete Gemüse mit Oregano-, Basilikumblättchen, Lorbeerblättern, Pfefferkörnern, Salbeiblättchen und Knoblauch fest in vorbereitete Einkochgläser schichten.

6. Für das Essigwasser Wasser mit Essig, Zucker und Pfeffer zum Kochen bringen. Olivenöl unterrühren, eventuell nochmals kräftig mit Salz, Pfeffer und Zucker abschmecken. Essigwasser gleichmäßig über die Gemüsezutaten gießen, sodass sie gut mit der Flüssigkeit bedeckt sind.

7. Jeweils Deckel und Gummiring nass auf den gesäuberten Glasrand legen, mit Klammern verschließen. Gläser auf einen Auflagenrost in den Einkochtopf stellen. So viel heißes Wasser hinzugießen, dass die Gläser zu 3/4 im Wasser stehen.

8. Den Topf verschließen. Mittelmeer-Pickles etwa 45 Minuten bei etwa 100 °C einkochen.

Mixed Pickles | Klassisch

etwa 4 Gläser je 1 l

Insgesamt:
E: 36 g, F: 9 g, Kh: 155 g, kJ: 4370, kcal: 1038

1 kg kleine, feste Gurken
1 kleiner Kopf Blumenkohl
250 g grüne Bohnen
500 g Möhren
Salzwasser
125 g Perlzwiebeln
3 Lorbeerblätter
20 Pfefferkörner
10 Gewürznelken

Für die Essig-Zucker-Lösung:
1 1/2 l Kräuteressig
500 ml (1/2 l) Wasser
1 geh. EL Salz
4 geh. EL Zucker
2 Msp. Einmach-Hilfe

Zubereitungszeit: 65 Minuten, ohne Einlegzeit
Haltbarkeit: kühl und dunkel gestellt etwa 6 Monate

1. Gurken gründlich waschen und in eine Schüssel geben. Wasser über die Gurken gießen und etwa 12 Stunden an einem kühlen Ort stehen lassen. Die Gurken aus dem Wasser nehmen, sorgfältig bürsten und abspülen. Die Gurken einzeln mit einem Tuch abtrocknen und schlechte Stellen entfernen.

2. Von dem Blumenkohl die Blätter und schlechten Stellen entfernen. Den Strunk abschneiden. Blumenkohl in Röschen teilen, waschen und abtropfen lassen.

3. Von den Bohnen die Enden abschneiden. Bohnen eventuell abfädeln, waschen, abtropfen lassen und in etwa 4 cm lange Stücke brechen oder schneiden.

4. Möhren putzen, schälen, abspülen und abtropfen lassen. Blumenkohl, Bohnen und Möhren nacheinander in wenig Salzwasser zum Kochen bringen und 6–12 Minuten garen. Gemüse aus dem Salzwasser nehmen und abtropfen lassen.

5. Perlzwiebeln abziehen. Das Gemüse, die Gurken und Perlzwiebeln mit Lorbeerblättern, Pfefferkörnern und Nelken in vorbereitete Gläser schichten.

6. Für die Essig-Zucker-Lösung den Kräuteressig mit Wasser, Salz und Zucker in einem Topf zum Kochen bringen. Den Topf von der Kochstelle nehmen und Einmach-Hilfe unterrühren. Die Essig-Zucker-Lösung über das Gemüse gießen.

7. Danach die Gläser sofort mit Twist-off-Deckeln® verschließen.

Mixed Pickles mit Ingwer und Minze | Klassisch

1 Glas etwa 2,2 l

Insgesamt:
E: 18 g, F: 2 g, Kh: 36 g, kJ: 1648, kcal: 395

1 kg gemischtes Gemüse der Saison, z. B. 1 kleine Fenchelknolle, Möhren, Staudensellerie, rote und gelbe Paprikaschoten, Frühlingszwiebeln, Blumenkohl, Brokkoli oder Romanesco
110 g Meersalz
3 Stängel frische Minze
1 walnussgroßes Stück Ingwer
1 l Reisessig

Zubereitungszeit: 30 Minuten, ohne Einlegzeit
Durchziehzeit: etwa 6 Wochen
Haltbarkeit: kühl, dunkel und trocken gestellt 6–9 Monate

1. Von der Fenchelknolle die Stiele dicht oberhalb der Knolle abschneiden. Braune Stellen und Blätter entfernen. Wurzelende gerade schneiden. Die Knolle waschen, abtropfen lassen, halbieren und in Spalten schneiden. Möhren putzen, schälen, abspülen, abtropfen lassen. Staudensellerie putzen und die harten Außenfäden abziehen. Sellerie waschen, abtropfen lassen. Möhren und Selleriestangen vierteln.

2. Paprikaschoten halbieren, entstielen, entkernen und die weißen Scheidewände entfernen. Schotenhälften waschen, trocken tupfen und in Streifen schneiden. Die Frühlingszwiebeln putzen, waschen und abtropfen lassen. Das Grün der Frühlingszwiebeln abschneiden (wird zäh). Dann Blumenkohl, Brokkoli oder Romanesco putzen, Blätter und schlechte Stellen entfernen. Blumenkohl, Brokkoli oder Romanesco in Röschen teilen, waschen und abtropfen lassen.

3. Das vorbereitete Gemüse in eine große Schüssel geben und mit dem Salz bestreuen. Einen Teller zum Beschweren darauflegen. Gemüse 10–12 Stunden durchziehen lassen.

4. Gemüse unter fließendem kalten Wasser abspülen, in einem Sieb gut abtropfen lassen und mit Küchenpapier trocken tupfen. Minze abspülen, trocken tupfen. Ingwer schälen und in dünne Scheiben schneiden.

5. Das Gemüse mit Minze und Ingwerscheiben in ein großes, vorbereitetes Glas füllen, mit dem Reisessig übergießen (Glas vorsichtig aufstoßen, um Luftblasen zu verhindern). Das Glas mit einem Twist-off-Deckel® fest verschließen (Deckel sollte säurebeständig sein). Mixed Pickles etwa 6 Wochen kalt, dunkel und trocken gestellt vor dem Verzehr durchziehen lassen.

Mohnlikör | Sahnig – mit Alkohol

etwa 2 Flaschen je 700 ml

Insgesamt:
E: 34 g, F: 137 g, Kh: 246 g, kJ: 15805, kcal: 3777

250 g Mohnback (backfertige Mohnfüllung)
250 g Schlagsahne
4 Eigelb (Größe M)
150 g gesiebter Puderzucker
700 ml Doppelkorn (38 Vol.-%)

Zubereitungszeit: 30 Minuten, ohne Abkühlzeit
Haltbarkeit: gut gekühlt etwa 2 Wochen

1. Mohnback mit Sahne in einem Topf unter Rühren einmal kurz aufkochen. Anschließend abkühlen lassen.

2. Eigelb und Puderzucker mit Handrührgerät mit Rührbesen schaumig aufschlagen. Mohnsahne und Doppelkorn nach und nach unter Rühren hinzugießen, so dass ein cremiger Likör entsteht.

3. Mohnlikör in 2 vorbereitete Flaschen füllen und mit je einem Flaschenverschluss fest verschließen. Mohnlikör kalt stellen und vor dem Servieren einmal kräftig durchschütteln.

Hinweis: Nur ganz frische Eier verwenden, die nicht älter als 5 Tage sind (Legedatum beachten!).

Möhren-Champignons, eingelegt

Preiswert

etwa 2 Gläser je 500 ml (½ l)

Insgesamt:
E: 15 g, F: 2 g, Kh: 71 g, kJ: 1772, kcal: 425

400 g nicht zu kleine Möhren
200 g sehr kleine Champignons
Saft von
1 Zitrone
1 Bund Frühlingszwiebeln

Für die Essiglösung:
250 ml (¼ l) Rotweinessig
2 EL Zucker
125 ml (⅛ l) Wasser
2 TL weiße Pfefferkörner
1 TL Fenchelsamen
3 Salbeiblättchen
1–2 Lorbeerblätter
Salz
2 Msp. Einmach-Hilfe

Zubereitungszeit: 40 Minuten
Durchziehzeit: mindestens 2–3 Tage
Haltbarkeit: gekühlt 2–3 Wochen

1. Möhren putzen, schälen, abspülen, abtropfen lassen und längs in regelmäßigen Abständen 4–5 Vertiefungen ausschneiden. Möhren in Scheiben schneiden (es entsteht eine Blütenform).

2. Möhrenscheiben mit den ausgeschnittenen Möhrenstreifen in einen Kochtopf geben.

3. Champignons putzen, mit Küchenpapier abreiben, eventuell abspülen und trocken tupfen. Mit Zitronensaft zu den Möhrenscheiben geben.

4. Frühlingszwiebeln putzen, waschen, abtropfen lassen und in Stücke schneiden.

5. Für die Essiglösung Rotweinessig mit Zucker, Wasser, Pfefferkörnern, Fenchelsamen, Salbeiblättchen, Lorbeerblättern und Salz in einem Topf zum Kochen bringen.

6. Möhrenscheiben und Champignons hinzufügen, wieder zum Kochen bringen und etwa 5 Minuten ziehen lassen. Topf von der Kochstelle nehmen.

7. Möhrenscheiben mit Champignons und Frühlingszwiebelstücken in vorbereitete Gläser füllen.

8. Die Essiglösung nochmals zum Kochen bringen. Den Topf von der Kochstelle nehmen und Einmach-Hilfe unterrühren.

9. Die Essiglösung über das Gemüse gießen. Die Gläser sofort mit Twist-off-Deckeln® verschließen und kalt gestellt mindestens 2–3 Tage vor dem Verzehr durchziehen lassen.

Nektarinengelee I

Mit Alkohol – gut vorzubereiten

etwa 5 Gläser je 200 ml

Insgesamt:
E: 4 g, F: 0 g, Kh: 472 g, kJ: 8108, kcal: 1932

250 g	*Nektarinen (vorbereitet gewogen)*
500 ml (1/2 l)	*Nektarinensaft (Handelsware)*
400 g	*Zucker*
1 Beutel	*Gelfix Extra 2:1 (25 g)*
1 Pck.	*Zitronensäure (5 g)*
5 EL	*Weißwein*

Zubereitungszeit: 45 Minuten
Haltbarkeit: kühl und dunkel gestellt etwa 1 Jahr

1. Nektarinen waschen, trocken tupfen, halbieren und entsteinen. Die Nektarinenhälften in sehr kleine Stücke schneiden und 250 g abwiegen. Nektarinenstücke mit dem Nektarinensaft in einen großen Kochtopf geben.

2. Zucker mit Gelfix Extra und Zitronensäure mischen, dann mit dem Kochgut verrühren.

3. Alles unter Rühren bei starker Hitze zum Kochen bringen und unter ständigem Rühren mindestens 3 Minuten sprudelnd kochen lassen. Den Topf von der Kochstelle nehmen. Wein unterrühren.

4. Das Kochgut eventuell abschäumen und sofort randvoll in vorbereitete Gläser füllen. Gläser mit Twist-off-Deckeln® verschließen, umdrehen und etwa 5 Minuten auf den Deckeln stehen lassen.

Nektarinen-Pfirsich-Chutney I

Raffiniert

etwa 4 Gläser je 200 ml

Insgesamt:
E: 7 g, F: 1 g, Kh: 347 g, kJ: 6205, kcal: 1469

500 g	*Nektarinen (vorbereitet gewogen)*
200 g	*Pfirsiche (vorbereitet gewogen)*
100 ml	*Weißweinessig*
150 ml	*Pfirsichnektar*
1/2 Pck.	*Extra Gelierzucker 2:1 (250 g)*
1 TL	*Chilipulver*
1 Prise	*Salz*
	frisch gemahlener, weißer Pfeffer

Zubereitungszeit: 30 Minuten
Haltbarkeit: kühl gestellt etwa 6 Monate

1. Nektarinen und Pfirsiche waschen, abtrocknen, halbieren und entsteinen. Fruchtfleisch in kleine Stücke schneiden. Von den Nektarinenstücken 500 g und von den Pfirsichstücken 200 g abwiegen.

2. Die vorbereiteten Fruchtstücke mit Essig, Pfirsichnektar und Extra Gelierzucker in einen Kochtopf geben. Die Zutaten unter Rühren zum Kochen bringen und etwa 5 Minuten kochen lassen, dabei ab und zu umrühren.

3. Das Chutney mit Chili, Salz und Pfeffer abschmecken, sofort randvoll in vorbereitete Gläser füllen. Die Gläser sofort mit Twist-off-Deckeln® verschließen, umdrehen und etwa 5 Minuten auf den Deckeln stehen lassen.

Tipp: Das Chutney zu Käse oder gegrilltem Fleisch reichen.

Öl mit Kräutern, mild

Preiswert – schnell

(im Foto vorne rechts)

1 Flasche etwa 1 l

Insgesamt:

E: 7 g, F: 751 g, Kh: 19 g, kJ: 29633, kcal: 7076

1 Handvoll	*frischer Kerbel*
3 Stängel	*Selleriekraut*
3 Stängel	*Petersilie*
3–4 Stängel	*Estragon*
8 Stängel	*Pimpinelle*
2 Stängel	*Dill*
3	*Sauerampferblätter*
4	*Knoblauchzehen*
4	*Frühlingszwiebeln*
750 ml (3/4 l)	*Speiseöl*

Zubereitungszeit: 25 Minuten, ohne Durchzieh- und Abkühlzeit

Haltbarkeit: kühl und dunkel gestellt 2–3 Monate

1. Kräuter vorsichtig abspülen und trocken tupfen. Kräuterstängel eventuell etwas zerkleinern.

2. Knoblauch abziehen und durch eine Knoblauchpresse drücken.

3. Frühlingszwiebeln putzen, waschen, abtropfen lassen und in Scheiben schneiden.

4. Vorbereitete Kräuter, Knoblauch und Frühlingszwiebelringe in eine vorbereitete Flasche geben, mit Speiseöl auffüllen. Die Flasche verschließen. Das Kräuteröl mindestens 2 Wochen durchziehen lassen.

5. Anschließend das Kräuteröl durch ein Tuch in einen Topf gießen, einmal aufkochen und erkalten lassen.

6. Das Kräuteröl in eine gut gesäuberte Flasche füllen. Flasche fest verschließen.

Tipp: Öl nicht in den Kühlschrank stellen, da es sonst trübe wird.

Öl mit Kräutern, scharf

Raffiniert – schnell

(im Foto vorne links)

1 Flasche etwa 750 ml (3/4 l)

Insgesamt:

E: 1 g, F: 750 g, Kh: 2 g, kJ: 29197, kcal: 6973

je 3 Stängel	*Estragon und Zitronenmelisse*
je 1 Stängel	*Salbei und Wermut*
1/8 TL	*Kalmus (erhältlich im Reformhaus)*
750 ml (3/4 l)	*Speiseöl*

Zubereitungszeit: 20 Minuten

Durchziehzeit: 2–3 Wochen

Haltbarkeit: kühl und dunkel gestellt 2–3 Monate

1. Die Kräuterstängel abspülen und trocken tupfen. Kräuterstängel eventuell etwas zerkleinern.

2. Vorbereitete Kräuter mit Kalmus in eine vorbereitete Flasche geben und mit Speiseöl auffüllen. Die Flasche verschließen. Das Kräuteröl 2–3 Wochen stehen lassen.

3. Anschließend das Kräuteröl durch ein Tuch gießen und in eine gut gesäuberte Flasche füllen. Flasche fest verschließen.

Tipps: Öl nicht in den Kühlschrank stellen, da es sonst trübe wird. Kalmus ist eine Gewürzpflanze, die ursprünglich aus China stammt, aber auch bei uns seit Jahrhunderten beheimatet ist. Verwendet wird der Wurzelstock (Rhizom) als bitter-scharfes Gewürz. Wird er wie Ingwer kandiert, bezeichnet man ihn als „deutschen Ingwer".

Orangenlikör | Fruchtig – mit Alkohol

etwa 1,4 l

Insgesamt:
E: 1 g, F: 0 g, Kh: 472 g, kJ: 15631, kcal: 3732

250 ml (1/4 l)	*Wasser*
250 ml (1/4 l)	*trockener Weißwein*
450 g	*Zucker*
1 kg	*Bio-Orangen (unbehandelt, ungewachst)*
0,7 l	*Wodka (40 Vol.-%)*
1/4 gestr. TL	*gemahlener Koriander oder Kardamom*

Zubereitungszeit: 25 Minuten, ohne Kühlzeit
Durchziehzeit: 1–2 Tage
Haltbarkeit: gekühlt 4–6 Wochen

1. Wasser mit Wein und Zucker in einem Topf zum Kochen bringen und sirupartig einkochen lassen.

2. Orangen heiß abwaschen und abtrocknen. Orangenschale abreiben. Orangen halbieren und den Saft auspressen. Orangenschale und -saft in die Sirup-Flüssigkeit einrühren und kalt stellen.

3. Wodka unterrühren, den Likör mit Koriander oder Kardamom würzen. Orangenlikör 1–2 Tage durchziehen lassen.

4. Den Orangenlikör in vorbereitete Flaschen abfiltern (z.B. durch Filterpapier). Die Flaschen fest verschließen und kalt stellen.

Tipp: Dieser Likör ähnelt durch den Kardamom und den Koriander im Geschmack einem Grand Marnier.

Orangen-Limetten-Marmelade I

Raffiniert

etwa 5 Gläser je 200 ml

Insgesamt:
E: 4 g, F: 1 g, Kh: 562 g, kJ: 10054, kcal: 2373

200 ml Limettensaft (von etwa 6 Limetten)
400 g Orangenfilets mit -saft (vorbereitet gewogen, von etwa 5 Orangen)
400 ml Orangensaft (Handelsware)
1 Pck. Extra Gelierzucker 2:1 (500 g)

Zubereitungszeit: 30 Minuten
Haltbarkeit: kühl und dunkel gestellt etwa 1 Jahr

1. Limetten auspressen und 200 ml Saft abmessen. Orangen so schälen, dass die weiße Haut vollständig entfernt wird. Orangenfilets herausschneiden, dabei den Saft auffangen. Von den Orangenfilets und dem Saft insgesamt 400 g abwiegen.

2. Limettensaft, Orangenfilets und -saft (auch die Handelsware) in einem Kochtopf mit Extra Gelierzucker gut verrühren. Die Zutaten unter Rühren bei starker Hitze zum Kochen bringen und unter ständigem Rühren mindestens 3 Minuten sprudelnd kochen lassen. Topf von der Kochstelle nehmen.

3. Kochgut eventuell abschäumen und sofort randvoll in vorbereitete Gläser füllen. Gläser mit Twist-off-Deckeln® verschließen, umdrehen und etwa 5 Minuten auf den Deckeln stehen lassen.

Orangen-Möhren-Konfitüre I

Raffiniert – für Kinder

etwa 7 Gläser je 200 ml

Insgesamt:
E: 19 g, F: 21 g, Kh: 1252 g, kJ: 22523, kcal: 5383

500 g Möhren (vorbereitet gewogen)
2 Bio-Orangen (unbehandelt, ungewachst)
500 g Orangenfilets mit -saft (vorbereitet gewogen, von den Bio-Orangen und 3–4 weiteren Orangen)
1 Beutel Gelfix Classic 1:1 (20 g)
1150 g Zucker
3 EL Zitronensaft
3 EL grob gehackte Cashewkerne

Zubereitungszeit: 60 Minuten
Haltbarkeit: kühl und dunkel gestellt 3–4 Monate

1. Möhren putzen, schälen, waschen, abtropfen lassen, auf einer Haushaltsreibe reiben und 500 g abwiegen.

2. Die Bio-Orangen heiß abwaschen, abtrocknen und die Schale mit einem Zestenreißer abziehen oder die Schale dünn abschälen und dann in feine Streifen schneiden.

3. Alle Orangen so schälen, dass die weiße Haut vollständig entfernt wird. Orangenfilets herausschneiden, dabei den Saft auffangen. Von den Orangenfilets und dem aufgefangenen Saft insgesamt 500 g abwiegen.

4. Möhrenraspel, Orangenstücke, -saft und -schale in einen großen Kochtopf geben. Gelfix Classic zuerst mit 2 Esslöffeln des Zuckers mischen, dann mit der Möhren-Orangen-Masse gut verrühren.

5. Die Zutaten unter Rühren bei starker Hitze zum Kochen bringen. Sobald alles bei ständigem Rühren sprudelnd kocht, restlichen Zucker hinzufügen. Alles unter Rühren wieder zum Kochen bringen und unter ständigem Rühren mindestens 3 Minuten sprudelnd kochen lassen. Den Topf von der Kochstelle nehmen. Zitronensaft und Cashewkerne unterrühren.

6. Kochgut eventuell abschäumen und sofort randvoll in vorbereitete Gläser füllen. Gläser mit Twist-off-Deckeln® verschließen, umdrehen und etwa 5 Minuten auf den Deckeln stehen lassen.

Orangen-Zitronen-Marmelade I

Mit Alkohol

7–8 Gläser je 200 ml

Insgesamt:
E: 9 g, F: 3 g, Kh: 1091 g, kJ: 19077, kcal: 4556

800 g	*Orangen-Fruchtfleisch (vorbereitet gewogen, von 8–9 Orangen, davon 3 Bio-Orangen [unbehandelt, ungewachst])*
4	*Zitronen (davon 2 Bio-Zitronen [unbehandelt, ungewachst])*
1 Beutel	*Gelfix Classic 1:1 (20 g)*
50 ml	*Orangenlikör*
1150 g	*Zucker*

Zubereitungszeit: 45 Minuten
Haltbarkeit: kühl und dunkel gestellt etwa 1 Jahr

1. Die Bio-Orangen waschen, abtrocknen und die Schale abreiben.

2. Alle Orangen so schälen, dass die weiße Haut vollständig entfernt wird. Orangen filetieren, in Stücke schneiden und 800 g Fruchtfleisch abwiegen.

3. Bio-Zitronen waschen, abtrocknen, dünn schälen und die Schalen in feine Streifen schneiden. Alle Zitronen auspressen und 125 ml (1/8 l) Zitronensaft abmessen.

4. Orangen-Fruchtfleisch, -schale, Zitronenstreifen und -saft in einen großen Kochtopf geben.

5. Gelfix Classic zuerst mit 2 Esslöffeln des Zuckers mischen, dann mit der Fruchtmasse gut verrühren. Die Fruchtmasse unter Rühren bei starker Hitze zum Kochen bringen. Sobald alles bei ständigem Rühren sprudelnd kocht, restlichen Zucker hinzufügen.

6. Alles unter Rühren wieder zum Kochen bringen und unter ständigem Rühren mindestens 3 Minuten sprudelnd kochen lassen. Topf von der Kochstelle nehmen. Likör unterrühren.

7. Das Kochgut eventuell abschäumen und sofort randvoll in vorbereitete Gläser füllen. Gläser mit Twist-off-Deckeln® verschließen, umdrehen und etwa 5 Minuten auf den Deckeln stehen lassen.

Tipp: Wer Orangenmarmelade sehr herb mag, reibt mehr Orangenschale ab. Dann dafür 1–2 Bio-Orangen mehr einkaufen.

Papaya-Apfel-Fruchtaufstrich I

Exotisch

etwa 4 Gläser je 200 ml

Insgesamt:
E: 4 g, F: 3 g, Kh: 476 g, kJ: 8307, kcal: 1986

etwa 200 g	*Papaya (vorbereitet gewogen)*
etwa 500 g	*Äpfel (vorbereitet gewogen)*
300 ml	*heller Traubensaft (Handelsware)*
350 g	*Zucker, Fruchtzucker oder Sorbit* (oder 25 ml Flüssigsüße)*
1 Beutel	*Gelfix Super 3:1 (25 g)*

Zubereitungszeit: 45 Minuten
Haltbarkeit: kühl und dunkel gestellt etwa 1 Jahr

1. Papaya halbieren und die Kerne mit einem Löffel herausnehmen. Die Papayahälften schälen, in kleine Stücke schneiden und 200 g abwiegen. Äpfel waschen, schälen, vierteln, entkernen, klein schneiden und 500 g abwiegen.

2. Papaya-, Apfelstücke und Traubensaft in einen großen Kochtopf geben. Süßungsmittel mit Gelfix Super mischen, dann mit der Fruchtmasse verrühren (oder Früchte und den Saft in einen großen Kochtopf geben und mit der Flüssigsüße und Gelfix Super gut verrühren).

3. Alles unter Rühren bei starker Hitze zum Kochen bringen und unter ständigem Rühren mindestens 3 Minuten sprudelnd kochen lassen. Topf von der Kochstelle nehmen.

4. Kochgut eventuell abschäumen und sofort randvoll in vorbereitete Gläser füllen. Die Gläser mit Twist-off-Deckeln® verschließen, umdrehen und etwa 5 Minuten auf den Deckeln stehen lassen.

Tipps: Sie können nach Belieben nach dem Kochen noch 50 ml Calvados unterrühren. Fügen Sie mit den Früchten 1–2 Sternanis hinzu. Die Sternanis nach dem Kochen wieder herausnehmen.

Variante: Für einen **Möhren-Apfel-Fruchtaufstrich** können Sie die Papaya durch 200 g fein geriebene Möhren ersetzen.

*Diabetiker sollten Zuckeraustauschstoffe verwenden.

Paprika-Ananas-Frühlings-zwiebel-Relish | Raffiniert

etwa 4 Gläser je 200 ml

Insgesamt:
E: 10 g, F: 4 g, Kh: 323 g, kJ: 5981, kcal: 1413

je 150 g grüne und gelbe Paprikaschote (vorbereitet gewogen)
250 g Ananas-Fruchtfleisch (vorbereitet gewogen)
1 Bund Frühlingszwiebeln (etwa 140 g)
1 Bund Sauerampfer
175 ml Obstessig
150 ml Ananassaft (Handelsware)
½ Pck. Extra Gelierzucker 2:1 (250 g)
1 TL Senfkörner
Salz, Currypulver
frisch gemahlener Pfeffer

Zubereitungszeit: 60 Minuten
Haltbarkeit: kühl, dunkel und trocken gestellt 3–4 Monate

1. Grüne und gelbe Paprikaschote jeweils halbieren, entstielen, entkernen und die weißen Scheidewände entfernen. Schotenhälften waschen, abtropfen lassen, sehr fein würfeln und je 150 g abwiegen. Von der Ananas das Blatt- und Strunkende entfernen. Die schuppige Schale möglichst dick abschneiden, damit die „Augen" mitentfernt werden. Die Frucht vierteln und den mittleren holzigen Teil längs herausschneiden. Das Fruchtfleisch klein schneiden und 250 g abwiegen.

2. Frühlingszwiebeln putzen, waschen, abtropfen lassen, längs halbieren und in schmale Streifen schneiden. Sauerampfer waschen, abtropfen lassen und ebenfalls in feine Streifen schneiden.

3. Die vorbereiteten Zutaten mit Obstessig, Ananassaft, Gelierzucker und Senfkörnern in einen Kochtopf geben. Die Zutaten unter Rühren zum Kochen bringen und 5 Minuten kochen lassen, dabei ab und zu umrühren.

4. Das Relish mit Salz, Curry und Pfeffer abschmecken, sofort randvoll in vorbereitete Gläser füllen, mit Twist-off-Deckeln® verschließen, umdrehen und etwa 5 Minuten auf den Deckeln stehen lassen.

Tipp: Anstelle des Sauerampfers kann auch Petersilie verwendet werden.

Paprikaschoten mit Schafkäse I

Raffiniert

etwa 3 Drahtbügelgläser je 500 ml (1/2 l)

Insgesamt:
E: 48 g, F: 241 g, Kh: 294 g, kJ: 15122, kcal: 3612

je 4	*kleine, grüne und rote Paprikaschoten*
2	*Zwiebeln*
2	*rote Peperoni*
200 g	*Schafkäse*
3 TL	*rote Pfefferkörner*
600 ml	*Weißweinessig*
250 g	*Zucker*
1 gestr. TL	*Salz*
1 TL	*gerebelter Oregano*
200 ml	*kalt gepresstes Olivenöl*

Zubereitungszeit: 35 Minuten, ohne Abkühlzeit
Durchziehzeit: etwa 3 Tage
Haltbarkeit: kalt, dunkel gestellt und gut verschlossen 3–4 Wochen

1. Den Backofen vorheizen.
Ober-/Unterhitze: etwa 220 °C
Heißluft: etwa 200 °C

2. Paprikaschoten entstielen, entkernen und die weißen Scheidewände entfernen. Schoten waschen, trocken tupfen und mit der Haut nach oben auf ein Backblech (gefettet) setzen. Das Backblech in den vorgeheizten Backofen schieben und die Schoten etwa 12 Minuten backen, bis die Haut dunkel wird und Blasen wirft.

3. Das Backblech aus dem Backofen nehmen. Paprikaschoten mit einem nassen Tuch zudecken und etwas abkühlen lassen. Die Haut der Paprikaschoten abziehen.

4. Zwiebeln abziehen, zuerst in Scheiben schneiden, dann in Ringe teilen. Peperoni entstielen, längs halbieren, entkernen, waschen, trocken tupfen und in Ringe schneiden. Schafkäse etwas zerkleinern.

5. Paprikaschoten mit Schafkäse füllen, zusammen mit den Zwiebel-, Peperoniringen und Pfefferkörnern in vorbereitete Drahtbügelgläser schichten.

6. Essig, Zucker und Salz in einem Topf aufkochen, bis der Zucker aufgelöst ist, Den Oregano hinzufügen. Olivenöl unterrühren. Die Paprikaschoten mit dem Sud übergießen, sodass die Schoten gut mit dem Sud bedeckt sind. Jeweils Gummiring und Deckel nass auf den gesäuberten Glasrand legen. Gläser verschließen. Paprikaschoten kalt gestellt aufbewahren.

Tipp: Bis zum ersten Verzehr die Paprikaschoten etwa 3 Tage durchziehen lassen. Nach Belieben noch 2–3 abgezogene Knoblauchzehen hinzufügen.

Paprika-Tomaten, süß-sauer I

Einfach

etwa 5 Gläser je 500 ml (1/2 l)

Insgesamt:
E: 18 g, F: 4 g, Kh: 146 g, kJ: 3318, kcal: 789

1 kg	*rote, gelbe und grüne Paprikaschoten*
	Salz
750 g	*vollreife Tomaten*
1	*frische Chilischote*
4	*Knoblauchzehen*
einige Zweige	*Majoran oder Oregano*
100 g	*Zucker oder flüssiger Blütenhonig*
4 EL	*Meersalz*
500 ml (1/2 l)	*Weißweinessig*
500 ml (1/2 l)	*Wasser*

Zubereitungszeit: 40 Minuten
Haltbarkeit: gekühlt etwa 6 Monate

1. Paprikaschoten halbieren, entstielen, entkernen und die weißen Scheidewände entfernen. Schotenhälften waschen, trocken tupfen und je in 2–3 Streifen schneiden.

2. Dann die Paprikastreifen in kochendem Salzwasser etwa 5 Minuten blanchieren, mit eiskaltem Wasser abschrecken und in einem Sieb abtropfen lassen. Die Haut der Paprikastreifen abziehen.

3. Tomaten waschen, trocken tupfen und die Stängelansätze herausschneiden. Die Tomaten rundherum mit einem Holzstäbchen einstechen und abwechselnd mit den Paprikastreifen in vorbereitete Gläser einschichten.

4. Chilischote abspülen, trocken tupfen, in kleine Stücke schneiden und in den Gläsern verteilen.

5. Den Knoblauch abziehen. Majoran oder Oregano abspülen und trocken tupfen. Zucker oder Honig mit Salz, Essig, Wasser und Knoblauch in einem Topf aufkochen. Die Tomaten und Paprikastreifen mit dem Sud übergießen. Die Majoran- oder Oreganozweige darauf verteilen.

6. Die Gläser mit Twist-off-Deckeln® verschließen und auf einen Auflagenrost in den Einkochtopf stellen. Den Topf verschließen.

7. So viel kaltes Wasser hinzugießen, dass die Gläser zu 3/4 im Wasser stehen. Die Paprika-Tomaten etwa 30 Minuten bei etwa 75 °C einkochen.

Passionsfrucht-Pflaumen-Konfitüre | Für Diabetiker

etwa 5 Gläser je 200 ml

Insgesamt:
E: 12 g, F: 3 g, Kh: 476 g, kJ: 8605, kcal: 2055

350 g grünes Passionsfrucht-Fruchtfleisch (vorbereitet gewogen)
650 g Pflaumen (vorbereitet gewogen)
*350 g Zucker, Fruchtzucker oder Sorbit**
1 Beutel Gelfix Super 3:1 (25 g)

Zubereitungszeit: 40 Minuten
Haltbarkeit: kühl und dunkel gestellt etwa 1 Jahr

1. Passionsfrüchte halbieren. Die geleeartige Fruchtmasse mit den Samenkernchen herauslösen und 350 g abwiegen. Pflaumen waschen, trocken reiben, entstielen, halbieren und entsteinen. Pflaumenhälften in kleine Stücke schneiden und 650 g abwiegen.

2. Die Früchte in einen großen Kochtopf geben. Das Süßungsmittel (Zucker, für Diabetiker Fruchtzucker oder Sorbit*) mit Gelfix Super mischen, dann mit der Fruchtmasse verrühren.

3. Alles unter Rühren bei starker Hitze zum Kochen bringen und unter ständigem Rühren mindestens 3 Minuten sprudelnd kochen lassen. Topf von der Kochstelle nehmen.

4. Das Kochgut eventuell abschäumen, sofort randvoll in vorbereitete Gläser füllen und mit Twist-off-Deckeln® verschließen. Gläser umdrehen und etwa 5 Minuten auf den Deckeln stehen lassen.

*Diabetiker sollten Zuckeraustauschstoffe verwenden.

Pfälzer Feigen

Schnell – mit Alkohol

etwa 2 Gläser je 500 ml (1/2 l)

Insgesamt:
E: 14 g, F: 5 g, Kh: 613 g, kJ: 12696, kcal: 3033

750 g frische Feigen

Für die Essig-Zucker-Lösung:
1 Stück Ingwer (etwa 50 g)
1 Bio-Zitrone (unbehandelt, ungewachst)
375 ml (3/8 l) trockener Weißwein
125 ml (1/8 l) Rotwein
300 ml Weißweinessig
500 g Zucker
2 Gewürznelken

2 Msp. Einmach-Hilfe

Zubereitungszeit: 30 Minuten
Haltbarkeit: kühl und dunkel gestellt 6 Monate

1. Feigen vorsichtig abspülen und trocken tupfen. Feigen mit einem Holzstäbchen einige Male einstechen und in vorbereitete Gläser füllen.

2. Für die Essig-Zucker-Lösung den Ingwer schälen und in Stücke schneiden. Zitrone heiß abwaschen, abtrocknen und die Schale abreiben. Ingwerstücke, Zitronenschale, Weiß-, Rotwein, Essig, Zucker und Nelken in einem Topf zum Kochen bringen und kurz aufkochen lassen. Topf von der Kochstelle nehmen. Einmach-Hilfe unterrühren.

3. Den Sud über die Feigen gießen. Die Gläser sofort mit Twist-off-Deckeln® verschließen.

Tipp: Pfälzer Feigen zu Wildbraten, Ente oder Gans als Beilage reichen.

Pfefferminzlikör I

Raffiniert – mit Alkohol

etwa 1 1/2 l

Insgesamt:
E: 0 g, F: 0 g, Kh: 371 g, kJ: 15955, kcal: 3808

250 ml (1/4 l)	*Wasser*
375 g	*Zucker*
10 Tropfen	*natürliches Pfefferminzöl (aus der Apotheke)*
1 Tropfen	*grüne Speisefarbe*
1 l	*Wodka (40 Vol.-%)*
250 ml (1/4 l)	*abgekochtes, erkaltetes Wasser*

Zubereitungszeit: 20 Minuten
Durchziehzeit: 5–7 Tage
Haltbarkeit: gekühlt 2–3 Monate

1. Das Wasser mit Zucker in einem Topf zum Kochen bringen und sirupartig einkochen lassen. Pfefferminzöl und Speisefarbe unterrühren. Wodka mit Wasser hinzugießen und unterrühren.

2. Den Pfefferminzlikör in vorbereitete Flaschen füllen. Flaschen verschließen. Den Pfefferminzlikör 5–7 Tage durchziehen lassen und kalt stellen.

Tipp: Den Likör mit frischen Pfefferminzblättchen am Glasrand servieren.

Pfifferlinge, eingekocht I

Gut vorzubereiten

etwa 4 Einkochgläser je 1 l

Insgesamt:

E: 83 g, F: 28 g, Kh: 88 g, kJ: 4180, kcal: 990

etwa 5 1/2 kg kleine Pfifferlinge

Zubereitungszeit: 20 Minuten
Haltbarkeit: kühl und dunkel gestellt etwa 6 Monate

1. Die Pfifferlinge putzen, mit Küchenpapier abreiben, eventuell kurz abspülen und trocken tupfen. Größere Pilze halbieren oder in Scheiben schneiden.

2. Pilze in 4 Portionen teilen und portionsweise garen. Dafür jeweils so viel Wasser in einen Topf geben, dass der Boden bedeckt ist. Wasser zum Kochen bringen, eine Portion Pilze hinzugeben, zum Kochen bringen und ohne Deckel bei schwacher Hitze etwa 10 Minuten leicht kochen lassen.

3. Die heißen Pilze mit einem Schaumlöffel herausnehmen und in ein vorbereitetes Einkochglas füllen. Das Pilzkochwasser durch ein Sieb gießen und über die Pilze geben, sodass sie gut mit der Flüssigkeit bedeckt sind.

4. Gummiring und Deckel nass auf den gesäuberten Glasrand legen, mit Klammern verschließen.

5. Die restlichen Pilzportionen ebenso kochen, mit dem Pilzkochwasser in vorbereitete Einkochgläser füllen und verschließen.

6. Die Gläser auf einen Auflagenrost in den Einkochtopf stellen. So viel kaltes Wasser hinzugießen, dass die Gläser zu 3/4 im Wasser stehen.

7. Den Topf verschließen. Die Pfifferlinge etwa 60 Minuten bei etwa 100 °C einkochen.

Tipp: Zum Einkochen nur frische, junge Pilze verwenden.

Pfirsich Royal | Mit Alkohol

3–4 Gläser je 200 ml

Insgesamt:
E: 4 g, F: 1 g, Kh: 469 g, kJ: 8604, kcal: 2056

550 ml Pfirsichsaft (von etwa 950 g Pfirsichen, ungesüßt)
200 ml trockener Sekt
400 g Zucker
1 Beutel Gelfix Extra 2:1 (25 g)

Zubereitungszeit: 15 Minuten, ohne Entsaftungs- und Abkühlzeit
Haltbarkeit: kühl und dunkel gestellt etwa 1 Jahr

1. Pfirsiche waschen, abtropfen lassen, halbieren, entsteinen, mithilfe eines Schnellkochtopfes oder Dampfentsafters entsaften (Gebrauchsanleitung des Geräteherstellers beachten), abkühlen lassen und 550 ml abmessen.

2. Pfirsichsaft und Sekt in einen großen Kochtopf geben. Zucker mit Gelfix Extra mischen, dann mit der Saft-Sekt-Mischung verrühren.

3. Alles unter Rühren bei starker Hitze zum Kochen bringen und unter ständigem Rühren mindestens 3 Minuten sprudelnd kochen lassen. Topf von der Kochstelle nehmen.

4. Kochgut eventuell abschäumen und sofort randvoll in vorbereitete Gläser füllen. Gläser mit Twist-off-Deckeln® verschließen, umdrehen und etwa 5 Minuten auf den Deckeln stehen lassen.

Tipp: Der Sekt kann auch durch Weißwein ersetzt werden.

Pfirsich-Aprikosen-Konfitüre mit Himbeergeist | Mit Alkohol

etwa 7 Gläser je 200 ml

Insgesamt:
E: 9 g, F: 1 g, Kh: 426 g, kJ: 8046, kcal: 1901

500 g Pfirsiche (vorbereitet gewogen)
500 g Aprikosen (vorbereitet gewogen)
1 Pck. Diät Gelier-Fruchtzucker (350 g)
50 ml Himbeergeist

Zubereitungszeit: 40 Minuten
Haltbarkeit: kühl und dunkel gestellt etwa 1 Jahr

1. Pfirsiche und Aprikosen waschen, abtropfen lassen, halbieren, entsteinen, in kleine Stücke schneiden und jeweils 500 g abwiegen.

2. Fruchtstücke mit Diät Gelier-Fruchtzucker in einem großen Kochtopf gut verrühren.

3. Alles unter Rühren bei starker Hitze zum Kochen bringen und unter ständigem Rühren mindestens 3 Minuten sprudelnd kochen lassen. Topf von der Kochstelle nehmen. Himbeergeist unterrühren.

4. Kochgut eventuell abschäumen und sofort randvoll in vorbereitete Gläser füllen. Die Gläser mit Twist-off-Deckeln® verschließen, umdrehen und etwa 5 Minuten auf den Deckeln stehen lassen.

Pfirsichgelee | Mit Alkohol

etwa 5 Gläser je 200 ml

Insgesamt:
E: 4 g, F: 1 g, Kh: 493 g, kJ: 8507, kcal: 2026

750 ml (3/4 l) Pfirsichsaft (ungezuckert, Handelsware)
400 g Zucker
1 Beutel Gelfix Extra 2:1 (25 g)
1 EL Zitronensaft
2 EL Apricot Brandy

Zubereitungszeit: 50 Minuten
Haltbarkeit: kühl und dunkel gestellt etwa 1 Jahr

1. Pfirsichsaft in einen großen Kochtopf geben. Zucker mit Gelfix Extra mischen und dann mit dem Fruchtsaft verrühren.

2. Alles unter Rühren bei starker Hitze zum Kochen bringen und unter ständigem Rühren mindestens 3 Minuten sprudelnd kochen lassen. Zitronensaft unterrühren. Den Topf von der Kochstelle nehmen. Apricot Brandy unterrühren.

3. Das Kochgut eventuell abschäumen und sofort randvoll in vorbereitete Gläser füllen.

4. Gläser mit Twist-off-Deckeln® verschließen, umdrehen, etwa 5 Minuten auf den Deckeln stehen lassen.

Pfirsichlimes | Fruchtig – mit Alkohol

etwa 2 Flaschen je 700 ml

Insgesamt:
E: 6 g, F: 1 g, Kh: 264 g, kJ: 8294, kcal: 1985

900 g reife Pfirsiche
1 Stängel Zitronenmelisse
200 g Rohrzucker
40 ml Rum (54 Vol.-%)
120 ml Weingeist/Ethanol (hochprozentiger Alkohol aus der Apotheke, 90 Vol.-%)
Saft von
½ Zitrone

Zubereitungszeit: 45 Minuten
Haltbarkeit: gekühlt etwa 2 Wochen

1. Pfirsiche waschen, abtropfen lassen und in eine Schale oder Schüssel legen. Pfirsiche mit kochendem Wasser übergießen. Nach etwa 1 Minute mit kaltem Wasser abschrecken. Pfirsiche enthäuten, halbieren und jeweils den Stein herauslösen. Fruchtfleisch in kleine Würfel schneiden.

2. Die Zitronenmelisse abspülen und trocken tupfen. Die Blättchen von den Stängeln zupfen. Pfirsichwürfel mit Zitronenmelisseblättchen, Rohrzucker, Rum, Weingeist und Zitronensaft in 2 Portionen nacheinander im Mixer zerkleinern bzw. pürieren, bis eine cremige Masse entstanden ist.

3. Portionen miteinander verrühren, in 2 vorbereitete Flaschen füllen und mit je einem Flaschenverschluss fest verschließen. Pfirsichlimes sofort genießen oder im Kühlschrank aufbewahren. Pfirsichlimes vor dem Servieren einmal kräftig durchschütteln.

Tipp: Limes mit trockenem Sekt aufgefüllt servieren.

Pfirsich-Melonen-Konfitüre I

Gut vorzubereiten – mit Alkohol

etwa 7 Gläser je 200 ml

Insgesamt:
E: 6 g, F: 1 g, Kh: 1064 g, kJ: 18193, kcal: 4339

500 g Pfirsiche (vorbereitet gewogen)
500 g Honigmelone (vorbereitet gewogen)
1 Bio-Zitrone (unbehandelt, ungewachst)
1 Beutel Gelfix Classic 1:1 (20 g)
1150 g Zucker
2 EL Zitronensaft
2–3 EL weißer Rum

Zubereitungszeit: 45 Minuten
Haltbarkeit: kühl und dunkel gestellt etwa 1 Jahr

1. Pfirsiche waschen, trocken tupfen, halbieren und entsteinen. Pfirsichhälften in kleine Stücke schneiden und 500 g abwiegen. Honigmelone halbieren und entkernen. Melonenhälften schälen, in kleine Stücke schneiden und 500 g abwiegen. Zitrone heiß abwaschen, abtrocknen und die Schale abreiben.

2. Die Fruchtstücke mit der Zitronenschale in einen großen Kochtopf geben.

3. Gelfix Classic zuerst mit 2 Esslöffeln des Zuckers mischen, dann mit der Fruchtmasse gut verrühren.

4. Das Kochgut unter Rühren bei starker Hitze zum Kochen bringen. Sobald alles bei ständigem Rühren sprudelnd kocht, restlichen Zucker hinzufügen.

5. Alles unter Rühren wieder zum Kochen bringen und unter ständigem Rühren mindestens 3 Minuten sprudelnd kochen lassen. Zitronensaft unterrühren. Topf von der Kochstelle nehmen und Rum unterrühren.

6. Das Kochgut eventuell abschäumen und sofort randvoll in vorbereitete Gläser füllen. Gläser mit Twist-off-Deckeln® verschließen, umdrehen und etwa 5 Minuten auf den Deckeln stehen lassen.

Pfirsichmus mit Sekt I

Mit Alkohol

etwa 7 Gläser je 200 ml

Insgesamt:
E: 7 g, F: 1 g, Kh: 1223 g, kJ: 21464, kcal: 5133

800 g Pfirsiche (vorbereitet gewogen)
200 ml Sekt
1 Beutel Gelfix Classic 1:1 (20 g)
1150 g Zucker
2 EL Zitronensaft

Zubereitungszeit: 35 Minuten
Haltbarkeit: kühl und dunkel gestellt etwa 1 Jahr

1. Pfirsiche waschen, gut abtropfen lassen, vierteln, entsteinen, pürieren und 800 g abwiegen. Pfirsichmus mit Sekt in einen großen Kochtopf geben.

2. Gelfix Classic zuerst mit 2 Esslöffeln des Zuckers mischen, dann mit dem Pfirsichmus gut verrühren. Die Pfirsichmasse unter Rühren bei starker Hitze zum Kochen bringen. Sobald alles bei ständigem Rühren sprudelnd kocht, restlichen Zucker hinzufügen.

3. Alles unter Rühren wieder zum Kochen bringen und unter ständigem Rühren mindestens 3 Minuten sprudelnd kochen lassen. Topf von der Kochstelle nehmen.

4. Das Kochgut eventuell abschäumen, Zitronensaft unterrühren und sofort randvoll in vorbereitete Gläser füllen. Gläser mit Twist-off-Deckeln® verschließen, umdrehen und etwa 5 Minuten auf den Deckeln stehen lassen.

Tipp: Unter das fertige Pfirsichmus 30 g gehobelte Mandeln oder 30 g fein gehackte Pistazienkerne rühren. Dadurch verkürzt sich jedoch die Haltbarkeit des Pfirsichmuses (Haltbarkeit 3–4 Monate).

Pflaumen, süßsauer-scharf I

Mit Alkohol

etwa 2 Gläser je 500 ml (1/2 l)

Insgesamt:
E: 7 g, F: 2 g, Kh: 412 g, kJ: 8284, kcal: 1978

1 kg	*Pflaumen*
50 g	*Ingwer*
25 g	*rote Pfefferschoten*
1/2	*Bio-Zitrone (unbehandelt, ungewachst)*
50 ml	*Weiß- oder Rotweinessig*
300 g	*brauner Zucker (Kandisfarin)*
150 ml	*Rotwein*
150 ml	*trockener Portwein*
1	*Zimtstange*
1 Msp.	*Einmach-Hilfe*

Zubereitungszeit: 50 Minuten, ohne Kühlzeit
Durchziehzeit: etwa 2 Tage
Haltbarkeit: gekühlt etwa 6 Wochen

1. Pflaumen waschen, gut abtropfen lassen, entstielen, halbieren, entsteinen, vierteln und in eine große Schüssel geben. Ingwer schälen und in dünne Scheiben schneiden.

2. Die Pfefferschoten halbieren, entkernen, abspülen, trocken tupfen und quer in dünne Streifen schneiden (danach gründlich die Hände waschen!). Zitrone heiß abwaschen, abtrocknen und hauchdünn mit einem Sparschäler schälen.

3. Essig mit Zucker, Rotwein, Portwein, Ingwerscheiben, Pfefferschotenstreifen, Zitronenschale und Zimtstange in einem Topf aufkochen. Die Flüssigkeit über die Pflaumen gießen, zugedeckt über Nacht kalt stellen.

4. Pflaumenhälften in einem Sieb abtropfen lassen, dabei den Sud auffangen. Pflaumenhälften in vorbereitete Gläser schichten. Gläser auf ein feuchtes Tuch stellen.

5. Den Sud nochmals aufkochen, eventuell mit Essig und Zucker abschmecken. Den Topf von der Kochstelle nehmen und Einmach-Hilfe unterrühren.

6. Den Sud kochendheiß über die Pflaumenhälften gießen, bis sie ganz mit dem Sud bedeckt sind. Gläser sofort mit Twist-off-Deckeln® verschließen, erkalten und vor dem Verzehr etwa 2 Tage durchziehen lassen.

Tipp: Die Pflaumen zu Gänse-, Enten- oder Schweinebraten reichen.

Pflaumen und Walnüsse in Armagnac | Für Gäste – mit Alkohol

1 Glas etwa 1 1/4 l

Insgesamt:
E: 23 g, F: 65 g, Kh: 262 g, kJ: 14041, kcal: 3352

250 g Backpflaumen
100 g Walnusskerne
100 g brauner Kandis
6 Wacholderbeeren
1–2 Zimtstangen
0,7 l Armagnac (40 Vol.-%) oder Cognac

Zubereitungszeit: 15 Minuten
Durchziehzeit: etwa 2 Wochen
Haltbarkeit: etwa 3 Monate

1. Backpflaumen mit Walnusskernen, Kandis, Wacholderbeeren und Zimtstangen in ein vorbereitetes, verschließbares Glas geben und mit dem Armagnac oder Cognac auffüllen.

2. Das Glas verschließen und etwa 2 Wochen bei Zimmertemperatur durchziehen lassen.

Tipp: Pflaumen und Walnüsse in Armagnac schmecken gut zu Pudding und Lebkuchen-Soufflé.

Pflaumen-Aprikosen-Kiwi-Konfitüre | Einfach

etwa 5 Gläser je 200 ml

Insgesamt:
E: 8 g, F: 3 g, Kh: 588 g, kJ: 10451, kcal: 2463

500 g gelbe Pflaumen (vorbereitet gewogen)
300 g Aprikosen (vorbereitet gewogen)
200 g Kiwis (vorbereitet gewogen)
1 Pck. Zitronensäure (5 g)
1 Pck. Extra Gelierzucker 2:1 (500 g)

Zubereitungszeit: 45 Minuten
Haltbarkeit: kühl und dunkel gestellt etwa 1 Jahr

1. Pflaumen waschen, abtropfen lassen, halbieren, entsteinen, in kleine Stücke schneiden und 500 g abwiegen. Aprikosen waschen, abtropfen lassen, halbieren, entsteinen, ebenfalls klein schneiden und 300 g abwiegen. Kiwis schälen, in kleine Stücke schneiden und 200 g abwiegen.

2. Fruchtstücke und Zitronensäure mit Extra Gelierzucker in einem großen Kochtopf gut verrühren. Alles unter Rühren bei starker Hitze zum Kochen bringen und unter ständigem Rühren mindestens 3 Minuten sprudelnd kochen lassen. Topf von der Kochstelle nehmen.

3. Kochgut eventuell abschäumen und sofort randvoll in vorbereitete Gläser füllen. Die Gläser mit Twist-off-Deckeln® verschließen, umdrehen und etwa 5 Minuten auf den Deckeln stehen lassen.

Tipp: Sie können die Konfitüre statt mit Extra Gelierzucker auch mit Gelfix Extra 2:1 und 500 g Zucker nach Packungsanleitung zubereiten.

Pflaumen-Chutney | Mit Alkohol

etwa 6 Gläser je 200 ml

Insgesamt:
E: 16 g, F: 34 g, Kh: 412 g, kJ: 9118, kcal: 2163

900 g Pflaumen (vorbereitet gewogen)
50 g Walnusskerne
100 g Korinthen
175 ml Balsamico-Essig
150 ml Rotwein
1/2 Pck. Extra Gelierzucker 2:1 (250 g)
evtl. gemahlener Zimt

Zubereitungszeit: 40 Minuten
Haltbarkeit: kühl und dunkel gestellt etwa 6 Monate

1. Pflaumen waschen, abtropfen lassen, entstielen, halbieren, entsteinen, vierteln und 900 g abwiegen. Walnusskerne hacken.

2. Die vorbereiteten Zutaten mit Korinthen, Balsamico-Essig, Rotwein und Extra Gelierzucker in einen Kochtopf geben, unter Rühren zum Kochen bringen und etwa 5 Minuten kochen lassen, dabei ab und zu umrühren.

3. Das Chutney nach Belieben mit Zimt abschmecken, sofort randvoll in vorbereitete Gläser füllen, mit Twist-off-Deckeln® verschließen, umdrehen und etwa 5 Minuten auf den Deckeln stehen lassen.

Tipp: Pflaumen-Chutney zu Wildgerichten reichen.

Pflaumen-Krokant-Likör I

Raffiniert – mit Alkohol

etwa 2 Flaschen je 700 ml

Insgesamt:
E: 4 g, F: 1 g, Kh: 315 g, kJ: 9243, kcal: 2209

250 g	*Zucker*
250 ml (1/4 l)	*Wasser*
700 g	*Pflaumen*
1/4 gestr. TL	*gemahlener Zimt*
100 ml	*Rum (54 Vol.-%)*
300 ml	*Doppelkorn (38 Vol.-%)*

Zubereitungszeit: 40 Minuten, ohne Abkühlzeit
Haltbarkeit: gekühlt etwa 2 Wochen

1. Zucker in einem Topf mit 50 ml von dem Wasser verrühren und bei mittlerer Hitze zu einer goldgelben Masse einkochen lassen (dabei nicht umrühren, da der Zucker sonst Kristalle bildet, eventuell den Topf leicht schwenken). Topf von der Kochstelle nehmen. Die Zuckermasse etwa 10 Minuten abkühlen lassen. Das restliche Wasser hinzufügen und die Masse bei mittlerer Hitze unter Rühren auflösen. Krokantlösung erkalten lassen.

2. Pflaumen waschen, abtropfen lassen, entstielen, halbieren und entsteinen. Pflaumen in kleine Stücke schneiden und fein pürieren.

3. Pflaumenpüree mit Zimt, Krokantlösung, Rum und Doppelkorn in 2 Portionen in einem Mixer oder mit Handrührgerät mit Rührbesen auf höchster Stufe je etwa 3 Minuten mixen bzw. durchrühren.

4. Likör in 2 vorbereitete Flaschen füllen, mit je einem Flaschenverschluss fest verschließen und kalt stellen.

Pflaumenkonfitüre | Mit Alkohol

7–8 Gläser je 200 ml

Insgesamt:
E: 6 g, F: 2 g, Kh: 1268 g, kJ: 21972, kcal: 5243

1 kg gelbe Pflaumen (vorbereitet gewogen)
2 EL Zitronensaft
1 Beutel Gelfix Classic 1:1 (20 g)
1150 g Zucker
1 TL gemahlener Zimt
4 EL Zwetschenwasser

Zubereitungszeit: 65 Minuten
Haltbarkeit: kalt und dunkel gestellt etwa 1 Jahr

1. Pflaumen waschen, trocken tupfen, halbieren, entsteinen und 1 kg abwiegen. Die Hälfte der Pflaumen grob, die andere Hälfte klein würfeln.

2. Die grob gewürfelten Pflaumen pürieren. Pflaumenwürfel und -püree mit Zitronensaft in einen großen Kochtopf geben.

3. Gelfix Classic zuerst mit 2 Esslöffeln des Zuckers mischen, dann mit der Pflaumenmasse gut verrühren.

4. Das Kochgut unter Rühren bei starker Hitze zum Kochen bringen. Sobald alles bei ständigem Rühren sprudelnd kocht, restlichen Zucker hinzufügen.

5. Alles unter Rühren wieder zum Kochen bringen und unter ständigem Rühren mindestens 3 Minuten sprudelnd kochen lassen. Zimt unterrühren. Topf von der Kochstelle nehmen. Zwetschenwasser unterrühren

6. Das Kochgut eventuell abschäumen und sofort randvoll in vorbereitete Gläser füllen. Gläser mit Twist-off-Deckeln® verschließen, umdrehen und etwa 5 Minuten auf den Deckeln stehen lassen.

Pflaumenmus | Dauert länger – mit Alkohol

7–8 Gläser je 200 ml

Insgesamt:
E: 28 g, F: 8 g, Kh: 1054 g, kJ: 20202, kcal: 4837

5 kg Pflaumen (vorbereitet gewogen)
1 Pck. Extra Gelierzucker 2:1 (500 g)
5 EL Zwetschenwasser

Zubereitungszeit: 90 Minuten
Haltbarkeit: kalt und dunkel gestellt etwa 1 Jahr

1. Den Backofen vorheizen.
Ober-/Unterhitze: etwa 200 °C
Heißluft: etwa 180 °C

2. Pflaumen waschen, gut abtropfen lassen, halbieren, entsteinen, vierteln und 5 kg abwiegen. Pflaumenviertel in eine Fettfangschale geben und in den vorgeheizten Backofen schieben (Backofen mit einem Kochlöffel einen Spalt geöffnet halten). Pflaumenviertel 2 1/2–3 Stunden garen, dabei ab und zu umrühren.

3. Die Pflaumenmasse nach dem Garen in einen großen Kochtopf geben und mit Extra Gelierzucker gut verrühren. Alles unter Rühren bei starker Hitze zum Kochen bringen und unter ständigem Rühren mindestens 3 Minuten kochen lassen. Den Topf von der Kochstelle nehmen. Zwetschenwasser unterrühren.

4. Kochgut eventuell abschäumen und sofort randvoll in vorbereitete Gläser füllen. Gläser mit Twist-off-Deckeln® verschließen, umdrehen und etwa 5 Minuten auf den Deckeln stehen lassen.

Tipp: Je nach Geschmack kann das Mus noch mit gemahlenem Zimt abgeschmeckt werden.

Pflaumen-Schalotten-Ketchup I

Mit Alkohol

etwa 2 Flaschen je 500 ml (1/2 l) oder
4–5 Gläser je 200 ml

Insgesamt:
E: 18 g, F: 8 g, Kh: 339 g, kJ: 6831, kcal: 1631

1 kg Pflaumen
250 g Schalotten
2 Knoblauchzehen
80 g Ingwer
2 Bio-Orangen (unbehandelt, ungewachst)
125 ml (1/8 l) Rotwein
1 EL Essigessenz (25 % Säure)
150 g brauner Rohrzucker
4 getrocknete, zerriebene Chilischoten oder eingelegte Chilischoten (aus dem Glas)
1 TL gemahlene Muskatblüte (Macis)
1 TL gemahlener Zimt
etwas Nelkenpulver
Salz

Zubereitungszeit: 75 Minuten
Durchziehzeit: etwa 1 Woche
Haltbarkeit: gekühlt etwa 3 Monate

1. Pflaumen waschen, abtropfen lassen, entstielen, halbieren und entsteinen.

2. Schalotten und den Knoblauch abziehen, in Würfel schneiden. Ingwer schälen und in Würfel schneiden. Orangen heiß abwaschen, abtrocknen und die Schale abreiben. Die vorbereiteten Zutaten mit den Pflaumenhälften in einen Topf geben.

3. Rotwein, Essigessenz, Rohrzucker, Chilischoten, Muskatblüte, Zimt, Nelkenpulver und Salz hinzugeben. Die Zutaten zum Kochen bringen und zugedeckt etwa 15 Minuten bei schwacher Hitze kochen lassen, dabei ab und zu umrühren.

4. Den Deckel abnehmen. Die Masse unter weiterem, gelegentlichem Rühren etwa 30 Minuten einkochen lassen.

5. Die Gemüsemasse danach durch ein feines Sieb in einen Topf streichen (am besten mit dem Passierstab des Handrührgerätes oder mit einem Löffel) oder pürieren (Stabmixer). Die Ketchupmasse erneut aufkochen und mit den Gewürzen abschmecken.

6. Ketchup sofort randvoll in vorbereitete Gläser/Flaschen füllen. Gläser/Flaschen mit Twist-off-Deckeln® verschließen, umdrehen und etwa 5 Minuten auf den Deckeln stehen lassen.

Tipps: Zu Wild oder gebratenem Fisch reichen. Wer nur kleine Mengen verbraucht, sollte den Ketchup gleich in kleinere Gläser oder Flaschen abfüllen. Der Ketchup sollte vor dem ersten Verzehr etwa 1 Woche durchziehen. Angebrochener Ketchup hält sich im Kühlschrank 8–10 Tage.

Pikante Zwiebeln I

Mit Alkohol

4–5 Gläser je 200 ml

Insgesamt:
E: 17 g, F: 3 g, Kh: 325 g, kJ: 6735, kcal: 1603

1 kg	*kleine, feste Zwiebeln*
500 ml (½ l)	*Wasser*
1 EL	*Salz*
2 Bund	*Estragon*

Für die Essig-Zucker-Lösung:

2	*Knoblauchzehen*
1 EL	*Salz*
500 ml (½ l)	*Weißweinessig*
250 ml (¼ l)	*Wasser*
250 ml (¼ l)	*Weißwein*
250 g	*Zucker*
½ EL	*weiße Pfefferkörner*
2	*Lorbeerblätter*
2 Msp.	*Einmach-Hilfe*

Zubereitungszeit: 60 Minuten, ohne Abkühlzeit
Haltbarkeit: kühl und dunkel gestellt etwa 3 Monate

1. Zwiebeln abziehen. Wasser mit Salz in einem Topf zum Kochen bringen, Zwiebeln hinzugeben, wieder zum Kochen bringen und etwa 10 Minuten kochen. Zwiebeln in ein Sieb geben, gut abtropfen und erkalten lassen.

2. Estragon abspülen und trocken tupfen, mit den Zwiebeln in vorbereitete Gläser füllen.

3. Für die Essig-Zucker-Lösung den Knoblauch abziehen, fein hacken, mit Salz zerdrücken. Essig mit Knoblauch, Wasser, Wein, Zucker, Pfefferkörnern und Lorbeerblättern in einem Topf zum Kochen bringen, kurz aufkochen lassen. Topf von der Kochstelle nehmen. Einmach-Hilfe unterrühren.

4. Den kochendheißen Sud über die Zwiebeln gießen. Die Gläser anschließend sofort mit Twist-off-Deckeln® verschließen.

Pilze in Retsina I

Für Gäste – mit Alkohol

1 Glas etwa 500 ml (1/2 l)

Insgesamt:

E: 13 g, F: 21 g, Kh: 29 g, kJ: 1926, kcal: 458

300 g kleine Champignons
125 ml (1/8 l) Retsina
Saft von
1 Zitrone
20 g Korinthen
20 g Pinienkerne
1 Lorbeerblatt
Salz
2 Pimentkörner
4 Pfefferkörner
kalt gepresstes Traubenkernöl

Zubereitungszeit: 25 Minuten, ohne Abkühlzeit
Haltbarkeit: kalt gestellt etwa 2 Wochen

1. Champignons putzen, mit Küchenpapier abreiben, eventuell abspülen, trocken tupfen und in ein vorbereitetes Glas geben.

2. Wein und Zitronensaft verrühren, mit Wasser auf 300 ml auffüllen und in einen Topf geben. Korinthen, Pinienkerne, Lorbeerblatt, Salz, Piment- und Pfefferkörner hinzugeben, zum Kochen bringen und etwa 5 Minuten bei schwacher Hitze kochen lassen. Den Topf von der Kochstelle nehmen. Den Sud abkühlen lassen.

3. Den Sud über die Pilze gießen, das Traubenkernöl auf die Oberfläche gießen (versiegeln). Das Glas verschließen.

Piña-Colada-Creme | Mit Alkohol

etwa 5 Gläser je 200 ml

Insgesamt:
E: 16 g, F: 147 g, Kh: 620 g, kJ: 17068, kcal: 4089

200 g frisches Kokosnuss-Fruchtfleisch (vorbereitet gewogen)
400 g Ananas-Fruchtfleisch (vorbereitet gewogen)
100 g Kokosnusscreme (aus der Dose)
50 ml weißer Rum
50 ml Batida de Coco
200 ml Ananassaft (Handelsware)
500 g Zucker
1 Beutel Gelfix Extra 2:1 (25 g)

Zubereitungszeit: 50 Minuten
Haltbarkeit: kühl und dunkel gestellt etwa 1 Jahr

1. Die Kokosnuss mit einem Hammer öffnen. Das Fruchtfleisch von der hölzernen Schale trennen und die braune Haut abschälen. Das Fruchtfleisch fein reiben und 200 g abwiegen.

2. Von der Ananas Blatt- und Strunkende entfernen. Dann die schuppige Schale möglichst dick abschneiden, damit die „Augen" mitentfernt werden. Die Ananas zuerst in Scheiben schneiden, dann mit einem Ausstechförmchen die holzige Mitte ausstechen. Die Ananasscheiben in kleine Stücke schneiden und 400 g abwiegen.

3. Kokosnussmus, Ananasstücke, Kokosnusscreme, Rum, Batida de Coco und Ananassaft in einen großen Kochtopf geben. Den Zucker mit Gelfix Extra mischen, dann mit dem Kochgut verrühren. Alles unter Rühren bei starker Hitze zum Kochen bringen und unter ständigem Rühren mindestens 3 Minuten sprudelnd kochen lassen. Topf von der Kochstelle nehmen.

4. Das Kochgut eventuell abschäumen und sofort randvoll in vorbereitete Gläser füllen. Gläser mit Twist-off-Deckeln® verschließen, umdrehen und etwa 5 Minuten auf den Deckeln stehen lassen.

Piña-Colada-Likör I

Raffiniert – mit Alkohol

etwa 1,4 l

Insgesamt:
E: 9 g, F: 69 g, Kh: 290 g, kJ: 11582, kcal: 2778

800 g Ananas-Fruchtfleisch (vorbereitet gewogen)
400 ml ungesüßte Kokosmilch
180 g Rohrzucker
400 ml weißer Rum (37,5 Vol.-%)

Zubereitungszeit: 40 Minuten
Haltbarkeit: gekühlt 1–2 Wochen

1. Von der Ananas das Blatt- und Strunkende und von dem obersten Stück die Schale abschneiden. Die Ananas der Länge nach vierteln und den inneren, harten Strunk herausschneiden. Ananasviertel schälen und das Fruchtfleisch in kleine Würfel schneiden.

2. Ananaswürfel mit Kokosmilch, Rohrzucker und Rum in einen Mixer geben und so lange mixen, bis eine cremige Masse entstanden ist. Oder die Ananaswürfel fein pürieren und mit den restlichen Zutaten mit Handrührgerät mit Rührbesen verrühren, bis der Zucker gelöst ist.

3. Piña-Colada-Likör in vorbereitete Flaschen füllen und jeweils mit einem Flaschenverschluss fest verschießen. Likör sofort genießen oder im Kühlschrank aufbewahren.

Tipp: Kokosmilch können Sie auch selbst herstellen: Kochen Sie dafür 100 g Kokosraspel mit 400 ml Milch unter ständigem Rühren auf. Lassen Sie die Kokosmilch erkalten und gießen Sie sie dann durch ein Sieb ab.

Pink-Grapefruit-Marmelade I

Erfrischend

etwa 7 Gläser je 200 ml

Insgesamt:
E: 6 g, F: 2 g, Kh: 1234 g, kJ: 21508, kcal: 5141

1 kg Pink-Grapefruit-Filets und -saft (vorbereitet gewogen, von etwa 8 Pink Grapefruits)
1 Beutel Gelfix Classic 1:1 (20 g)
1150 g Zucker

Zubereitungszeit: 60 Minuten
Haltbarkeit: kalt und dunkel gestellt etwa 1 Jahr

1. Grapefruits mit einem scharfen Messer so schälen, dass die weiße Haut vollständig entfernt wird. Die Fruchtfilets herausschneiden, Saft dabei auffangen und insgesamt 1 kg abwiegen.

2. Grapefruitfilets mit dem aufgefangenen Saft in einen großen Kochtopf geben. Gelfix Classic zuerst mit 2 Esslöffeln des Zuckers mischen, dann mit der Fruchtmasse gut verrühren.

3. Das Kochgut unter Rühren bei starker Hitze zum Kochen bringen. Sobald alles bei ständigem Rühren sprudelnd kocht, restlichen Zucker hinzufügen. Alles unter Rühren wieder zum Kochen bringen und mindestens 3 Minuten unter ständigem Rühren sprudelnd kochen lassen. Topf von der Kochstelle nehmen.

4. Kochgut eventuell abschäumen und sofort randvoll in vorbereitete Gläser füllen. Gläser mit Twist-off-Deckeln® verschließen, umdrehen und etwa 5 Minuten auf den Deckeln stehen lassen.

Tipp: Sie können die Grapefruits auch einfach auspressen und dann den Saft mit dem Fruchtfleisch verwenden.

Variante 1: Für **Grapefruit-Granatapfel-Konfitüre** können Sie 100 g Grapefruits durch 100 ml frisch gepressten Granatapfelsaft ersetzen. Dazu 1 Granatapfel halbieren und den Saft mit einer Zitruspresse auspressen.

Variante 2: Für **Grapefruitmarmelade mit Schale** 1 Bio-Grapefruit (unbehandelt, ungewachst) heiß abwaschen, trocken reiben, dünn schälen und die Schale in sehr feine Streifen schneiden oder mit einem Zestenreißer abziehen. Die Schale mit den Grapefruit-Filets und dem Saft in den Kochopf geben. Die gefüllten Gläser während des Erkaltens gelegentlich umdrehen, damit sich die Schale besser verteilt.

Variante 3: Für **Grapefruit-Cointreau-Marmelade** 50 ml Cointreau (Orangenlikör) nach dem Kochen in die Marmelade rühren.

Pomelo-Orangen-Marmelade I

Exotisch

7–8 Gläser je 200 ml

Insgesamt:
E: 9 g, F: 2 g, Kh: 1243 g, kJ: 21010, kcal: 5016

800 g	*Orangen-Fruchtfleisch (vorbereitet gewogen, von 8–9 Orangen davon 2 Bio-Orangen [unbehandelt, ungewachst])*
200 g	*Pomelo-Fruchtfleisch (vorbereitet gewogen, von 1 Pomelo)*
1 Beutel	*Gelfix Classic 1:1 (20 g)*
1150 g	*Zucker*

Zubereitungszeit: 45 Minuten
Haltbarkeit: kalt und dunkel gestellt etwa 1 Jahr

1. Bio-Orangen waschen, abtrocknen und die Schale abreiben. Alle Orangen so schälen, dass die weiße Haut vollständig entfernt wird. Orangen filetieren, in Stücke schneiden und 800 g abwiegen. Orangenschale untermischen.

2. Pomelo so schälen, dass die weiße Haut vollständig entfernt wird. Pomelo in Spalten teilen, enthäuten, in kleine Stücke schneiden und 200 g abwiegen. Die vorbereiteten Früchte in einem großen Kochtopf mischen.

3. Gelfix Classic zuerst mit 2 Esslöffeln des Zuckers mischen, dann mit der Fruchtmasse gut verrühren.

4. Das Kochgut unter Rühren bei starker Hitze zum Kochen bringen. Sobald alles bei ständigem Rühren sprudelnd kocht, restlichen Zucker hinzufügen.

5. Alles unter Rühren wieder zum Kochen bringen und unter ständigem Rühren mindestens 3 Minuten sprudelnd kochen lassen. Danach den Topf von der Kochstelle nehmen.

6. Das Kochgut eventuell abschäumen und sofort randvoll in vorbereitete Gläser füllen.

7. Gläser mit Twist-off-Deckeln® verschließen, umdrehen und etwa 5 Minuten auf den Deckeln stehen lassen.

Tipp: Pomelos sind eine Kreuzung aus Pampelmuse und Grapefruit. Das Fruchtfleisch schmeckt erfrischend und leicht bitter. Es eignet sich sowohl zum Frischverzehr als auch zur Verarbeitung zu Marmeladen.

Pommersches Viermus I

Mit Alkohol – zum Verschenken

7–8 Gläser je 200 ml

Insgesamt:
E: 4 g, F: 4 g, Kh: 1250 g, kJ: 21351, kcal: 5095

250 g Preiselbeeren (vorbereitet gewogen)
250 g Äpfel (vorbereitet gewogen)
250 g Birnen (vorbereitet gewogen)
250 g Pflaumen (vorbereitet gewogen)
1 Bio-Zitrone (unbehandelt, ungewachst)
1 Msp. gemahlene Nelken
1 Beutel Gelfix Classic 1:1 (20 g)
1150 g Zucker
2 EL Birnengeist oder Zwetschenwasser

Zubereitungszeit: 30 Minuten
Haltbarkeit: kalt und dunkel gestellt etwa 1 Jahr

1. Preiselbeeren verlesen, waschen, gut abtropfen lassen und 250 g abwiegen.

2. Äpfel und Birnen waschen, schälen, achteln, entkernen, klein schneiden und jeweils 250 g abwiegen.

3. Pflaumen waschen, gut abtropfen lassen, halbieren, entsteinen, in kleine Stücke schneiden und 250 g abwiegen. Zitrone heiß abwaschen, abtrocknen und die Schale abreiben.

4. Die vorbereiteten Früchte mit der Zitronenschale und Nelken in einen großen Kochtopf geben.

5. Gelfix Classic zuerst mit 2 Esslöffeln des Zuckers mischen, dann mit der Fruchtmasse gut verrühren.

6. Das Kochgut unter Rühren bei starker Hitze zum Kochen bringen. Sobald alles bei ständigem Rühren sprudelnd kocht, restlichen Zucker hinzufügen.

7. Alles unter Rühren wieder zum Kochen bringen und unter ständigem Rühren mindestens 3 Minuten sprudelnd kochen lassen. Topf von der Kochstelle nehmen. Birnengeist oder Zwetschenwasser unterrühren.

8. Das Kochgut eventuell abschäumen und sofort randvoll in vorbereitete Gläser füllen. Gläser mit Twist-off-Deckeln® verschließen, umdrehen und etwa 5 Minuten auf den Deckeln stehen lassen.

Preiselbeerkompott | Klassisch – schnell

etwa 4 Gläser je 200 ml

Insgesamt:
E: 1 g, F: 2 g, Kh: 209 g, kJ: 3650, kcal: 871

500 g Preiselbeeren
125 ml (1/8 l) Wasser
175–200 g Zucker
2 Msp. Einmach-Hilfe

Zubereitungszeit: 25 Minuten
Haltbarkeit: kalt und dunkel gestellt etwa 6 Monate

1. Preiselbeeren verlesen, waschen und abtropfen lassen.

2. Die Preiselbeeren mit Wasser und Zucker in einem Topf aufkochen und etwa 5 Minuten dünsten. Einmach-Hilfe unterrühren.

3. Das Preiselbeerkompott sofort randvoll in vorbereitete Gläser füllen. Gläser mit Twist-off-Deckeln® verschließen.

Tipp: Das Preiselbeerkompott zu Wildgerichten servieren.

Preiselbeer-Relish I

Raffiniert – mit Alkohol

etwa 5 Gläser je 200 ml

Insgesamt:
E: 3 g, F: 4 g, Kh: 317 g, kJ: 6057, kcal: 1435

800 g Preiselbeeren (vorbereitet gewogen)
200 ml Cidre (Apfelwein)
½ Pck. Extra Gelierzucker 2:1 (250 g)
1 Msp. gemahlene Nelken
½ TL gemahlener Zimt

Zubereitungszeit: 30 Minuten
Haltbarkeit: kühl, dunkel und trocken gestellt etwa 6 Monate

1. Preiselbeeren verlesen, waschen, abtropfen lassen und 800 g abwiegen. Mit Cidre, Extra Gelierzucker, Nelken und Zimt in einen Kochtopf geben. Unter Rühren zum Kochen bringen und etwa 5 Minuten ohne Deckel kochen lassen, dabei ab und zu umrühren.

2. Das Relish sofort randvoll in vorbereitete Gläser füllen, mit Twist-off-Deckeln® verschließen, umdrehen und etwa 5 Minuten auf den Deckeln stehen lassen.

Provenzalisches Gemüse I

Mit Alkohol

2–3 Gläser je 500 ml (1/2 l)

Insgesamt:
E: 17 g, F: 6 g, Kh: 193 g, kJ: 4728, kcal: 1128

je 1–2 rote und gelbe Paprikaschoten (etwa 500 g)
250 g Zucchini
250 g Auberginen
250 g kleine Tomaten

Für den Sud:
250 ml (1/4 l) Weißwein
250 ml (1/4 l) Weißweinessig
250 ml (1/4 l) Wasser
1/4 Bio-Zitrone (unbehandelt, ungewachst), in Scheiben
1/2 EL Senfkörner
je 7–8 Piment- und schwarze Pfefferkörner
1 1/2 schwach geh. TL Salz
150 g Zucker
2–3 Knoblauchzehen
1/4 Bund Thymian
1–2 Zweige Rosmarin
1/2 Pck. Einmach-Hilfe

Zubereitungszeit: 60 Minuten
Haltbarkeit: kühl und dunkel gestellt etwa 6 Monate

1. Paprikaschoten halbieren, entstielen, entkernen und die weißen Scheidewände entfernen. Schotenhälften waschen, abtropfen lassen und in breite Streifen schneiden. Zucchini waschen, abtrocknen und die Enden abschneiden. Zucchini in Größe der Paprikaschotenstreifen oder in Scheiben schneiden.

2. Auberginen waschen, abtrocknen und die Stängelansätze abschneiden. Auberginen in Größe der Zucchini schneiden. Tomaten waschen, abtropfen lassen, kreuzweise einschneiden und kurz in kochendes Wasser legen. Tomaten in kaltem Wasser abschrecken, enthäuten, halbieren, entkernen und die Stängelansätze herausschneiden.

3. Für den Sud Wein, Essig, Wasser, Zitronenscheiben, Senf-, Piment-, Pfefferkörner, Salz und Zucker in einem Topf zum Kochen bringen. Zugedeckt etwa 10 Minuten kochen lassen. Die Paprikastreifen hinzugeben und weitere etwa 7 Minuten kochen lassen. Zucchini- und Auberginenstücke hinzufügen, nochmals weitere etwa 2 Minuten kochen lassen. Zuletzt Tomatenhälften unterheben und miterhitzen.

4. Knoblauch abziehen und in Scheiben schneiden. Thymian und Rosmarin abspülen und trocken tupfen. Die Blättchen bzw. Nadeln von den Stängeln zupfen.

5. Das gegarte Gemüse mit einer Schaumkelle aus dem Sud nehmen. Mit Knoblauchscheiben, Thymianblättchen und Rosmarinnadeln in vorbereitete, verschließbare Gläser füllen.

6. Den Sud wieder zum Kochen bringen und etwa 10 Minuten ohne Deckel kochen lassen. Den Topf von der Kochstelle nehmen, Einmach-Hilfe unter den Sud rühren. Den Sud durch ein Sieb geben und sofort randvoll in die Gläser gießen. Die Gläser sofort mit Deckeln verschließen.

Tipp: Mit Fladenbrot und Crème fraîche mit frischen Kräutern als Vorspeise oder kleine Mahlzeit servieren.

Quittengelee mit Basilikum I

Raffiniert

etwa 5 Gläser je 200 ml

Insgesamt:
E: 3 g, F: 3 g, Kh: 423 g, kJ: 7482, kcal: 1785

2 kg reife Quitten
5 EL Zitronensaft
1 l Wasser
5 Stängel Basilikum
100 g brauner Zucker
300 g Zucker
1 Beutel Gelfix Extra 2:1 (25 g)

Außerdem:
1 Küchentuch (Mulltuch)

Zubereitungszeit: 60 Minuten
Haltbarkeit: kühl und dunkel gestellt 3–4 Monate

1. Von den Quitten den Flaum mit einem trockenen Tuch abreiben. Quitten abspülen, abtropfen lassen, vierteln, Kerne und Blütenansätze entfernen. Quittenviertel in etwa 1 cm dicke Scheiben schneiden. Quittenscheiben mit Zitronensaft und Wasser in einem großen Kochtopf mischen, zum Kochen bringen und zugedeckt etwa 40 Minuten bei schwacher Hitze kochen lassen.

2. Ein Sieb mit einem feuchten Küchentuch (Mulltuch) auslegen, Quittenscheiben mit dem Saft hineingeben, abtropfen lassen, dabei den Saft auffangen.

3. Anschließend die Quittenscheiben mithilfe des Tuches ausdrücken und den Saft ebenfalls auffangen. 750 ml (3/4 l) Saft abmessen.

4. Basilikum abspülen und trocken tupfen. Die Blättchen von den Stängeln zupfen.

5. Den abgemessenen Saft in einen großen Kochtopf geben. Beide Zuckersorten mit Gelfix Extra mischen und unter den Fruchtsaft rühren. Alles unter Rühren bei starker Hitze zum Kochen bringen. Unter ständigem Rühren mindestens 3 Minuten sprudelnd kochen lassen. Basilikumblättchen in Streifen schneiden.

6. Den Topf von der Kochstelle nehmen. Das Kochgut eventuell abschäumen, Basilikumstreifen unterrühren.

7. Das Kochgut sofort randvoll in vorbereitete Gläser füllen. Gläser mit Twist-off-Deckeln® verschließen, umdrehen und etwa 5 Minuten auf den Deckeln stehen lassen.

8. Gläser während des Erkaltens gelegentlich umdrehen, damit sich die Basilikumstreifen besser verteilen.

Tipps: Das Gelee schmeckt gut zu Quark, Frischkäse oder Camembert. Etwas Gelee und einige rosa Pfefferbeeren in den Bratensaft von Rindersteaks gerührt, gibt dem Bratensaft eine leichte Bindung und einen fein würzigen Geschmack.

Quittengelee Royal | Einfach

7–8 Gläser je 200 ml

Insgesamt:
E: 3 g, F: 4 g, Kh: 1067 g, kJ: 18419, kcal: 4399

1 1/2 kg reife Quitten (vorbereitet gewogen)
1 1/8 l Wasser
1 Beutel Gelfix Classic 1:1 (20 g)
1 kg Zucker

Außerdem:
1 Küchentuch (Mulltuch)

Zubereitungszeit: 60 Minuten
Haltbarkeit: kühl und dunkel gestellt etwa 1 Jahr

1. Von den Quitten den Flaum mit einem trockenen Tuch abreiben. Quitten abspülen, abtropfen lassen, vierteln, Kerne und Blütenansätze entfernen. Quittenviertel in Stücke schneiden und 1 1/2 kg abwiegen.

2. Quittenstücke mit Wasser in einen großen Kochtopf geben, zum Kochen bringen und zugedeckt etwa 40 Minuten bei schwacher Hitze kochen lassen.

3. Ein Sieb mit einem feuchten Küchentuch (Mulltuch) auslegen. Quittenstücke mit dem Saft hineingeben, abtropfen lassen, dabei den Saft auffangen und 850 ml abmessen. Fruchtsaft in einen großen Kochtopf geben. Gelfix Classic zuerst mit 2 Esslöffeln des Zuckers mischen, dann mit dem Fruchtsaft verrühren.

4. Die Zutaten unter Rühren bei starker Hitze zum Kochen bringen. Sobald alles bei ständigem Rühren sprudelnd kocht, restlichen Zucker hinzufügen. Alles unter Rühren wieder zum Kochen bringen und unter ständigem Rühren mindestens 3 Minuten sprudelnd kochen lassen. Topf von der Kochstelle nehmen.

5. Kochgut eventuell abschäumen und sofort randvoll in vorbereitete Gläser füllen. Gläser mit Twist-off-Deckeln® verschließen, umdrehen und etwa 5 Minuten auf den Deckeln stehen lassen.

Quittenkonfitüre I

Klassisch

etwa 7 Gläser je 200 ml

Insgesamt:
E: 4 g, F: 5 g, Kh: 1218 g, kJ: 21038, kcal: 5031

1 kg	*reife Quitten (vorbereitet gewogen)*
250 ml (1/4 l)	*Wasser*
1 Beutel	*Gelfix Classic 1:1 (20 g)*
1150 g	*Zucker*

Zubereitungszeit: 35 Minuten, ohne Abkühlzeit
Haltbarkeit: kühl und dunkel gestellt etwa 1 Jahr

1. Quitten mit einem Tuch trocken abreiben, um den Flaum zu entfernen. Quitten waschen, abtropfen lassen, entstielen, achteln, entkernen und 1 kg abwiegen.

2. Quitten in kleine Stücke schneiden, mit Wasser in einem Topf zum Kochen bringen und zugedeckt etwa 20 Minuten kochen lassen. Den Topf von der Kochstelle nehmen, Quittenmasse abkühlen lassen.

3. Die Quittenmasse in einen großen Kochtopf geben. Gelfix Classic zuerst mit 2 Esslöffeln des Zuckers mischen, dann mit der Quittenmasse gut verrühren.

4. Das Kochgut unter Rühren bei starker Hitze zum Kochen bringen. Sobald alles bei ständigem Rühren sprudelnd kocht, restlichen Zucker hinzufügen.

5. Alles unter Rühren wieder zum Kochen bringen und unter ständigem Rühren mindestens 3 Minuten sprudelnd kochen lassen. Topf von der Kochstelle nehmen.

6. Das Kochgut eventuell abschäumen und sofort randvoll in vorbereitete Gläser füllen. Gläser mit Twist-off-Deckeln® verschließen, umdrehen und etwa 5 Minuten auf den Deckeln stehen lassen.

Relish provencale I

Gut vorzubereiten – mit Alkohol

etwa 5 Gläser je 200 ml

Insgesamt:
E: 19 g, F: 2 g, Kh: 187 g, kJ: 4344, kcal: 1030

je 1	*kleine, gelbe und rote Paprikaschote*
300 g	*Tomaten*
200 g	*Auberginen*
200 g	*Zucchini*
3	*Knoblauchzehen*
1 EL	*Tomatenmark*
250 ml (1/4 l)	*Weißwein*
2 EL	*Weißweinessig*
1 Msp.	*gerebelter Thymian*
	Salz, frisch gemahlener Pfeffer
1/4 Pck.	*Extra Gelierzucker 2:1 (125 g)*
1 Msp.	*Cayennepfeffer*
1/2 Msp.	*Einmach-Hilfe*

Zubereitungszeit: 45 Minuten
Haltbarkeit: kühl und dunkel gestellt etwa 6 Monate

1. Paprikaschoten halbieren, entstielen, entkernen und die weißen Scheidewände entfernen. Schotenhälften waschen, abtropfen lassen und in Würfel schneiden. Die Tomaten waschen, abtropfen lassen, kreuzweise einschneiden, kurz in kochendes Wasser legen und in kaltem Wasser abschrecken. Tomaten enthäuten, halbieren, entkernen und die Stängelansätze herausschneiden. Tomatenhälften in Würfel schneiden.

2. Auberginen und Zucchini waschen, abtrocknen und die Stängelansätze bzw. Enden abschneiden. Auberginen und Zucchini ebenfalls in Würfel schneiden.

3. Die Gemüsewürfel in einen Topf geben. Knoblauch abziehen, durch eine Knoblauchpresse drücken. Mit Tomatenmark unter die Gemüsewürfel rühren. Wein hinzugießen, mit Essig, Thymian, Salz und Pfeffer würzen. Die Zutaten zum Kochen bringen und etwa 15 Minuten kochen lassen.

4. Extra Gelierzucker gut unterrühren. Alles bei starker Hitze zum Kochen bringen und unter ständigem Rühren mindestens 3 Minuten sprudelnd kochen lassen. Topf von der Kochstelle nehmen. Einmach-Hilfe unterrühren.

5. Relish sofort randvoll in vorbereitete Gläser füllen. Gläser mit Twist-off-Deckeln® verschließen.

Rhabarber-Apfel-Konfitüre mit Walnüssen | Raffiniert

etwa 5 Gläser je 200 ml

Insgesamt:
E: 10 g, F: 32 g, Kh: 576 g, kJ: 11332, kcal: 2707

500 g Rhabarber (vorbereitet gewogen)
50 g Walnusskerne
500 ml (½ l) Apfelsaft (Handelsware)
1 Pck. Zitronensäure (5 g)
500 g Zucker
1 Beutel Gelfix Extra 2:1 (25 g)

Zubereitungszeit: 25 Minuten
Haltbarkeit: kühl und dunkel gestellt 3–4 Monate

1. Rhabarber waschen, abtropfen lassen, Stielenden und Blattansätze entfernen. Die Rhabarberstangen in kleine Stücke schneiden (eventuell abziehen), 500 g abwiegen. Walnusskerne klein hacken.

2. Rhabarber mit Saft, Walnusskernen und Zitronensäure in einen Kochtopf geben. Zucker mit Gelfix Extra mischen, dann mit der Fruchtmasse verrühren. Alles unter Rühren bei starker Hitze zum Kochen bringen und unter ständigem Rühren mindestens 3 Minuten sprudelnd kochen lassen. Topf von der Kochstelle nehmen.

3. Kochgut eventuell abschäumen und sofort randvoll in vorbereitete Gläser füllen. Gläser mit Twist-off-Deckeln® verschließen, umdrehen und etwa 5 Minuten auf den Deckeln stehen lassen.

Tipps: Die Haltbarkeit wird durch die Zugabe von Walnusskernen verkürzt. Anstelle von frischem Rhabarber kann auch TK-Rhabarber verwendet werden. Gefrorenen Rhabarber abwiegen, auftauen lassen, grob pürieren und den bei der Zubereitung entstehenden Saft mitverwenden.

Abwandlung: Verleihen Sie der Konfitüre zusätzlich Pfiff, indem Sie 2 Esslöffel Rosinen mitkochen.

Rhabarber-Campari-Gelee mit rosa Pfefferbeeren | Mit Alkohol

etwa 6 Gläser je 200 ml

Insgesamt:
E: 6 g, F: 2 g, Kh: 1089 g, kJ: 18575, kcal: 4567

1 kg Rhabarber (vorbereitet gewogen)
250 ml (1/4 l) Wasser
1 Beutel Gelfix Classic 1:1 (20 g)
1 kg Zucker
50 ml Campari
2 TL getrocknete, rosa Pfefferbeeren

Außerdem:
1 Küchentuch (Mulltuch)

Zubereitungszeit: 60 Minuten, ohne Ablaufzeit
Haltbarkeit: kühl und dunkel gestellt 3–4 Monate

1. Rhabarber waschen, abtropfen lassen, Stielenden und Blattansätze entfernen. Rhabarberstangen in sehr kleine Stücke schneiden. 1 kg Rhabarber abwiegen und in einen Topf geben. Das Wasser hinzugießen und unter Rühren bis kurz vor dem Kochen erhitzen. Den Rhabarber zugedeckt etwa 5 Minuten ziehen lassen.

2. Ein großes Küchensieb mit einem feuchten Küchentuch (Mulltuch) auslegen. Rhabarberstücke mit dem Saft hineingeben, abtropfen lassen, dabei den Saft auffangen. Rhabarbermasse kräftig auspressen und dabei ebenfalls den Saft auffangen.

3. 800 ml Saft abmessen (gegebenenfalls mit Wasser ergänzen) und in einen großen Kochtopf geben.

4. Gelfix Classic zuerst mit 2 Esslöffeln des Zuckers mischen, dann mit dem Rhabarbersaft gut verrühren.

5. Die Zutaten unter Rühren bei starker Hitze zum Kochen bringen. Sobald alles bei ständigem Rühren sprudelnd kocht, restlichen Zucker hinzufügen. Alles unter Rühren wieder zum Kochen bringen und unter ständigem Rühren mindestens 3 Minuten sprudelnd kochen lassen. Den Topf von der Kochstelle nehmen, Campari und Pfefferbeeren unterrühren.

6. Kochgut eventuell abschäumen und sofort randvoll in vorbereitete Gläser füllen. Gläser mit Twist-off-Deckeln® verschließen, umdrehen und etwa 5 Minuten auf den Deckeln stehen lassen.

7. Gläser während des Erkaltens gelegentlich umdrehen, damit sich die Pfefferbeeren besser verteilen.

Rhabarbergelee | Raffiniert

7–8 Gläser je 200 ml

Insgesamt:
E: 5 g, F: 1 g, Kh: 1008 g, kJ: 17416, kcal: 4161

1 ¼ kg	*Rhabarber (vorbereitet gewogen)*
375 ml (⅜ l)	*Wasser*
1 Beutel	*Gelfix Classic 1:1 (20 g)*
1 kg	*Zucker*

Außerdem:
1 Safttuch

Zubereitungszeit: 40 Minuten, ohne Ablaufzeit
Haltbarkeit: kühl und dunkel gestellt etwa 1 Jahr

1. Rhabarber waschen, gut abtropfen lassen, Stielenden und Blattansätze entfernen. Die Rhabarberstangen (eventuell abziehen) in sehr kleine Stücke schneiden, 1 ¼ kg abwiegen und in einen großen Kochtopf geben. Wasser hinzugießen. Rhabarberstücke unter Rühren bis kurz vor dem Kochen erhitzen und zugedeckt etwa 5 Minuten ziehen lassen.

2. Den Fruchtbrei auf ein gespanntes Safttuch geben und den Saft gut ablaufen lassen. Den Fruchtbrei nach dem Erkalten kräftig auspressen. Von dem Rhabarbersaft 850 ml abmessen und in einen großen Kochtopf geben.

3. Gelfix Classic zuerst mit 2 Esslöffeln des Zuckers mischen, dann mit dem Rhabarbersaft gut verrühren. Kochgut unter Rühren bei starker Hitze zum Kochen bringen. Sobald alles bei ständigem Rühren sprudelnd kocht, restlichen Zucker hinzufügen.

4. Alles unter Rühren wieder zum Kochen bringen und unter ständigem Rühren mindestens 3 Minuten sprudelnd kochen lassen. Topf von der Kochstelle nehmen.

5. Das Kochgut eventuell abschäumen und sofort randvoll in vorbereitete Gläser füllen. Gläser mit Twist-off-Deckeln® verschließen, umdrehen und etwa 5 Minuten auf den Deckeln stehen lassen.

Tipps: Die abgeriebene Schale von 1 Bio-Zitrone (unbehandelt, ungewachst) mitkochen lassen oder 3–4 Esslöffel weißen Portwein oder Sherry nach dem Kochen unterrühren.

Rhabarber-Ingwer-Konfitüre I

Raffiniert

etwa 7 Gläser je 200 ml

Insgesamt:

E: 6 g, F: 2 g, Kh: 1169 g, kJ: 19654, kcal: 4695

1 kg	*Rhabarber (vorbereitet gewogen)*
1 Beutel	*Gelfix Classic 1:1 (20 g)*
1150 g	*Zucker*
1 TL	*geschälter, fein gewürfelter Ingwer*

Zubereitungszeit: 40 Minuten
Haltbarkeit: kühl und dunkel gestellt 3–4 Monate

1. Rhabarber waschen, abtrocknen, Stielenden und Blattansätze entfernen. Rhabarberstangen sehr klein schneiden (nicht abziehen) und 1 kg abwiegen.

2. Die Fruchtmasse in einen großen Kochtopf geben. Gelfix Classic zuerst mit 2 Esslöffeln des Zuckers mischen, dann mit der Fruchtmasse verrühren. Ingwerwürfel hinzufügen.

3. Die Fruchtmasse unter Rühren bei starker Hitze zum Kochen bringen. Sobald alles bei ständigem Rühren sprudelnd kocht, restlichen Zucker hinzufügen.

4. Alles unter Rühren wieder zum Kochen bringen und unter ständigem Rühren mindestens 3 Minuten sprudelnd kochen lassen.

5. Kochgut eventuell abschäumen und sofort randvoll in vorbereitete Gläser füllen.

6. Die Gläser mit Twist-off-Deckeln® verschließen, umdrehen und etwa 5 Minuten auf den Deckeln stehen lassen.

Rhabarberketchup mit Sultaninen | Raffiniert

etwa 8 Drahtbügelgläser je 500 ml (1/2 l)

Insgesamt:
E: 22 g, F: 5 g, Kh: 698 g, kJ: 13505, kcal: 3227

1 kg frischer Rhabarber
4 rote Zwiebeln
400 g Sultaninen
175 ml frisch gepresster Orangensaft
1 l Rotweinessig
400 g brauner Zucker
1 TL Pimentkörner
1 TL schwarze und braune Senfkörner
Salz
frisch gemahlener Pfeffer

Zubereitungszeit: 50 Minuten
Durchziehzeit: etwa 4 Wochen
Haltbarkeit: gekühlt etwa 6 Wochen

1. Rhabarber waschen, Stielenden und Blattansätze entfernen. Rhabarberstangen abziehen. Stangen in etwa 2 cm lange Stücke schneiden. Zwiebeln abziehen und in kleine Würfel schneiden.

2. Rhabarberstücke mit Zwiebelwürfeln, Sultaninen, Orangensaft, Essig, Zucker, Piment-, Senfkörnern, Salz und Pfeffer in einen großen Topf geben. Unter Rühren bei schwacher Hitze zum Kochen bringen, zugedeckt bei schwacher Hitze etwa 90 Minuten kochen lassen, dabei ab und zu umrühren (Masse soll musig sein).

3. Die Ketchupmasse anschließend durch ein feines Sieb streichen oder durch eine Flotte Lotte geben. Ketchup mit Salz und Pfeffer abschmecken und heiß in vorbereitete Drahtbügelgläser füllen. Jeweils Gummiring und Deckel nass auf den gesäuberten Glasrand legen und verschließen. Rhabarberketchup kalt gestellt etwa 4 Wochen durchziehen lassen.

Tipp: Zu gegrilltem Fleisch oder als Würzsauce in pfannengerührten Speisen und Reisgerichten reichen.

Rhabarber-Orangen-Chutney I

Fruchtig

3–4 Gläser je 200 ml

Insgesamt:
E: 11 g, F: 3 g, Kh: 319 g, kJ: 5953, kcal: 1423

250 g Rhabarber
120 g Zwiebeln oder Schalotten
1 Bio-Orange (unbehandelt, ungewachst)
100 g getrocknete Feigen
25 g Rosinen oder Sultaninen
220 g Zucker
220 ml Sherryessig
1 gestr. EL Senfkörner
8 Pimentkörner
1 gestr. EL schwarze Pfefferkörner

Zubereitungszeit: 20 Minuten
Durchziehzeit: 3–4 Wochen
Haltbarkeit: kühl, dunkel und trocken gestellt 6–9 Monate

1. Rhabarber waschen, gut abtropfen lassen, Stielenden und Blattansätze entfernen. Rhabarberstangen abziehen und in feine Scheiben schneiden. Zwiebeln oder Schalotten abziehen und danach in kleine Würfel schneiden.

2. Die Orange heiß abwaschen, abtrocknen und die Schale abreiben. Orange halbieren und den Saft auspressen. Feigen in kleine Würfel schneiden.

3. Vorbereitete Zutaten mit Rosinen oder Sultaninen, Zucker und Essig in einen Topf geben. Senf-, Pimentkörner und grob zerdrückte Pfefferkörner in ein Gewürzsäckchen geben und mit in den Topf geben.

4. Die Zutaten bei schwacher Hitze langsam erwärmen, bis der Zucker aufgelöst ist. Anschließend zum Kochen bringen und etwa 1 Stunde bei schwacher Hitze unter gelegentlichem Rühren leicht köcheln lassen, bis das Chutney eine marmeladenartige Konsistenz hat. Den Topf von der Kochstelle nehmen.

5. Gewürzsäckchen herausnehmen und die Flüssigkeit aus dem Säckchen in das Chutney drücken. Chutney in vorbereitete Gläser füllen, mit Twist-off-Deckeln® verschließen, umdrehen und etwa 5 Minuten auf den Deckeln stehen lassen.

6. Chutney gekühlt, dunkel und trocken gestellt vor dem Verzehr 3–4 Wochen durchziehen lassen.

Rhabarbersaft | Preiswert – dauert länger

6–7 Flaschen je 500 ml (1/2 l)

Insgesamt:
E: 16 g, F: 3 g, Kh: 1521 g, kJ: 26536, kcal: 6341

5 kg Rhabarber
1 l Wasser
etwa 1 1/2 kg Zucker (je nach Saftausbeute)
2 Msp. Einmach-Hilfe

Außerdem:
1 Küchentuch (Mulltuch)

Zubereitungszeit: 60 Minuten, ohne Ablaufzeit
Haltbarkeit: kühl und dunkel gestellt etwa 6 Monate

1. Rhabarber waschen, gut abtropfen lassen, Stielenden und Blattansätze entfernen. Rhabarberstangen nicht abziehen und in sehr kleine Stücke schneiden.

2. Die Rhabarberstücke in einen großen Kochtopf geben. Wasser hinzugießen. Rhabarber zugedeckt bei schwacher Hitze weich, aber nicht musig kochen, dabei ab und zu umrühren. Den Topf von der Kochstelle nehmen.

3. Ein großes Sieb mit einem feuchten Küchentuch (Mulltuch) auslegen und über eine Schüssel hängen. Den Rhabarberfruchtbrei daraufgeben, damit der Saft ablaufen kann. Den Fruchtbrei nach dem Erkalten mithilfe des Tuches ausdrücken.

4. Den gewonnenen Saft abmessen, in einen großen Kochtopf geben und mit dem Zucker verrühren (auf 1 l Saft 600 g Zucker). Alles einmal aufkochen lassen und dann abschäumen. Den Topf von der Kochstelle nehmen.

5. Einmach-Hilfe in den heißen Saft rühren, heiß in vorbereitete Flaschen füllen und sofort verschließen.

Tipps: Rhabarber schichtweise abwechselnd mit dem Zucker (ohne Wasser) in einen Dampfentsafter geben, etwa 1 Stunde entsaften (die Dauer des Entsaftens wird vom Kochen an berechnet). Dabei etwa 10 Minuten vor Ende der Entsaftungszeit 1 Flasche Saft abfüllen und nochmals über das Obst gießen (damit der gesamte Saft dieselbe Konsistenz hat). Einmach-Hilfe in den heißen Saft rühren und weiter wie oben beschrieben verfahren. Das Ablaufen des Fruchtbreis braucht seine Zeit – am besten machen Sie das über Nacht. Selbstgemachte Säfte lassen sich auch prima in saubere und heiß ausgespülte Saucen- oder Ketchupflaschen (aus Glas) mit Twist-off-Deckeln® heiß einfüllen. Danach gleich verschließen. Angebrochene Saftflaschen sind kalt gestellt innerhalb von 4–5 Tagen zu verbrauchen. Wer nicht viel Saft auf einmal verbraucht, sollte den Saft von Anfang an in kleinere Flaschen (z. B. 200–250 ml) abfüllen.

Rinderhack-Pastete I

Mit Alkohol

7–8 Einkochgläser je 500 ml (1/2 l)

Insgesamt:
E: 600 g, F: 587 g, Kh: 156 g, kJ: 36459, kcal: 8705

2 3/4 kg mageres Rindergehacktes (kein Tatar)
200 g entrindetes Weißbrot
125 g Schlagsahne
5 Zwiebeln
250 g durchwachsener Speck
250 ml (1/4 l) Portwein oder Madeira
125 g zerlassenes Schweineschmalz
50 g grüne Pfefferkörner in Lake
Salz
Pökelsalz
frisch gemahlener Pfeffer
gerebelter Oregano
gerebeltes Basilikum
gerebelter Thymian
Knoblauchsalz

8 EL Weinbrand

Zubereitungszeit: 25 Minuten, ohne Kühlzeit
Haltbarkeit: kühl und dunkel gestellt etwa 6 Monate

1. Gehacktes in eine große Schüssel geben. Weißbrot in Sahne einweichen, gut ausdrücken und zum Gehackten geben.

2. Zwiebeln abziehen und auf einer Haushaltsreibe reiben oder in sehr kleine Würfel schneiden. Speck in schmale Streifen schneiden.

3. Zwiebeln, Speckstreifen, Wein, Schweineschmalz und abgetropfte Pfefferkörner zum Gehackten in die Schüssel geben. Die Zutaten gut vermengen und kräftig mit Salz, Pökelsalz, Pfeffer, Oregano, Basilikum, Thymian und Knoblauchsalz würzen. Die Gehacktesmasse zugedeckt etwa 1 Stunde in den Kühlschrank stellen.

4. Die Gehacktesmasse in die vorbereiteten Einkochgläser füllen. Den Weinbrand gleichmäßig auf die Gehacktesmasse gießen.

5. Jeweils Gummiring und Deckel nass auf den gesäuberten Glasrand legen, mit Klammern verschließen. Die Gläser auf einen Auflagenrost in den Einkochtopf stellen. So viel kaltes Wasser hinzugießen, dass die Gläser zu 3/4 im Wasser stehen.

6. Den Topf verschließen. Die Rinderhack-Pastete etwa 1 1/2 Stunden bei etwa 100 °C einkochen.

Rinderrouladen, eingekocht I

Dauert länger

1 Einkochglas etwa 1 l

Insgesamt:
E: 162 g, F: 157 g, Kh: 15 g, kJ: 9498, kcal: 2267

4 Scheiben Rindfleisch (je 180 g, aus der Keule)
Salz
frisch gemahlener Pfeffer
2–3 TL mittelscharfer Senf
2 Zwiebeln
60 g durchwachsener Speck
3 EL Speiseöl
2 Zwiebeln
1 Bund Suppengrün
250 ml (1/4 l) heißes Wasser

Außerdem:
Rouladennadeln oder Küchengarn

Zubereitungszeit: 85 Minuten
Haltbarkeit: kühl und dunkel gestellt etwa 9 Monate

1. Rindfleisch unter fließendem kalten Wasser abspülen, trocken tupfen, leicht klopfen, mit Salz und Pfeffer bestreuen, mit Senf bestreichen.

2. Zwiebeln abziehen und halbieren. Zwiebeln und Speck in Streifen schneiden.

3. Die vorbereiteten Zutaten auf die Fleischscheiben legen. Die Scheiben von der schmalen Seite aus aufrollen und mit Rouladennadeln feststecken oder mit Küchengarn umwickeln.

4. Speiseöl in einem Topf erhitzen. Die Rouladen darin von allen Seiten gut anbraten. Zwiebeln abziehen und vierteln. Das Suppengrün putzen, schälen, waschen, abtropfen lassen und in Stücke schneiden. Zwiebelviertel und klein geschnittenes Suppengrün zu den Rouladen geben und kurz mit anbraten. Gut die Hälfte des heißen Wassers hinzugießen und alles einmal aufkochen lassen.

5. Die Rouladen zugedeckt etwa 60 Minuten bei schwacher Hitze garen, dabei ab und zu wenden. Verdampfte Flüssigkeit nach und nach durch restliches Wasser ersetzen.

6. Die heißen Rouladen (eventuell Rouladennadeln entfernen) in ein vorbereitetes Einkochglas geben. Den Bratensatz mit Wasser loskochen und über die Rouladen gießen.

7. Gummiring und Deckel nass auf den gesäuberten Glasrand legen, mit Klammern verschließen. Das Glas auf einen Auflagenrost in den Einkochtopf stellen. So viel heißes Wasser hinzugießen, dass das Glas zu 3/4 im Wasser steht.

8. Den Topf verschließen. Die Rouladen etwa 100 Minuten bei etwa 100 °C einkochen.

Rote-Grütze-Likör I

Für Gäste – mit Alkohol

etwa 1 ½ l

Insgesamt:
E: 10 g, F: 3 g, Kh: 336 g, kJ: 15281, kcal: 3651

500 g Sauerkirschen
300 g Erdbeeren
150 g schwarze Johannisbeeren
150 g rote Johannisbeeren
250 g Grümmel-Kandis
1 l Doppelkorn (38 Vol.-%)
1 Zimtstange
Saft von
1 Zitrone

Zubereitungszeit: 60 Minuten
Durchziehzeit: 6–8 Wochen
Haltbarkeit: gekühlt etwa 6 Monate

1. Kirschen, Erdbeeren und Johannisbeeren waschen, gut abtropfen lassen und entstielen. Kirschen entsteinen. Früchte in ein vorbereitetes, hohes, verschließbares Glas (2 l Inhalt) füllen.

2. Kandis auf die Früchte geben und den Korn in das Glas gießen. Die Früchte müssen vollständig mit dem Alkohol bedeckt sein. Zimtstange und Zitronensaft hinzufügen, alles einmal gut durchrühren.

3. Das Glas mit einem Deckel fest verschließen und kalt gestellt 6–8 Wochen durchziehen lassen. In der ersten Woche 2–3-mal umrühren.

4. Rote-Grütze-Likör nach Belieben in kleinere Gläser oder Flaschen mit einem dickeren Flaschenhals umfüllen, diese fest verschließen und kalt stellen.

Tipp: Der Rote-Grütze-Likör kann mit oder ohne Früchte genossen werden.

Rotwein-Orangen-Essig I

Zum Verschenken – schnell

1 Flasche etwa 500 ml (1/2 l)

Insgesamt:

E: 3 g, F: 0 g, Kh: 13 g, kJ: 556, kcal: 133

1 Bio-Orange (unbehandelt, ungewachst)
500 ml (1/2 l) Rotweinessig (6 % Säure)

Zubereitungszeit: 10 Minuten
Durchziehzeit: etwa 2 Wochen
Haltbarkeit: etwa 2 Monate

1. Orange heiß abwaschen und abtrocknen. Die Schale spiralförmig dünn abschälen (es darf keine weiße Haut an der Schale vorhanden sein).

2. Die Schale in eine vorbereitete, weite Flasche geben und mit Rotweinessig auffüllen. Die Flasche verschließen und etwa 2 Wochen kühl aufbewahren.

Rumtopf I Klassisch – mit Alkohol

1 Gefäß etwa 7 l

Insgesamt:
E: 45 g, F: 16 g, Kh: 1595 g, kJ: 43653, kcal: 10416

Zubereitungszeit: 80 Minuten, ohne Abkühlzeit
Durchziehzeit: etwa 5 Monate
Haltbarkeit: kühl und dunkel gestellt
etwa 5 Monate

Im Juni:

600 g Erdbeeren
300 ml Rum (54 Vol.-%)
200 g Zucker

1. Erdbeeren putzen, waschen, abtropfen lassen und entstielen. Große Früchte halbieren oder vierteln und in einen gründlich gereinigten und gespülten Rumtopf (7 l Inhalt) füllen.

2. Rum und Zucker vermischen, über die Früchte geben, zudecken und kühl stellen.

Im Juli:

600 g Süßkirschen
600 g Aprikosen
600 g Pfirsiche
300 ml Rum (54 Vol.-%)
200 g Zucker

3. Süßkirschen waschen, abtropfen lassen, entstielen und entsteinen. Aprikosen und Pfirsiche waschen, abtropfen lassen, halbieren, entsteinen, kurze Zeit in kochendes Wasser legen (nicht kochen lassen), enthäuten, in Stücke schneiden und erkalten lassen.

4. Die Früchte in den Rumtopf geben. Rum und Zucker vermischen, über die Früchte geben, zudecken und kühl stellen.

Im August:

600 g Sauerkirschen
600 g Mirabellen
600 g Pflaumen
300 ml Rum (54 Vol.-%)
200 g Zucker

5. Die Sauerkirschen waschen, abtropfen lassen, entstielen und entsteinen. Mirabellen waschen, kleine Früchte ganz lassen, große halbieren und entsteinen. Pflaumen waschen, abtropfen lassen, entstielen, entsteinen und enthäuten.

6. Die Früchte in den Rumtopf geben. Rum und Zucker vermischen, über die Früchte geben, zudecken und kühl stellen.

Im September:

600 g Birnen
wenig Zuckerlösung
300 ml Rum (54 Vol.-%)
200 g Zucker

7. Birnen waschen, schälen, achteln und entkernen. Birnen in Zuckerlösung dünsten, abtropfen und erkalten lassen.

8. Die Früchte in den Rumtopf geben. Rum und Zucker vermischen, über die Früchte geben, zudecken und kühl stellen.

Im Oktober:

600 g grüne und blaue Weintrauben
600 g Ananas
300 ml Rum (54 Vol.-%)
200 g Zucker

9. Weintrauben waschen, entstielen, halbieren und entkernen. Von der Ananas Blatt- und Strunkende entfernen. Dann die schuppige Schale möglichst dick abschneiden, damit die „Augen" mitentfernt werden. Die Ananas zuerst in Scheiben schneiden, dann mit einem Ausstechförmchen die holzige Mitte ausstechen. Ananasscheiben in kleine Stücke schneiden.

10. Die Früchte in den Rumtopf geben. Rum und Zucker vermischen, über die Früchte geben, zudecken und kühl stellen.

Tipps: Der Flüssigkeitsspiegel muss immer 1 cm hoch über den Früchten stehen (Früchte am besten mit einem Teller beschweren). Rumtopf gut verschließen, kühl und dunkel aufbewahren. Bei jeder Fruchtzugabe vorsichtig durchrühren.

Salzige Tomaten I

Raffiniert

etwa 2 Gläser je 1 l oder
etwa 4 Gläser je 500 ml (½ l)

Insgesamt:
E: 16 g, F: 4 g, Kh: 43 g, kJ: 1222, kcal: 286

1 ½ kg reife und möglichst kleine Strauchtomaten
4 EL frische Kräuter, z. B. Dill, Meerrettichblätter, Majoran und Koriander
1 Stange Staudensellerie mit Grün
1 kleine, rote Chilischote
1 Zimtstange
2 kleine Lorbeerblätter
etwa 1 l Salzwasser (pro 1 l Wasser 70 g Salz)

Zubereitungszeit: 25 Minuten
Durchziehzeit: etwa 24 Stunden
Haltbarkeit: kühl und dunkel gestellt etwa 3 Monate

1. Tomaten waschen und abtrocknen. Kräuter abspülen und trocken tupfen.

2. Selleriestange putzen und die harten Außenfäden abziehen. Selleriestange waschen, abtropfen lassen, längs halbieren und in Stücke schneiden. Chilischote längs halbieren, entstielen, entkernen und die weißen Scheidewände entfernen. Chilischotenhälften abspülen und trocken tupfen. Zimtstange ebenfalls längs halbieren.

3. Die Tomaten (im Ganzen) mit Kräutern, Selleriestücken, Chilischoten, Zimtstange und Lorbeerblättern in vorbereitete Gläser schichten.

4. Salzwasser in einem Topf zum Kochen bringen. Die eingeschichteten Zutaten damit übergießen, sodass die Tomaten ganz mit dem Salzwasser bedeckt sind.

5. Die Gläser mit Twist-off-Deckeln® verschließen und etwa 24 Stunden bei Zimmertemperatur stehen lassen. Anschließend die Tomaten kühl und dunkel aufbewahren.

Sanddorngelee | Gut vorzubereiten

etwa 5 Gläser je 200 ml

Insgesamt:
E: 13 g, F: 64 g, Kh: 517 g, kJ: 11750, kcal: 2780

1 1/2 kg Sanddornbeeren
1 Pck. Extra Gelierzucker 2:1 (500 g)

Außerdem:
1 Saftuch

Zubereitungszeit: 90 Minuten, ohne Ablaufzeit
Haltbarkeit: kühl und dunkel gestellt etwa 1 Jahr

1. Sanddornbeeren verlesen, waschen, gut abtropfen lassen und in einem Topf mit Wasser bedeckt zum Kochen bringen. Sanddornbeeren bei schwacher Hitze einige Minuten kochen lassen.

2. Den Fruchtbrei auf ein gespanntes Safttuch geben und gut ablaufen lassen. 900 ml Sanddornsaft abmessen (gegebenenfalls mit Wasser ergänzen) und mit Extra Gelierzucker in einem großen Kochtopf gut verrühren.

3. Alles unter Rühren bei starker Hitze zum Kochen bringen und unter ständigem Rühren mindestens 3 Minuten sprudelnd kochen lassen. Den Topf von der Kochstelle nehmen.

4. Kochgut eventuell abschäumen und sofort randvoll in vorbereitete Gläser füllen. Gläser mit Twist-off-Deckeln® verschließen, umdrehen und etwa 5 Minuten auf den Deckeln stehen lassen.

Tipp: Anstelle der Sanddornbeeren können Sie auch 900 ml ungesüßten Sanddornsaft für das Sanddorngelee verwenden.

Sanddorn-Orangen-Fruchtaufstrich | Beliebt

etwa 4 Gläser je 200 ml

Insgesamt:
E: 4 g, F: 11 g, Kh: 541 g, kJ: 9924, kcal: 2340

500 ml (1/2 l) Sanddornmark (ungesüßt, aus dem Reformhaus)
400 ml Orangensaft (Handelsware)
1 Pck. Dr. Oetker Finesse Orangenschalen-Aroma
1 Pck. Extra Gelierzucker 2:1 (500 g)

Zubereitungszeit: 15 Minuten
Haltbarkeit: kühl und dunkel gestellt etwa 1 Jahr

1. Sanddornmark, Orangensaft und Orangenschalen-Aroma mit Extra Gelierzucker in einem großen Kochtopf gut verrühren. Alles unter Rühren bei starker Hitze zum Kochen bringen und unter ständigem Rühren mindestens 3 Minuten sprudelnd kochen lassen. Topf von der Kochstelle nehmen.

2. Kochgut eventuell abschäumen und sofort randvoll in vorbereitete Gläser füllen. Die Gläser mit Twist-off-Deckeln® verschließen, umdrehen und etwa 5 Minuten auf den Deckeln stehen lassen.

Sangria-Gelee | Mit Alkohol

etwa 5 Gläser je 200 ml

Insgesamt:
E: 2 g, F: 0 g, Kh: 823 g, kJ: 15777, kcal: 3769

750 ml (3/4 l) Rotwein
2 Pck. Dr. Oetker Finesse Orangenschalen-Aroma
3 Gewürznelken
1 Beutel Gelfix Classic 1:1 (20 g)
800 g Zucker

Zubereitungszeit: 30 Minuten
Haltbarkeit: kühl und dunkel gestellt etwa 1 Jahr

1. Rotwein, Orangenschalen-Aroma und Nelken in einen großen Kochtopf geben. Gelfix Classic zuerst mit 2 Esslöffeln des Zuckers mischen, dann mit dem Wein verrühren.

2. Den Wein unter Rühren bei starker Hitze zum Kochen bringen. Sobald alles bei ständigem Rühren sprudelnd kocht, restlichen Zucker hinzufügen.

3. Alles unter Rühren wieder zum Kochen bringen und unter ständigem Rühren mindestens 3 Minuten sprudelnd kochen lassen. Topf von der Kochstelle nehmen. Gewürznelken herausnehmen.

4. Kochgut eventuell abschäumen und sofort randvoll in vorbereitete Gläser füllen. Die Gläser mit Twist-off-Deckeln® verschließen, umdrehen und etwa 5 Minuten auf den Deckeln stehen lassen.

Tipps: Geben Sie mit den Gewürznelken 1 Stange Zimt hinzu. Nach dem Kochen die Gewürznelken und die Zimtstange wieder herausnehmen. Das Sangria-Gelee kann nur mit Gelfix Classic 1:1 zubereitet werden. Bei anderen Gelierprodukten könnte sich Weinstein bilden.

Sangria-Likör | Klassisch – mit Alkohol

1 Glas etwa 1 l

Insgesamt:
E: 7 g, F: 1 g, Kh: 203 g, kJ: 6172, kcal: 1475

5 Orangen
1 Zitrone
2 Pfirsiche
250 ml (1/4 l) Weinbrand (40 Vol.-%)
120 g Zucker
3 Gewürznelken
1 Zimtstange

Zubereitungszeit: 40 Minuten
Durchziehzeit: etwa 1 Woche
Haltbarkeit: gekühlt etwa 3 Wochen

1. Drei Orangen so schälen, dass die weiße Haut mitentfernt wird. Orangen halbieren und in etwa 1 cm breite Scheiben schneiden. Orangenscheiben in ein vorbereitetes, verschließbares Glas legen.

2. Die restlichen Orangen und die Zitrone auspressen. Pfirsiche waschen, abtrocknen, halbieren und entsteinen. Pfirsichhälften in schmale Spalten schneiden und mit in das Glas legen.

3. Orangen- und Zitronensaft mit Weinbrand und Zucker verrühren, bis sich der Zucker aufgelöst hat.

4. Dann Nelken und Zimtstange hinzufügen, über die Früchte gießen und einmal gut durchrühren.

5. Das Glas mit einem Deckel fest verschließen und kalt gestellt 1 Woche durchziehen lassen.

Tipp: Sie können den Sangria-Likör pur genießen oder mit einem leichten trockenen Rotwein aufgegossen servieren.

Sauerfleisch, eingekocht I

Klassisch – preiswert

etwa 4 Einkochgläser je 500 ml (1/2 l)

Insgesamt:
E: 319 g, F: 584 g, Kh: 21 g, kJ: 27894, kcal: 6641

2 kg	*Bauchfleisch vom Schwein*
2	*Lorbeerblätter*
5	*Gewürznelken*
10	*Pfefferkörner*
2 leicht geh. EL	*Pökelsalz*
2	*abgezogene Zwiebeln*
1 l	*Wasser*
250 ml (1/4 l)	*Kräuteressig*
	Salz

Zubereitungszeit: 70 Minuten
Haltbarkeit: kühl und dunkel gestellt etwa 9 Monate

1. Bauchfleisch unter fließendem kalten Wasser abspülen und trocken tupfen. Bauchfleisch vom Knochen lösen. Die Knochen mit Lorbeerblättern, Nelken, Pfefferkörnern, Pökelsalz, Zwiebeln und Wasser in einen Topf geben, zum Kochen bringen und anschließend bei mittlerer bis schwacher Hitze etwa 45 Minuten kochen lassen.

2. Inzwischen den Backofen vorheizen.
Ober-/Unterhitze: etwa 180 °C
Heißluft: etwa 160 °C

3. Den Topf mit der Brühe von der Kochstelle nehmen. Essig unter die Brühe rühren, mit Salz abschmecken. Zwiebeln eventuell halbieren.

4. Bauchfleisch in größere Stücke schneiden, in vorbereitete Einkochgläser geben, mit der Brühe, den Zwiebelhälften und den Gewürzen auffüllen, sodass alles reichlich mit der Brühe bedeckt ist.

5. Jeweils Gummiring und Deckel nass auf den gesäuberten Glasrand legen, mit Klammern verschließen.

6. Die Fettpfanne des Backofens etwa 1 cm hoch mit kaltem Wasser füllen. Die Gläser mit etwas Abstand in die Fettpfanne stellen und dann in den vorgeheizten Backofen schieben. Das Sauerfleisch etwa 2 Stunden einkochen.

Tipp: Sie können die Gläser auch auf einen Auflagenrost in den Einkochtopf stellen und so viel kaltes Wasser hinzugießen, dass die Gläser zu ¾ im Wasser stehen. Das Bauchfleisch etwa 110 Minuten bei etwa 100 °C einkochen. Sie können das Sauerfleisch auch in Drahtbügelgläsern einkochen (Foto).

Sauerkirschen, eingekocht I

Klassisch

etwa 4 Einkochgläser je 1 l

Insgesamt:
E: 32 g, F: 14 g, Kh: 1272 g, kJ: 23146, kcal: 5510

4 kg Sauerkirschen
800 g–1 kg Zucker (je nach Geschmack)

Zubereitungszeit: 65 Minuten, ohne Abkühlzeit
Haltbarkeit: kühl und dunkel gestellt etwa 12 Monate

1. Sauerkirschen waschen, gut abtropfen lassen, entstielen und entsteinen. Mit Zucker in einem entsprechend großen Kochtopf mischen und etwas erwärmen, bis sich der Zucker vollständig gelöst hat. Sauerkirschen etwas abkühlen lassen.

2. Sauerkirschen mit dem gezogenen Saft in vorbereitete Einkochgläser füllen.

3. Jeweils Gummiring und Deckel nass auf den gesäuberten Glasrand legen, mit Klammern verschließen.

4. Die Gläser auf einen Auflagenrost in den Einkochtopf stellen, so viel kaltes Wasser hinzugießen, dass die Gläser zu ¾ im Wasser stehen.

5. Den Topf verschließen. Die Sauerkirschen etwa 30 Minuten bei etwa 80 °C einkochen.

Sauerkirschen in Rum | Mit Alkohol

1 Glas etwa 1 ¼ l

Insgesamt:
E: 8 g, F: 3 g, Kh: 593 g, kJ: 14878, kcal: 3555

1 kg Sauerkirschen
500 g Zucker
1 Vanilleschote
etwa 350 ml Rum (54 Vol.-%)

Zubereitungszeit: 35 Minuten, ohne Saftziehzeit
Durchziehzeit: etwa 2 Wochen
Haltbarkeit: 2–3 Monate

1. Kirschen waschen, gut abtropfen lassen, entstielen und entsteinen. Die Kirschen in ein vorbereitetes, verschließbares Glas geben und mit dem Zucker vermischen. Das Glas verschließen. Die Kirschen etwa 1 Stunde zum Saftziehen stehen lassen.

2. Die Vanilleschote längs einritzen, in 3–4 Stücke schneiden und mit dem Rum in das Glas geben. Die Kirschen müssen vollständig mit Rum bedeckt sein. Zutaten gut durchrühren. Das Glas fest verschließen und die Kirschen etwa 2 Wochen durchziehen lassen.

Tipp: Zum Verschenken nach der Durchziehzeit in kleinere dekorative Gläser umfüllen.

Sauerkirschgelee mit grünem Pfeffer | Raffiniert

etwa 5 Gläser je 200 ml

Insgesamt:
E: 3 g, F: 1 g, Kh: 494 g, kJ: 8623, kcal: 2060

1–2 TL	*eingelegter, grüner Pfeffer*
750 ml (3/4 l)	*Apfel-Kirsch-Saft (ungesüßt, Handelsware)*
400 g	*Zucker*
1 Beutel	*Gelfix Extra 2:1 (25 g)*

Zubereitungszeit: 15 Minuten
Haltbarkeit: kühl und dunkel gestellt 3–4 Monate

1. Die Pfefferkörner in einem Sieb unter fließendem kalten Wasser abspülen, abtropfen lassen und klein schneiden.

2. Saft in einen großen Kochtopf geben. Zucker mit Gelfix Extra mischen und unter den Saft rühren.

3. Alles unter Rühren bei starker Hitze zum Kochen bringen und unter ständigem Rühren mindestens 3 Minuten sprudelnd kochen lassen. Topf von der Kochstelle nehmen.

4. Kochgut eventuell abschäumen, Pfefferstückchen unterrühren.

5. Kochgut sofort randvoll in vorbereitete Gläser füllen. Gläser mit Twist-off-Deckeln® verschließen, umdrehen und etwa 5 Minuten auf den Deckeln stehen lassen.

6. Gläser während des Erkaltens gelegentlich umdrehen, damit sich die Pfefferstückchen gleichmäßig verteilen.

Tipps: Das Sauerkirschgelee schmeckt gut zu Frischkäse oder leicht erwärmt als Sauce zu warmem Schokoladenkuchen. Anstelle des grünen Pfeffers können Sie auch Senfkörner verwenden. Dann schmeckt es besonders gut zu Wild und Sauerbraten.

Sauerkirsch-Heidelbeer-Konfitüre | Einfach

etwa 6 Gläser je 200 ml

Insgesamt:
E: 8 g, F: 5 g, Kh: 431 g, kJ: 7888, kcal: 1865

500 g Sauerkirschen (vorbereitet gewogen)
500 g Heidelbeeren (vorbereitet gewogen)
1 Pck. Diät Gelier-Fruchtzucker (350 g)

Zubereitungszeit: 60 Minuten
Haltbarkeit: kühl und dunkel gestellt etwa 1 Jahr

1. Sauerkirschen waschen, abtropfen lassen, entstielen und entsteinen. Sauerkirschen halbieren. Einen Teil der Sauerkirschhälften grob pürieren und 500 g abwiegen. Heidelbeeren waschen, abtropfen lassen, pürieren und 500 g abwiegen.

2. Die Fruchtmasse mit Diät Gelier-Fruchtzucker in einem großen Kochtopf gut verrühren. Dann alles unter Rühren bei starker Hitze zum Kochen bringen und unter ständigem Rühren mindestens 3 Minuten sprudelnd kochen lassen. Topf von der Kochstelle nehmen.

3. Kochgut eventuell abschäumen und sofort randvoll in vorbereitete Gläser füllen. Die Gläser mit Twist-off-Deckeln® verschließen, umdrehen und etwa 5 Minuten auf den Deckeln stehen lassen.

Tipp: Nach Belieben können Sie nach dem Kochen 50 ml Amaretto (ital. Mandellikör) unter die Konfitüre rühren.

Sauerkirschkonfitüre | Klassisch

etwa 7 Gläser je 200 ml

Insgesamt:
E: 4 g, F: 2 g, Kh: 1255 g, kJ: 21827, kcal: 5218

600 ml Sauerkirschsaft (ungesüßt, von etwa 1 kg entsteinten Sauerkirschen)
400 g Sauerkirschen (vorbereitet gewogen)
1 Pck. Zitronensäure (5 g)
1 Beutel Gelfix Classic 1:1 (20 g)
1150 g Zucker

Zubereitungszeit: 90 Minuten
Haltbarkeit: kühl und dunkel gestellt etwa 1 Jahr

1. Kirschen zum Entsaften waschen, abtropfen lassen, entstielen, entsteinen und mithilfe eines Schnellkochtopfes oder Dampfentsafters entsaften (bitte die Gebrauchsanleitung des Geräteherstellers beachten). 600 ml abmessen.

2. Restliche Kirschen waschen, abtropfen lassen, entstielen, entsteinen, halbieren und 400 g abwiegen.

3. Sauerkirschsaft, Kirschen und Zitronensäure in einen großen Kochtopf geben. Gelfix Classic zuerst mit 2 Esslöffeln des Zuckers mischen, dann mit der Kirschmasse gut verrühren.

4. Die Zutaten unter Rühren bei starker Hitze zum Kochen bringen. Sobald alles bei ständigem Rühren sprudelnd kocht, restlichen Zucker hinzufügen. Alles unter Rühren wieder zum Kochen bringen und unter ständigem Rühren mindestens 3 Minuten sprudelnd kochen lassen. Topf von der Kochstelle nehmen.

5. Kochgut eventuell abschäumen und sofort randvoll in vorbereitete Gläser füllen. Die Gläser mit Twist-off-Deckeln® verschließen, umdrehen und etwa 5 Minuten auf den Deckeln stehen lassen.

Variante 1: Für **Sauerkirsch-Vanille-Konfitüre** 1 Päckchen Dr. Oetker Finesse Bourbon-Vanille-Aroma mit in den Kochtopf geben.

Variante 2: Für **Sauerkirsch-Ingwer-Konfitüre** 1 Teelöffel fein geriebenen, frischen Ingwer mit Saft, Kirschen und Zitronensäure in den Kochtopf geben. Allerdings wird die Haltbarkeit der Konfitüre durch die Zugabe von Ingwer verkürzt.

Variante 3: Für **Sauerkirsch-Amaretto-Konfitüre** 50 ml Amaretto (ital. Mandellikör) nach dem Kochen unter die Konfitüre rühren.

Sauerkirschsaft, gekocht

Preiswert – dauert länger

6–7 Flaschen je 500 ml (1/2 l)

Insgesamt:
E: 44 g, F: 20 g, Kh: 2504 g, kJ: 44285, kcal: 10550

5 1/2 kg Sauerkirschen
etwa 2 kg Zucker (je nach Saftausbeute)
2 Msp. Einmach-Hilfe

Außerdem:
1 Küchentuch (Mulltuch)

Zubereitungszeit: 80 Minuten, ohne Durchzieh- und Ablaufzeit
Haltbarkeit: kühl und dunkel gestellt etwa 6 Monate

1. Am Vortag Sauerkirschen waschen, gut abtropfen lassen, entstielen und entsteinen. Kirschen in eine große Schüssel geben. Sauerkirschen mit 1 kg Zucker mischen und zugedeckt an einem kühlen Ort etwa 24 Stunden stehen lassen. Dabei ab und zu umrühren.

2. Am nächsten Tag ein großes Sieb mit einem feuchten Küchentuch (Mulltuch) auslegen und über eine Schüssel hängen. Sauerkirschen daraufgeben, damit der Saft gut ablaufen kann. Sauerkirschen mithilfe des Tuches etwas ausdrücken.

3. Den gewonnen Saft abmessen, in einen großen Kochtopf geben und mit Zucker verrühren (auf 1 l Saft 300–400 g Zucker nehmen).

4. Alles einmal aufkochen lassen und abschäumen. Den Topf von der Kochstelle nehmen.

5. Einmach-Hilfe in den heißen Saft rühren, heiß in vorbereitete Flaschen füllen und anschließend sofort verschließen.

Tipps: Rückstände weiterverarbeiten: Die zurückgebliebene Sauerkirschmasse (aus dem Mulltuch) mit 750 g–1 kg Zucker unter gelegentlichem Rühren gut durchkochen lassen. Den Topf von der Kochstelle nehmen und 2 Messerspitzen Einmach-Hilfe unterrühren. Dann die Fruchtmasse sofort in vorbereitete Gläser mit Twist-off-Deckeln® füllen und verschließen. Das Mus z. B. für Obstkuchen verwenden. Das Ablaufen des Fruchtbreis braucht seine Zeit – am besten machen Sie das über Nacht. Die selbstgemachten Säfte lassen sich auch prima in saubere und heiß ausgespülte Saucen- oder Ketchupflaschen (aus Glas) mit Twist-off-Deckeln® heiß einfüllen. Danach gleich verschließen. Angebrochene Saftflaschen sind kalt gestellt innerhalb von 4–5 Tagen zu verbrauchen. Wer nicht viel Saft auf einmal verbraucht, sollte den Saft von Anfang an in kleinere Flaschen (z. B. 200–250 ml) abfüllen.

Sauerkraut, eingelegt I

Klassisch – dauert länger

1 Steintopf 8–10 l

Insgesamt:
E: 59 g, F: 8 g, Kh: 148 g, kJ: 3950, kcal: 950

5 kg fester, frischer Weißkohl (möglichst aus biologischem Anbau)
100 g Salz

Außerdem:
1 sauberes Leinentuch
1 Brett oder Teller
1 Stein

Zubereitungszeit: 60 Minuten
Gärzeit: 4–6 Wochen
Haltbarkeit: kühl und dunkel gestellt etwa 9 Monate

1. Weißkohlköpfe von den äußeren, schlechten Blättern befreien. Kohlköpfe auf einem Gemüsehobel fein hobeln und eventuell harte Rippen entfernen.

2. Eine Schicht gehobelten Weißkohl (7–10 cm) mit etwas Salz in einen gründlich gereinigten und gespülten Steintopf geben. So lange stampfen, bis reichlich Flüssigkeit heraustritt und der Saft über dem Kohl steht. Weiteren Weißkohl mit Salz hinzufügen, stampfen und den Vorgang so lange wiederholen, bis der Kohl und das Salz verbraucht sind. Wichtig: Jede Krautlage muss so gestampft werden, dass der sich bildende Saft über dem Kohl steht.

3. Den Weißkohl mit einem Leinentuch bedecken, mit Brett und Stein beschweren und zugedeckt an einem kühlen Ort aufbewahren. Alle 10–14 Tage das Leinentuch wechseln.

4. Das eingelegte Sauerkraut sollte vor dem ersten Verzehr 4–6 Wochen durchziehen (gären).

Tipps: Wacholderbeeren (1–1 ½ Esslöffel), Weinblätter (6–10) oder Apfelscheiben (500 g Äpfel) auf 5 kg Weißkohl miteinschichten.
Möglichst unbehandeltes Gemüse für die Sauerkraut-Zubereitung verwenden. Denn das Salz, das anfangs dem Gemüse zugegeben wird, hält die fäulnisbildenden Bakterien in Schach. Dies gilt so lange, bis sich beim Gären genügend eigene Bakterien gebildet haben und Milchsäure produzieren (nach 4–6 Wochen). In dieser „sauren" Umgebung fühlen sich die Keime dann nicht mehr wohl. Weißkohl, der mit Kunstdünger oder Pflanzenschutzmitteln behandelt wurde, wird nicht so gut von den Milchsäurebakterien vertragen und der Prozess der biologischen Konservierung durch Milchsäure kommt erst gar nicht in Gang. Damit kann der Weißkohl verschimmeln! Es gibt inzwischen spezielle Gärtöpfe und Krauthobel für die Sauerkraut-Herstellung zu kaufen (hier bitte Gebrauchsanleitung beachten).

Saure Gurken mit Zucchini

Gut vorzubereiten

1 Drahtbügelglas etwa 2 l

Insgesamt:
E: 18 g, F: 3 g, Kh: 286 g, kJ: 5653, kcal: 1351

800 g Gurkenscheiben (vorbereitet gewogen)
Salzwasser (75 g Salz auf 1 l Wasser)
300 g Zucchini
4 rote Zwiebeln
4 rote oder weiße Schalotten
1 Bund Dill
2 Knoblauchzehen
4 EL Senfkörner

Für den Sud:
450 ml Kräuteressig
200 ml Wasser
200 g Zucker
4 Lorbeerblätter
10 Pimentkörner
40 g Rosinen
1 Pck. Einmach-Hilfe

Zubereitungszeit: 40 Minuten, ohne Einlegzeit
Haltbarkeit: kühl und dunkel gestellt etwa 6 Monate

1. Von den Gurken die Enden abschneiden. Gurken schälen, längs halbieren, Kerngehäuse mit einem Teelöffel herauskratzen. Die Gurkenhälften in etwa 1 ½ cm dicke Scheiben schneiden und in eine Schüssel geben. Gurkenscheiben mit Salzwasser übergießen, sodass die Gurkenscheiben ganz bedeckt sind. Mindestens 12 Stunden stehen lassen.

2. Die Zucchini waschen, abtrocknen und die Enden abschneiden. Zucchini eventuell halbieren und in Scheiben schneiden. Die Zuccinischeiben in einem Sieb abtropfen lassen.

3. Zwiebeln und Schalotten abziehen. Rote Zwiebeln zuerst in Scheiben schneiden, dann in Ringe teilen. Dill abspülen und trocken tupfen. Knoblauch abziehen und halbieren.

4. Die abgetropften Gurkenscheiben mit Zucchini-, Zwiebelscheiben, Schalotten, Dill und Knoblauchhälften abwechselnd mit den Senfkörnern in ein vorbereitetes Drahtbügelglas schichten.

5. Für den Sud Essig mit Wasser, Zucker, Lorbeerblättern, Pimentkörnern und Rosinen in einem Topf zum Kochen bringen. Den Topf von der Kochstelle nehmen, Einmach-Hilfe unterrühren. Den Sud über die eingeschichteten Gurken- und Zucchinischeiben gießen. Deckel und Gummiring nass auf den gesäuberten Glasrand legen. Glas verschließen.

Schafkäse, mariniert I

Für Gäste – schnell

1 Glas etwa 1 l

Insgesamt:
E: 90 g, F: 602 g, Kh: 27 g, kJ: 25548, kcal: 6101

4	Knoblauchzehen
2	kleine Zwiebeln
2	frische, rote Chilischoten
500 g	Schafkäse
1 Zweig	Thymian
1 Zweig	Rosmarin
2	Lorbeerblätter
1 TL	schwarze Pfefferkörner
etwa 500 ml (1/2 l)	Olivenöl

Zubereitungszeit: 15 Minuten, ohne Durchziehzeit
Durchziehzeit: mindestens 3 Tage
Haltbarkeit: kühl und dunkel gestellt etwa 2 Wochen

1. Knoblauch und Zwiebeln abziehen, in Scheiben schneiden. Chilischoten längs aufschneiden, entkernen, waschen und trocken tupfen.

2. Den Schafkäse in Würfel schneiden. Thymian und Rosmarin abspülen und trocken tupfen.

3. Die vorbereiteten Zutaten mit Lorbeerblättern und Pfefferkörnern in ein vorbereitetes, verschließbares Glas schichten. Mit Olivenöl übergießen. Das Glas mit dem Deckel verschließen.

4. Den Schafkäse mindestens 3 Tage durchziehen lassen.

Tipps: Marinierten Schafkäse auf frischen Weinblättern anrichten. Statt Schafkäse kann auch Harzer Roller, Ziegenkäse oder Camembert eingelegt werden. Die Marinade kann als Salatsauce oder zum Einlegen von Grillfleisch weiterverwendet werden. Reichen Sie zum Schafkäse frisches Fladenbrot oder Baguette.

Schafkäse und Chili in Olivenöl I

Einfach

etwa 2 Gläser je 500 ml (1/2 l)

Insgesamt:
E: 70 g, F: 474 g, Kh: 10 g, kJ: 18928, kcal: 4519

400 g Schafkäse
3 kleine, getrocknete Chilischoten
3 frische Zweige Thymian
1 frischer Zweig Rosmarin
3 kleine Knoblauchzehen
12 schwarze Pfefferkörner
etwa 400 ml kalt gepresstes Olivenöl

Zubereitungszeit: 15 Minuten
Durchziehzeit: mindestens 1 Woche
Haltbarkeit: gekühlt und dunkel gestellt etwa 2 Wochen

1. Schafkäse in Würfel schneiden und in vorbereitete Gläser geben. Chilischoten eventuell halbieren, entkernen, waschen, trocken tupfen und klein schneiden. Thymian und Rosmarin abspülen und trocken tupfen. Knoblauch abziehen und mit den Pfefferkörnern etwas zerdrücken.

2. Chili, Thymian, Rosmarin, Knoblauch und Pfeffer zu den Käsewürfeln in die Gläser geben, mit so viel Olivenöl übergießen, dass die Käsewürfel gut bedeckt sind. Die Gläser mit Twist-off-Deckeln® verschließen, kalt und dunkel gestellt mindestens 1 Woche durchziehen lassen. Den Schafskäse nach dem Öffnen innerhalb von 2 Wochen verbrauchen.

Tipps: Schafkäse passt gut zu knusprigem Brot oder zu knackigen Blattsalaten. In Scheiben geschnitten ist der Schafkäse ein vorzüglicher Pizzabelag. Das Olivenöl, in dem der Käse eingelegt war, kann für Salatsaucen oder zum Bestreichen von gegrilltem Fleisch, Fisch oder gebratenem Gemüse verwendet werden.

Scharfe Aprikosenkonfitüre I

Mit Alkohol

5–6 Gläser je 200 ml

Insgesamt:

E: 6 g, F: 1 g, Kh: 598 g, kJ: 10706, kcal: 2556

650 g Aprikosen (vorbereitet gewogen)
30 g rote Peperoni (vorbereitet gewogen, von etwa 3 Stück)
350 ml Cidre oder Apfelsaft (Handelsware)
1 Pck. Zitronensäure (5 g)
500 g Zucker
1 Beutel Gelfix Extra 2:1 (25 g)

Zubereitungszeit: 35 Minuten
Haltbarkeit: kühl und dunkel gestellt 3–4 Monate

1. Aprikosen waschen, abtropfen lassen, halbieren, entsteinen, in kleine Stücke schneiden und 650 g abwiegen. Peperoni halbieren, entstielen, entkernen und die weißen Scheidewände entfernen. Peperoni abspülen, abtropfen lassen, in sehr kleine Würfel schneiden und 30 g abwiegen.

2. Aprikosenstücke, Peperoniwürfel, Cidre oder Apfelsaft und Zitronensäure in einen großen Kochtopf geben. Zucker mit Gelfix Extra mischen, dann mit der Fruchtmasse verrühren.

3. Alles unter Rühren bei starker Hitze zum Kochen bringen und unter ständigem Rühren mindestens 3 Minuten sprudelnd kochen lassen. Topf von der Kochstelle nehmen.

4. Kochgut eventuell abschäumen und sofort randvoll in vorbereitete Gläser füllen. Gläser mit Twist-off-Deckeln® verschließen, umdrehen und etwa 5 Minuten auf den Deckeln stehen lassen.

Tipp: Die Schärfe der Peperoni lässt im Laufe der Lagerzeit etwas nach.

Scharfe Senfsauce | Mit Alkohol

1 Einkochglas etwa 450 ml

Insgesamt:
E: 23 g, F: 11 g, Kh: 31 g, kJ: 1674, kcal: 400

1 kleine, frische, rote Chilischote
6 EL hausgemachter Senf (Grundrezept Seite 250)
12 EL helle Sojasauce (Superior)
12 EL Sake (japanischer Reiswein)

Zubereitungszeit: 15 Minuten, ohne Durchziehzeit
Haltbarkeit: kühl und dunkel gestellt etwa 1 Jahr

1. Chilischote halbieren, entkernen, abspülen und trocken tupfen. Chilihälften in sehr kleine Würfel schneiden.

2. Den Senf in eine Schüssel geben. Mit Chiliwürfeln, Sojasauce und Sake gut verrühren.

3. Die Senfsauce in ein vorbereitetes Einkochglas füllen. Gummiring und Deckel nass auf den gesäuberten Glasrand legen und mit einem Bügel verschließen. Die Sauce einige Stunden durchziehen lassen. Vor Gebrauch kräftig schütteln.

Tipp: Statt hausgemachten Senf können Sie auch einen milden Senf (Handelsware) verwenden.

Scharfes Tomaten-Paprika-Relish | Exotisch

etwa 3 Gläser je 200 ml

Insgesamt:
E: 12 g, F: 39 g, Kh: 43 g, kJ: 2456, kcal: 584

2 rote Paprikaschoten
1 kg vollreife Tomaten
2–4 Knoblauchzehen
1–2 EL Harissa (Grundrezept Seite 99)
4 EL kalt gepresstes Olivenöl
Meersalz

Zubereitungszeit: 35 Minuten, ohne Durchziehzeit
Haltbarkeit: kühl und dunkel gestellt 3–4 Monate

1. Den Backofengrill vorheizen. Paprikaschoten halbieren, entstielen, entkernen und die weißen Scheidewände entfernen. Schotenhälften waschen, trocken tupfen und auf ein Backblech legen. Das Backblech unter den vorgeheizten Grill schieben. Die Paprikaschoten so lange rösten, bis die Haut schwarz wird und Blasen wirft. Das Backblech aus dem Backofen nehmen. Paprikahälften mit einem feuchten Küchentuch bedecken und etwas abkühlen lassen.

2. Tomaten waschen, abtropfen lassen, kreuzweise einschneiden, kurz in kochendes Wasser legen und in kaltem Wasser abschrecken. Tomaten enthäuten, halbieren, entkernen und die Stängelansätze herausschneiden. Tomatenhälften grob zerkleinern. Knoblauch abziehen und in sehr kleine Würfel schneiden.

3. Die Haut der Paprikaschotenhälften abziehen. Schotenhälften in sehr kleine Würfel schneiden.

4. Paprikawürfel mit Tomatenstücken, Knoblauchwürfeln, Harissa und Olivenöl mischen, mit Meersalz abschmecken, etwa 2 Stunden durchziehen lassen.

5. Überschüssiges Olivenöl abgießen. Relish in vorbereitete Gläser füllen und mit Twist-off-Deckeln® verschließen. Relish gekühlt und dunkel gestellt vor dem Verzehr etwa 2 Wochen durchziehen lassen.

Tipp: Das Relish passt gut zu gegrilltem oder gebratenem Fleisch oder Geflügel und zu gebackenem, pochiertem, gegrilltem oder gebratenem Fisch.

Schichtkonfitüre Erdbeer-Pfirsich | Raffiniert

etwa 5 Gläser je 200 ml

Insgesamt:
E: 17 g, F: 29 g, Kh: 562 g, kJ: 11060, kcal: 2614

50 g gehobelte Mandeln
500 g Pfirsiche (vorbereitet gewogen)
1 Pck. Extra Gelierzucker 2:1 (500 g)
470 g Erdbeeren (vorbereitet gewogen)
3 EL Zitronensaft

Zubereitungszeit: 45 Minuten, ohne Abkühlzeit
Haltbarkeit: kühl und dunkel gestellt 3–4 Monate

1. Die Mandeln in einer Pfanne ohne Fett goldbraun rösten, herausnehmen und auf einem Teller erkalten lassen.

2. Pfirsiche abspülen, an der Unterseite kreuzweise einschneiden, kurz in kochendes Wasser legen, herausnehmen, mit kaltem Wasser abschrecken und die Haut abziehen. Pfirsiche halbieren und entsteinen. Das Fruchtfleisch in etwa 1 cm große Würfel schneiden und 500 g abwiegen. Pfirsichwürfel mit 250 g Extra Gelierzucker in einem Kochtopf verrühren.

3. Erdbeeren putzen, waschen, gut abtropfen lassen und entstielen. 470 g Erdbeeren abwiegen, in kleine Stücke schneiden und in einen Kochtopf geben. Mit Zitronensaft und dem restlichen Extra Gelierzucker gut verrühren. Die Zutaten unter Rühren bei starker Hitze zum Kochen bringen und unter ständigem Rühren mindestens 3 Minuten sprudelnd kochen lassen. Topf von der Kochstelle nehmen.

4. Kochgut eventuell abschäumen. Die Konfitüre jeweils etwa halbhoch in die vorbereiteten Gläser füllen. $^2/_3$ der Mandeln daraufstreuen.

5. Die Pfirsichmasse unter Rühren bei starker Hitze zum Kochen bringen und unter ständigem Rühren mindestens 3 Minuten sprudelnd kochen lassen.

6. Kochgut eventuell abschäumen. Restliche Mandeln unterheben und sofort in die bereits halbvoll gefüllten Gläser füllen. Gläser mit Twist-off-Deckeln® verschließen. Gläser nach etwa 15 Minuten umdrehen und etwa 5 Minuten auf den Deckeln stehen lassen.

Schichtkonfitüre Kürbis-Preiselbeer | Raffiniert

etwa 5 Gläser je 200 ml

Insgesamt:
E: 7 g, F: 2 g, Kh: 555 g, kJ: 9834, kcal: 2322

Für die Kürbiskonfitüre:

500 g Kürbis-Fruchtfleisch vom Hokkaido-Kürbis (vorbereitet gewogen)
1 Stück Ingwer
½ Bio-Orange (unbehandelt, ungewachst)
4–5 Orangen
¾ Pck. Extra Gelierzucker 2:1 (375 g)

Für Preiselbeerkonfitüre:

250 g Preiselbeeren (vorbereitet gewogen)
¼ Pck. Extra Gelierzucker 2:1 (125 g)

Zubereitungszeit: 50 Minuten
Haltbarkeit: kühl und dunkel gestellt 3–4 Monate

1. Für die Kürbiskonfitüre Kürbis schälen, halbieren, entkernen und in kleine Würfel schneiden. Dann 500 g Fruchtfleisch abwiegen. Ingwer schälen, in sehr kleine Würfel schneiden und ½ Teelöffel davon abmessen. Orange heiß abwaschen, abtrocknen und die Schale dünn abschälen. Schale in feine Streifen schneiden. Die Orangen auspressen und 250 ml (¼ l) Saft abmessen.

2. Für die Preiselbeerkonfitüre Preiselbeeren verlesen, waschen, gut abtropfen lassen und anschließend 250 g abwiegen.

3. Für die Kürbiskonfitüre Kürbis- mit Ingwerwürfeln, Orangenschale und -saft in einen Kochtopf geben, mit einem Stabmixer zerkleinern. Extra Gelierzucker (375 g) gut unterrühren.

4. Die Zutaten unter Rühren bei starker Hitze zum Kochen bringen und unter ständigem Rühren mindestens 3 Minuten sprudelnd kochen lassen. Topf von der Kochstelle nehmen.

5. Kochgut eventuell abschäumen und gut die Hälfte davon sofort bis zu ⅓ in die vorbereiteten Gläser füllen.

6. Für die Preiselbeerkonfitüre Preiselbeeren in einem kleinen Kochtopf (etwa 2 l Inhalt) mit Extra Gelierzucker (125 g) gut verrühren, unter Rühren bei starker Hitze zum Kochen bringen und unter ständigem Rühren mindestens 3 Minuten sprudelnd kochen lassen. Topf von der Kochstelle nehmen.

7. Das Kochgut eventuell abschäumen und vorsichtig auf der Kürbiskonfitüre verteilen. Die restliche Kürbiskonfitüre vorsichtig mit einem Esslöffel auf die Preiselbeerkonfitüre geben, bis die Gläser randvoll sind.

8. Gläser mit Twist-off-Deckeln® verschließen. Die Gläser nicht umdrehen, sonst laufen die Konfitüren ineinander.

Tipp: Konfitüre zu Geflügelaufschnitt oder zu mariniertem Fisch reichen.

Schichtkonfitüre Nektarine-Himbeer | Raffiniert

etwa 5 Gläser je 200 ml

Insgesamt:
E: 11 g, F: 2 g, Kh: 585 g, kJ: 10431, kcal: 2460

Für die Himbeerkonfitüre:
500 g Himbeeren (vorbereitet gewogen)
1 Bio-Zitrone (unbehandelt, ungewachst)
5 Pfefferminzblättchen
½ Pck. Extra Gelierzucker 2:1 (250 g)

Für die Nektarinenkonfitüre:
500 g Nektarinen (vorbereitet gewogen)
1 Pck. Dr. Oetker Bourbon-Vanille-Zucker
½ Pck. Extra Gelierzucker 2:1 (250 g)

Zubereitungszeit: 45 Minuten, ohne Abkühlzeit
Haltbarkeit: kühl und dunkel gestellt 3–4 Monate

1. Für die Himbeerkonfitüre Himbeeren verlesen und 500 g abwiegen. Zitrone heiß abwaschen, abtrocknen und 1 Teelöffel der Schale abreiben. Zitrone auspressen und 1 Esslöffel Saft abmessen. Minzeblättchen abspülen, trocken tupfen und in Streifen schneiden.

2. Für die Nektarinenkonfitüre Nektarinen kurz in kochendes Wasser legen, herausnehmen und in kaltem Wasser abschrecken. Von den Nektarinen die Haut abziehen, die Früchte halbieren und entsteinen. Das Fruchtfleisch in kleine Würfel schneiden und 500 g abwiegen.

3. Für die Nektarinenkonfitüre vorbereitete Nektarinenwürfel und Vanille-Zucker in einen kleinen Kochtopf (etwa 2 l Inhalt) geben. Mit Extra Gelierzucker gut verrühren. Alles unter Rühren bei starker Hitze zum Kochen bringen und unter ständigem Rühren mindestens 3 Minuten sprudelnd kochen lassen. Topf von der Kochstelle nehmen. Kochgut eventuell abschäumen und sofort bis zur Hälfte in vorbereitete Gläser füllen. Konfitüre etwa 15 Minuten abkühlen lassen.

4. Für die Himbeerkonfitüre vorbereitete Himbeeren, Zitronenschale und -saft in einen kleinen Kochtopf (etwa 2 l Inhalt) geben. Mit Extra Gelierzucker gut verrühren. Alles unter Rühren bei starker Hitze zum Kochen bringen und unter ständigem Rühren mindestens 2 Minuten sprudelnd kochen lassen. Minzestreifen hinzufügen, wieder zum Kochen bringen und noch etwa 1 Minute sprudelnd kochen lassen. Topf von der Kochstelle nehmen.

5. Kochgut eventuell abschäumen und vorsichtig mit einem Esslöffel auf der Nektarinenkonfitüre verteilen, bis die Gläser randvoll sind.

6. Die Gläser mit Twist-off-Deckeln® verschließen und erkalten lassen. Nicht stürzen, sonst laufen die Konfitüren ineinander.

Tipp: Statt Nektarinen können auch 500 g Aprikosen (vorbereitet gewogen) verwendet werden.

Schlehen-Apfel-Konfitüre I

Gut vorzubereiten

etwa 7 Gläser je 200 ml

Insgesamt:
E: 1 g, F: 1 g, Kh: 1168 g, kJ: 19406, kcal: 4630

1 kg Schlehen (vorbereitet gewogen)
500 ml (1/2 l) kochendes Wasser
200 g Apfelstücke (vorbereitet gewogen)
1 Beutel Gelfix Classic 1:1 (20 g)
1150 g Zucker

Zubereitungszeit: 60 Minuten, ohne Abkühlzeit
Haltbarkeit: kühl und dunkel gestellt etwa 1 Jahr

1. Schlehen entstielen, waschen, gut abtropfen lassen und 1 kg abwiegen. Schlehen in eine Schüssel geben, mit kochendem Wasser übergießen und erkalten lassen. Dann die Flüssigkeit abgießen, auffangen und kurz aufkochen lassen. Die Flüssigkeit wieder über die Früchte geben und diesen Vorgang noch einmal wiederholen.

2. Die erkaltete Fruchtmasse durch ein Sieb streichen, sodass der Rückstand vollkommen trocken ist. Von der Fruchtmasse 800 g abwiegen.

3. Äpfel waschen, schälen, vierteln, entkernen, in sehr kleine Stücke schneiden und 200 g abwiegen.

4. Schlehen-Fruchtmasse und Apfelstücke in einen großen Kochtopf geben. Gelfix Classic mit 2 Esslöffeln des Zuckers mischen, dann mit der Fruchtmasse verrühren.

5. Die Fruchtmasse unter Rühren bei starker Hitze zum Kochen bringen. Sobald alles bei ständigem Rühren sprudelnd kocht, restlichen Zucker hinzufügen.

6. Alles unter Rühren wieder zum Kochen bringen und unter ständigem Rühren mindestens 3 Minuten sprudelnd kochen lassen. Anschließend Topf von der Kochstelle nehmen.

7. Kochgut eventuell abschäumen und sofort randvoll in vorbereitete Gläser füllen. Gläser mit Twist-off-Deckeln® verschließen, umdrehen und etwa 5 Minuten auf den Deckeln stehen lassen.

Schnelles Herbstgelee I

Schnell – einfach

etwa 6 Gläser je 200 ml

Insgesamt:

E: 3 g, F: 1 g, Kh: 663 g, kJ: 11388, kcal: 2723

400 ml heller Traubensaft (Handelsware)
400 ml Birnennektar (Handelsware)
450 ml Apfelsaft (Handelsware)
1 Pck. Super Gelierzucker 3:1 (500 g)

Zubereitungszeit: 15 Minuten
Haltbarkeit: kühl und dunkel gestellt etwa 1 Jahr

1. Traubensaft, Birnennektar und Apfelsaft in einem großen Kochtopf mit Super Gelierzucker gut verrühren. Alles unter Rühren bei starker Hitze zum Kochen bringen und unter ständigem Rühren mindestens 3 Minuten sprudelnd kochen lassen. Topf von der Kochstelle nehmen.

2. Kochgut eventuell abschäumen und sofort randvoll in vorbereitete Gläser füllen. Gläser mit Twist-off-Deckeln® verschließen, umdrehen und etwa 5 Minuten auf den Deckeln stehen lassen.

Schokoladenlikör | Raffiniert–mit Alkohol

etwa 2 Flaschen je 700 ml

Insgesamt:
E: 29 g, F: 151 g, Kh: 237 g, kJ: 15099, kcal: 3608

150 g Zartbitter-Kuvertüre
250 g Schlagsahne
500 g Joghurt (3,5 % Fett)
120 g gesiebter Puderzucker
1 TL Dr. Oetker Finesse Natürliches Orangenschalen-Aroma
1 Pck. Dr. Oetker Vanillin-Zucker
300 ml Weinbrand (36 Vol.-%)
75 ml Weingeist/Ethanol (hochprozentiger Alkohol aus der Apotheke 90 Vol.-%)

Zubereitungszeit: 30 Minuten, ohne Abkühlzeit
Haltbarkeit: gekühlt etwa 7 Tage

1. Kuvertüre in kleine Stücke hacken, in einem kleinen Topf im Wasserbad bei schwacher Hitze unter Rühren schmelzen. Topf aus dem Wasserbad nehmen. Kuvertüre mit Sahne verrühren und etwas abkühlen lassen.

2. Schokosahne mit Joghurt, Puderzucker, Orangenschalen-Aroma und Vanillin-Zucker in einem Mixer oder mit Handrührgerät mit Rührbesen gut durchmixen bzw. durchrühren.

3. Weinbrand und Weingeist hinzufügen und nochmals gut durchmixen bzw. durchrühren. Schokoladenlikör in 2 vorbereitete Flaschen füllen mit je einem Flaschenverschluss fest verschließen. Schokoladenlikör kalt stellen.

Schokoladige Kirschkonfitüre I

Mit Alkohol

etwa 5 Gläser je 200 ml

Insgesamt:
E: 12 g, F: 13 g, Kh: 734 g, kJ: 13806, kcal: 3294

750 g Sauerkirschen (vorbereitet gewogen)
250 ml (1/4 l) Schokoladensauce (Fertigprodukt aus der Flasche)
50 ml Kirschwasser
500 g Zucker oder brauner Zucker (Kandisfarin)
1 Beutel Gelfix Super 3:1 (25 g)

Zubereitungszeit: 30 Minuten
Haltbarkeit: kühl und dunkel gestellt 3–4 Monate

1. Sauerkirschen waschen, abtropfen lassen, entstielen, entsteinen und halbieren. Von den vorbereiteten Sauerkirschen 750 g abwiegen.

2. Kirschen mit Schokoladensauce und Kirschwasser in einen großen Kochtopf geben. Zucker mit Gelfix Super mischen und anschließend mit der Fruchtmasse verrühren.

3. Alles unter Rühren bei starker Hitze zum Kochen bringen unter ständigem Rühren mindestens 3 Minuten sprudelnd kochen lassen. Topf von der Kochstelle nehmen.

4. Kochgut eventuell abschäumen und sofort randvoll in vorbereitete Gläser füllen. Gläser mit Twist-off-Deckeln® verschließen, umdrehen und etwa 5 Minuten auf den Deckeln stehen lassen.

Schwarze Walnüsse | Mit Alkohol

1 Glas etwa 2 l

Insgesamt:
Nährwerte lassen sich nicht berechnen.

700 g grüne Walnüsse
200 ml Wasser
600 g Zucker
0,7 l Weinbrand (36 Vol.-%)

Zubereitungszeit: 3 Stunden
(an verschiedenen Tagen), ohne Einleg- und Abkühlzeit
Durchziehzeit: etwa 2 Monate
Haltbarkeit: etwa 6 Monate

1. Die Walnüsse mit kaltem Wasser begießen und die Nüsse unter Wasser mit einer Nadel mehrmals einstechen (um keine schwarzen Finger zu bekommen, Gummihandschuhe tragen).

2. Die Walnüsse bleiben 10 Tage im Wasser liegen, dabei wird 2-mal täglich das Wasser gewechselt.

3. Am 11. Tag die Walnüsse abgießen und anschließend mit kochendem Wasser übergießen. Walnüsse abtropfen lassen.

4. Wasser mit Zucker in einem großen Topf zum Kochen bringen. Die Walnüsse darin etwa 50 Minuten kochen, gelegentlich umrühren. Nüsse in der Zuckerlösung etwas abkühlen lassen.

5. In ein vorbereitetes, verschließbares Glas (2 l Inhalt) füllen und erkalten lassen. Glas fest verschließen und kalt gestellt 4 Tage stehen lassen.

6. Die Walnüsse abgießen, dabei die Zuckerlösung auffangen. Zuckerlösung in einen Topf geben, zum Kochen bringen und etwa 5 Minuten kochen lassen.

7. Die heiße Zuckerlösung über die Walnüsse geben und erkalten lassen. Weinbrand unter Rühren hinzugießen.

8. Das Glas wieder fest verschließen und die Walnüsse kalt gestellt 2 Monate durchziehen lassen.

Tipps: Grüne Walnüsse werden Mitte bis Ende Juni geerntet. Die innere Schale der Nüsse muss noch weich sein. Schwarze Nüsse schmecken pur, passen gut als Beilage zu Wildgerichten, aber auch mit Vanillepudding als Dessert. Oder belegen Sie mit Frischkäse bestrichene Kräcker mit in Scheiben geschnittenen schwarzen Walnüssen.

Schwarzwurzeln, eingekocht I

Klassisch – dauert länger

etwa 4 Gläser je 1 l

Insgesamt:
E: 36 g, F: 10 g, Kh: 329 g, kJ: 6916, kcal: 1649

4 1/2 kg Schwarzwurzeln
Essigwasser
(auf 1 l Wasser 3 EL Essig)

Zubereitungszeit: 30 Minuten
Haltbarkeit: kühl und dunkel gestellt etwa 9 Monate

1. Schwarzwurzeln gründlich unter fließendem kalten Wasser bürsten, schälen, kurz abspülen und abtropfen lassen. Die Stangen in etwa 3 cm lange Stücke schneiden und sofort in Essigwasser legen, damit sie sich nicht braun verfärben.

2. Die Schwarzwurzeln gut abtropfen lassen, in vorbereitete Gläser geben und mit kaltem Wasser auffüllen, sodass die Schwarzwurzeln reichlich mit Wasser bedeckt sind.

3. Die Gläser mit Twist-off-Deckeln® verschließen und auf einen Auflagenrost in den Einkochtopf stellen. So viel kaltes Wasser hinzugießen, dass die Gläser zu 3/4 im Wasser stehen.

4. Den Topf verschließen. Die Schwarzwurzeln etwa 60 Minuten bei etwa 100 °C einkochen.

Tipps: Die vorbereiteten, abgetropften Schwarzwurzelstücke in kochendes Essigwasser (auf 1 l Wasser 3 Esslöffel Essig) geben, zum Kochen bringen und darin anschließend etwa 5 Minuten ziehen lassen. Dann die Schwarzwurzelstücke in die vorbereiteten Gläser füllen und mit heißem Wasser übergießen. Die Gläser sofort mit Twist-off-Deckeln® verschließen. Sie können die Schwarzwurzeln auch in klassischen Einkochgläsern einkochen. Wichtig: Die Schwarzwurzeln auch dann mit so viel Wasser übergießen, dass sie reichlich damit bedeckt sind.

Schwipsbeeren | Mit Alkohol

1 Glas etwa 2 l

Insgesamt:
E: 3 g, F: 2 g, Kh: 542 g, kJ: 16628, kcal: 3973

500 g Heidelbeeren
450 g Zucker
125 ml (1/8 l) Wasser
750 ml (3/4 l) Weinbrand

Zubereitungszeit: 25 Minuten, ohne Abkühlzeit
Durchziehzeit: einige Wochen
Haltbarkeit: kühl und dunkel gestellt etwa 6 Monate

1. Heidelbeeren verlesen, vorsichtig waschen und gut abtropfen lassen.

2. Den Zucker mit Wasser in einem Topf unter Rühren aufkochen. Den Topf von der Kochstelle nehmen und Heidelbeeren hinzugeben. Die Zuckerlösung erkalten lassen.

3. Die Heidelbeeren mit der Zuckerlösung in ein vorbereitetes, verschließbares Glas geben und mit Weinbrand übergießen.

4. Das Glas verschließen. Die Heidelbeeren einige Wochen durchziehen lassen.

Sellerie-Relish mit Tomaten I

Mit Alkohol – für Gäste

etwa 4 Gläser je 200 ml

Insgesamt:
E: 8 g, F: 2 g, Kh: 176 g, kJ: 3888, kcal: 927

2 EL	*Essigessenz (25 % Säure)*
270 ml	*Weißwein*
140 g	*Zucker*
2 gestr. TL	*Salz*
½ TL	*Senfpulver*
½ TL	*frisch gemahlener Pfeffer*
½ TL	*gemahlener Zimt*
½ TL	*Selleriesalz*
2	*große Knollensellerie*
1	*rote Paprikaschote*
250 g	*Tomaten*

Zubereitungszeit: 75 Minuten
Haltbarkeit: kühl und dunkel gestellt etwa 6 Monate

1. Essigessenz, Wein, Zucker, Salz, Senfpulver, Pfeffer, Zimt und Selleriesalz in einem Topf zum Kochen bringen und etwa 5 Minuten kochen lassen.

2. Sellerie putzen, schälen, abspülen, abtropfen lassen und in Würfel schneiden.

3. Paprikaschote halbieren, entstielen, entkernen und die weißen Scheidewände entfernen. Schotenhälften waschen, abtropfen lassen und in Würfel schneiden.

4. Tomaten waschen, abtropfen lassen, kreuzweise einschneiden, kurz in kochendes Wasser legen und in kaltem Wasser abschrecken. Tomaten enthäuten, halbieren, entkernen und die Stängelansätze herausschneiden. Tomatenhälften in Würfel schneiden.

5. Vorbereitete Gemüsewürfel in den Sud geben, zum Kochen bringen und etwa 40 Minuten kochen lassen, dabei ab und zu umrühren.

6. Relish sofort randvoll in vorbereitete Gläser füllen. Gläser mit Twist-off-Deckeln® verschließen, umdrehen und anschließend etwa 5 Minuten auf den Deckeln stehen lassen.

Tipps: Die Milde dieses Relishs passt gut zu Käse. Wird das Relish püriert, so kann es als Brotaufstrich gereicht werden.

Senf, hausgemacht (Grundrezept) I

Klassisch

etwa 4 Gläser je 200 ml

Insgesamt:
E: 131 g, F: 145 g, Kh: 203 g, kJ: 11656, kcal: 2787

je 250 g	*weißes und schwarzes Senfmehl*
750 ml (3/4 l)	*Weißweinessig*
	Saft von
2	*Zitronen*
1 EL	*Kräutersalz*
1 1/2 EL	*fein gehackte Estragonblätter*
1 TL	*frisch gemahlener, schwarzer Pfeffer*
je 1/2 TL	*Zimt und Nelken, gemahlen*
1 Prise	*frisch geriebene Muskatnuss*
3 EL	*flüssiger Blütenhonig*
1–2	*Knoblauchzehen (im Mörser mit etwas Meersalz zerstoßen)*
5	*Schalotten oder 3 kleine Zwiebeln, fein gewürfelt*
1/2 EL	*frisch geriebener Meerrettich*

Zubereitungszeit: 25 Minuten, ohne Quellzeit
Durchziehzeit: mindestens 2 Wochen
Haltbarkeit: kühl und dunkel gestellt 2–3 Monate

1. Zum Vorbereiten Senfmehl mit Essig und Zitronensaft in einer Porzellan- oder Glasschüssel mischen, quellen lassen und je nach gewünschter Schärfe bis zu 7 Stunden handwarm temperieren (nicht zu milde machen, da die Schärfe des Senföls konservierend wirkt).

2. Gewürze, Honig, Knoblauch, Schalotten- oder Zwiebelwürfel und Meerrettich unter die Senfmehlmasse rühren.

3. Senf in vorbereitete Gläser füllen, mit Twist-off-Deckeln® verschließen. Senf mindestens 2 Wochen vor dem Verzehr kalt stellen.

Tipps: Der Senf schmeckt vorzüglich zu frischem Brot mit Schinken. Oder nehmen Sie dieses Rezept als Grundlage für andere Senfsaucen, z. B. scharfe oder süße Senfsauce. Den Senf an einem warmen Ort temperieren, z. B. an der warmen Heizung.

Senffrüchte | Für Gäste

etwa 2 Gläser je 500 ml (1/2 l)

Insgesamt:
E: 26 g, F: 7 g, Kh: 978 g, kJ: 17455, kcal: 4168

500 g Birnen
500 g grüne, kernlose Weintrauben
500 g Aprikosen
500 g Pflaumen

Für die Essig-Zucker-Lösung:
200 ml Weißweinessig
200 ml Wasser
750 g Zucker
1 Dose Senfmehl (56 g)

Zubereitungszeit: 50 Minuten
Durchziehzeit: 2–3 Tage
Haltbarkeit: gekühlt 6–8 Wochen

1. Birnen waschen, schälen, vierteln und entkernen. Birnenviertel quer halbieren. Weintrauben waschen, abtropfen lassen, entstielen und halbieren.

2. Aprikosen und Pflaumen waschen, abtropfen lassen, halbieren und entsteinen.

3. Für die Essig-Zucker-Lösung Essig, Wasser und Zucker in einem Topf zum Kochen bringen. Das vorbereitete Obst darin nacheinander bei schwacher Hitze glasig kochen.

4. Das Obst jeweils mit einer Schaumkelle herausnehmen und in eine Schüssel geben. Das gegarte Obst vorsichtig vermengen und in vorbereitete Gläser füllen.

5. Den Sud mit Senfmehl verrühren, zum Kochen bringen und etwa 10 Minuten etwas einkochen lassen. Den heißen Sud auf dem Obst verteilen.

6. Gläser sofort mit Twist-off-Deckeln® verschließen, umdrehen und etwa 5 Minuten auf den Deckeln stehen lassen. Senffrüchte 2–3 Tage vor dem Verzehr durchziehen lassen.

Tipps: Angebrochene Gläser schnell verbrauchen. Die Senffrüchte passen gut zu einer gemischten Käseplatte mit würzigem Hart- und Ziegenkäse.

Senfgurken | Klassisch

etwa 6–7 Drahtbügelgläser je 1 l

Insgesamt:
E: 28 g, F: 7 g, Kh: 697 g, kJ: 13595, kcal: 3257

6 kg große, ausgewachsene, feste Gurken
200 g Salz
250 g Perlzwiebeln
1 Stück Ingwer
10 Gewürzkörner
3 Lorbeerblätter
15–20 weiße und schwarze Pfefferkörner
100 g gelbe Senfkörner

Für die Essig-Zucker-Lösung:
1 ½ l Weißweinessig (5 % Säure)
1 l Wasser
600 g Zucker
1 Pck. Einmach-Hilfe

Zubereitungszeit: 50 Minuten, ohne Einleg- und Abkühlzeit
Durchziehzeit: etwa 4 Wochen
Haltbarkeit: kühl und dunkel gestellt etwa 6 Monate

1. Die Gurken schälen, der Länge nach durchschneiden. Die Kerne mit einem Löffel herauskratzen. Die Gurkenhälften in fingerlange Streifen schneiden, mit Salz in eine Schüssel schichten. Die Gurken zugedeckt 12–24 Stunden an einem kühlen Ort stehen lassen. Die Gurkenhälften abtropfen lassen und sorgfältig abtrocknen.

2. Perlzwiebeln abziehen. Ingwer schälen und in Stücke schneiden.

3. Die Gurken mit Zwiebeln, Ingwerstücken, Gewürzkörnern, Lorbeerblättern, weißen und schwarzen Pfefferkörnern und den Senfkörnern in vorbereitete Drahtbügelgläser schichten.

4. Für die Essig-Zucker-Lösung Essig mit Wasser und Zucker in einem Topf zum Kochen bringen. Topf von der Kochstelle nehmen. Die Einmach-Hilfe unterrühren. Dann die Essig-Zucker-Lösung über die Gurken gießen und erkalten lassen.

5. Jeweils Gummiring und Deckel nass auf den gesäuberten Glasrand legen. Die Gläser verschließen.

6. Nach etwa 4 Wochen können die Gurken verwendet werden.

Stachelbeeren, eingekocht I

Gut vorzubereiten

etwa 4 Einkochgläser je 1 l

Insgesamt:
E: 23 g, F: 6 g, Kh: 992 g, kJ: 17918, kcal: 4283

etwa 3 kg unreife, harte Stachelbeeren

Für die Zuckerlösung:
750 g Zucker
1 l Wasser

Zubereitungszeit: 50 Minuten, ohne Abkühlzeit
Haltbarkeit: kühl und dunkel gestellt etwa 1 Jahr

1. Stachelbeeren jeweils von Stiel und Blütenansatz befreien, waschen, gut abtropfen lassen und in vorbereitete Einkochgläser füllen.

2. Zucker mit Wasser zum Kochen bringen, kurz aufkochen und etwas abkühlen lassen. Die Zuckerlösung über die Stachelbeeren gießen, sodass die Stachelbeeren gut mit der Zuckerlösung bedeckt sind.

3. Jeweils Gummiring und Deckel nass auf den gesäuberten Glasrand legen, mit Klammern verschließen.

4. Die Gläser auf einen Auflagenrost in den Einkochtopf stellen. So viel kaltes Wasser hinzugießen, dass die Gläser zu 3/4 im Wasser stehen.

5. Den Topf verschließen. Stachelbeeren etwa 30 Minuten bei etwa 75 °C einkochen.

Stachelbeer-Tonic-Konfitüre I

Mit Alkohol

etwa 7 Gläser je 200 ml

Insgesamt:
E: 6 g, F: 2 g, Kh: 1090 g, kJ: 19386, kcal: 4632

750 g Stachelbeeren (vorbereitet gewogen)
1 Bund Zitronenmelisse
400 ml Tonic Water (Limonade)
1 Beutel Gelfix Classic 1:1 (20 g)
1 kg Zucker
50 ml Gin

Zubereitungszeit: 30 Minuten
Haltbarkeit: kühl und dunkel gestellt 3–4 Monate

1. Stachelbeeren jeweils von Stiel und Blütenansatz befreien. Stachelbeeren waschen, gut abtropfen lassen, halbieren und 750 g abwiegen. Zitronenmelisse abspülen und trocken tupfen. Die Blättchen von den Stängeln zupfen. Blättchen klein schneiden.

2. Stachelbeeren und Tonic Water in einen großen Kochtopf geben. Gelfix Classic zuerst mit 2 Esslöffeln des Zuckers mischen, dann mit den Stachelbeeren gut verrühren.

3. Das Kochgut unter Rühren bei starker Hitze zum Kochen bringen. Sobald alles bei ständigem Rühren sprudelnd kocht, restlichen Zucker und Zitronenmelisse hinzufügen.

4. Alles unter Rühren wieder zum Kochen bringen und unter ständigem Rühren mindestens 3 Minuten sprudelnd kochen lassen. Topf von der Kochstelle nehmen. Gin unterrühren.

5. Das Kochgut eventuell abschäumen und sofort randvoll in vorbereitete Gläser füllen. Gläser mit Twist-off-Deckeln® verschließen, umdrehen und etwa 5 Minuten auf den Deckeln stehen lassen.

Tipp: Wenn Sie lieber eine alkoholfreie Variante haben möchten, können Sie den Gin durch 50 ml mehr Tonic Water ersetzen.

Steckrüben, bäuerliche Art | Preiswert

etwa 4 Einkochgläser je 1 l

Insgesamt:
E: 98 g, F: 493 g, Kh: 37 g, kJ: 22009, kcal: 5262

500 g Bauchspeck
2 kg Steckrüben
2 Zwiebeln
50 ml Speiseöl
2 l heiße Fleischbrühe
Salz, frisch gemahlener Pfeffer
Gemüsebrühe (Instant)
2 EL fein gehackte Petersilie

Zubereitungszeit: 35 Minuten
Haltbarkeit: kühl und dunkel gestellt etwa 9 Monate

1. Bauchspeck in kleine Würfel schneiden. Steckrüben schälen, abspülen, abtropfen lassen und in Stifte schneiden. Dann Bauchspeckwürfel und Steckrübenstifte abwechselnd fest in vorbereitete Einkochgläser schichten und leicht andrücken.

2. Zwiebeln abziehen und in kleine Würfel schneiden. Speiseöl in einem Topf erhitzen, Zwiebelwürfel darin andünsten, Fleischbrühe hinzugießen, zum Kochen bringen und kurz aufkochen lassen. Mit Salz, Pfeffer und Gemüsebrühe würzen und danach die Petersilie unterrühren.

3. Die Brühe über die eingeschichteten Bauchspeckwürfel und Steckrübenstifte gießen, sodass alles reichlich mit der Brühe bedeckt ist.

4. Jeweils Gummiring und Deckel nass auf den gesäuberten Glasrand legen, mit Klammern verschließen.

5. Die Gläser auf einen Auflagenrost in den Einkochtopf stellen. So viel warmes Wasser hinzugießen, dass die Gläser zu ¾ im Wasser stehen.

6. Den Topf verschließen und die Steckrüben etwa 90 Minuten bei etwa 100 °C einkochen.

Tipp: Sie können statt Einkochgläsern auch Gläser mit Twist-off-Deckeln® (Foto) verwenden.

Süße Senfsauce | Schnell – mit Alkohol

etwa 3 Gläser je 200 ml

Insgesamt:
E: 20 g, F: 141 g, Kh: 36 g, kJ: 6637, kcal: 1586

12 EL hausgemachter Senf (Grundrezept Seite 250)
6 EL Reisweinessig
12 EL kalt gepresstes, mildes Olivenöl
6 EL Mirin (japanischer gesüßter Sake [Reiswein])

Zubereitungszeit: 15 Minuten, ohne Durchziehzeit
Haltbarkeit: kühl und dunkel gestellt etwa 1 Jahr

1. Senf in einen Rührbecher geben und mit Handrührgerät mit Rührbesen Essig unterrühren. Olivenöl unter ständigem Schlagen in einem dünnen Strahl einlaufen lassen. Zuletzt Mirin unterrühren.

2. Die Senfsauce in vorbereitete Gläser füllen. Gläser mit Twist-off-Deckeln® verschließen. Senfsauce einige Stunden durchziehen lassen. Vor Gebrauch kräftig schütteln.

Süßkirschkonfitüre | Mit Alkohol

etwa 7 Gläser je 200 ml

Insgesamt:
E: 8 g, F: 3 g, Kh: 1297 g, kJ: 23147, kcal: 5528

900 g Süßkirschen (vorbereitet gewogen)
100 ml schwarzer Johannisbeerlikör (Cassis)
1 Pck. Zitronensäure (5 g)
1 Beutel Gelfix Classic 1:1 (20 g)
1150 g Zucker

Zubereitungszeit: 40 Minuten
Haltbarkeit: kühl und dunkel gestellt etwa 1 Jahr

1. Süßkirschen waschen, abtropfen lassen, entstielen, entsteinen und 900 g abwiegen. Die Hälfte der Kirschen halbieren, zweite Hälfte musig zerkleinern (eventuell mit einem Stabmixer).

2. Die vorbereiteten Kirschen mit Likör und Zitronensäure in einen großen Kochtopf geben. Gelfix Classic zuerst mit 2 Esslöffeln des Zuckers mischen, dann mit der Kirschmasse gut verrühren.

3. Das Kochgut unter Rühren bei starker Hitze zum Kochen bringen. Sobald alles bei ständigem Rühren sprudelnd kocht, restlichen Zucker hinzufügen.

4. Alles unter Rühren wieder zum Kochen bringen und unter ständigem Rühren mindestens 3 Minuten sprudelnd kochen lassen. Danach Topf von der Kochstelle nehmen.

5. Das Kochgut eventuell abschäumen und sofort randvoll in vorbereitete Gläser füllen. Gläser mit Twist-off-Deckeln® verschließen, umdrehen und etwa 5 Minuten auf den Deckeln stehen lassen.

Tipps: Johannisbeerlikör kann durch einen im Handel erhältlichen roten Traubensaft oder andere ungesüßte Fruchtsäfte ersetzt werden. Und anstelle von frischen Früchten können Sie auch tiefgekühlte Früchte verwenden. Gefrorene Früchte abwiegen, auftauen lassen, grob pürieren und den entstehenden Saft bei der Zubereitung mitkochen.

Süß-sauer eingelegte Zucchini mit Curry | Einfach

etwa 3 Drahtbügelgläser je 500 ml (1/2 l)

Insgesamt:
E: 17 g, F: 4 g, Kh: 430 g, kJ: 8179, kcal: 1955

4	*Zucchini*
1	*Zwiebel*
1 gestr. TL	*Salz*
1	*rote Paprikaschote*
700 ml	*Weißweinessig oder weißer Balsamico-Essig*
400 g	*Zucker*
1–2 gestr. TL	*Selleriesalz*
2 TL	*Currypulver (indisch)*

Zubereitungszeit: 20 Minuten
Durchziehzeit: 3–4 Wochen
Haltbarkeit: kühl und dunkel gestellt etwa 6 Monate

1. Zucchini waschen, abtrocknen und die Enden abschneiden. Zucchini in haselnussgroße Würfel schneiden. Zwiebel abziehen und in kleine Würfel schneiden.

2. Zucchini- und Zwiebelwürfel in einer Schüssel mischen, Salz untermengen. Zucchini-Zwiebel-Mischung über Nacht durchziehen lassen.

3. Die Zucchini-Zwiebel-Mischung in ein Sieb geben, unter fließendem kalten Wasser abspülen und gut abtropfen lassen.

4. Paprikaschote halbieren, entstielen, entkernen und die weißen Scheidewände entfernen. Schotenhälften waschen, trocken tupfen und in Streifen schneiden. Zucchini-Zwiebel-Mischung in einer Schüssel mit den Paprikastreifen mischen.

5. Essig, Zucker, Selleriesalz und Currypulver in einem Topf zum Kochen bringen. Die heiße Essig-Zucker-Lösung über die Zucchini-Paprika-Mischung gießen und sofort randvoll in vorbereitete Drahtbügelgläser füllen.

6. Jeweils Gummiring und Deckel nass auf den gesäuberten Glasrand legen. Glas verschließen. Eingelegte Zucchini 3–4 Wochen vor dem Verzehr durchziehen lassen.

Süß-saure Essigbirnen, eingelegt

Mit Alkohol

etwa 3 Gläser je 500 ml (1/2 l)

Insgesamt:
E: 8 g, F: 5 g, Kh: 120 g, kJ: 3598, kcal: 863

1 kg kleine, reife, feste Birnen
Essigwasser

Für die Essiglösung:
1 kleines Stück Ingwer
375 ml (3/8 l) Rotweinessig
375 ml (3/8 l) Rotwein
1 Zimtstange
4 Gewürznelken
4 1/2–5 EL Flüssigsüße
1 Msp. Einmach-Hilfe

Zubereitungszeit: 60 Minuten
Haltbarkeit: kühl und dunkel gestellt etwa 6 Monate

1. Birnen waschen, schälen und die Blütenansätze herausschneiden, die Stiele nicht entfernen. Die Birnen in Essigwasser legen.

2. Für die Essiglösung den Ingwer schälen und in Scheiben schneiden. Mit Rotweinessig, Rotwein, Zimtstange und Nelken in einem Topf zum Kochen bringen, etwa 5 Minuten kochen lassen. Die Flüssigsüße unterrühren.

3. Die Birnen in die Essiglösung geben, zum Kochen bringen und bei schwacher Hitze etwa 10 Minuten kochen lassen. Birnen mit einem Schaumlöffel herausnehmen. In vorbereitete Gläser füllen.

4. Die Essiglösung wieder zum Kochen bringen und Einmach-Hilfe unterrühren. Essiglösung heiß über die Birnen gießen.

5. Die Gläser sofort mit Twist-off-Deckeln® verschließen, umdrehen und etwa 5 Minuten auf den Deckeln stehen lassen.

Süß-saure Rotwein-Pflaumen I

Mit Alkohol

etwa 3 Drahtbügelgläser je 500 ml (1/2 l)

Insgesamt:
E: 9 g, F: 1 g, Kh: 372 g, kJ: 7498, kcal: 1797

1 1/2 kg	*Pflaumen*
100 ml	*Weißweinessig*
100 ml	*Wasser*
1–2	*Gewürznelken*
1–2	*Zimtstangen*
1 Stück	*getrockneter Ingwer*
	Schale von
1/2	*Bio-Zitrone (unbehandelt, ungewachst)*
250 g	*brauner Kandiszucker*
300 ml	*Rotwein*

Zubereitungszeit: 20 Minuten
Haltbarkeit: kühl und dunkel gestellt etwa 6 Monate

1. Pflaumen waschen, gut abtropfen lassen und in vorbereitete Drahtbügelgläser geben.

2. Restliche Zutaten ohne Rotwein in einem Topf zum Kochen bringen. So lange unter Rühren kochen lassen, bis sich der Kandis vollständig aufgelöst hat. Die Gewürze mit einer Schaumkelle aus dem Sud nehmen. Rotwein unterrühren. Den Rotweinsud über die Pflaumen gießen.

3. Jeweils Gummiring und Deckel nass auf den gesäuberten Glasrand legen. Gläser verschließen. Die Gläser auf einen Auflagenrost in den Einkochtopf stellen. So viel kaltes Wasser hinzugießen, dass die Gläser zu 3/4 im Wasser stehen.

4. Den Topf verschließen. Die Pflaumen etwa 30 Minuten bei etwa 75 °C einkochen. Die Gläser herausnehmen und erkalten lassen.

Tipp: Rotwein-Pflaumen zu Wildgerichten reichen.

Süß-saure Soleier | Preiswert

1 Glas etwa 1 l

Insgesamt:
E: 65 g, F: 54 g, Kh: 44 g, kJ: 4163, kcal: 995

8 Eier (Größe M)
Salz

Für die Marinade:
400 ml Wasser
2 gestr. EL Salz
2 EL Senfkörner
100 ml Obstessig
2 EL Rohrzucker
10 weiße Pfefferkörner

Zubereitungszeit: 15 Minuten, ohne Marinierzeit
Haltbarkeit: etwa 6 Tage

1. Die Eier am runden Ende mit einem Eierpick anstechen, in kochendes Salzwasser geben und etwa 7 Minuten kochen lassen. Eier mit einer Schaumkelle herausnehmen und mit kaltem Wasser abschrecken.

2. Für die Marinade Wasser mit Salz, Senfkörnern, Essig, Zucker und Pfefferkörnern aufkochen lassen. Eierschalen rundherum eindrücken. Eier in die Marinade legen und darin mindestens 24 Stunden ziehen lassen, aber nicht länger als 4 Tage.

Tipp: Dazu Vollkornbrot reichen. Die Eier halbieren, mit Senf, Worcestersauce, Essig und Öl servieren.

Thymianöl mit Lavendel I

Zum Verschenken – schnell

1 Flasche etwa 500 ml (1/2 l)

Insgesamt:
E: 0 g, F: 498 g, Kh: 3 g, kJ: 19445, kcal: 4643

3 Stängel Thymian
1 Stängel Lavendel
1 Stängel Lavendel mit Blüte
500 ml (1/2 l) Olivenöl

Zubereitungszeit: 10 Minuten, ohne Trockenzeit
Durchziehzeit: mindestens 2 Wochen
Haltbarkeit: kühl und dunkel gestellt etwa 3 Monate

1. Die Kräuterstängel abspülen und trocken tupfen. Kräuterstängel auf Küchenpapier legen und etwa 3 Tage trocknen lassen.

2. Kräuterstängel in eine vorbereitete Flasche geben. Die Flasche mit Olivenöl auffüllen und verschließen.

3. Thymianöl mindestens 2 Wochen an einem kühlen Ort (Keller) durchziehen lassen.

Tipp: Thymianöl zu Lamm-, Wild- und gegrillten Fischgerichten reichen.

Tomaten in Essig | Gut vorzubereiten

4–5 Gläser je 500 ml (1/2 l)

Insgesamt:
E: 32 g, F: 8 g, Kh: 120 g, kJ: 4008, kcal: 968

2 kg kleine, reife, feste Tomaten

Für die Essiglösung:

4 Schalotten oder kleine Zwiebeln
1 l Weißweinessig
250 ml (1/4 l) Wasser
20 g Salz
20 g Zucker
2 Gewürznelken
20 g Pfefferkörner
20 g Senfkörner
1 Pck. Einmach-Hilfe

Zubereitungszeit: 30 Minuten
Haltbarkeit: kühl und dunkel gestellt etwa 3 Wochen

1. Tomaten gründlich waschen und abtrocknen. Die Tomaten anschließend jeweils 15–20-mal mit einem Holzstäbchen einstechen und danach in vorbereitete Gläser füllen.

2. Für die Essiglösung Schalotten oder Zwiebeln abziehen, zuerst in Scheiben schneiden, dann in Ringe teilen.

3. Essig, Wasser, Salz, Zucker, Gewürznelken, Pfefferkörner, Senfkörner und Schalotten- oder Zwiebelringe in einem Topf zum Kochen bringen. Den Topf von der Kochstelle nehmen. Einmach-Hilfe unterrühren.

4. Die Essiglösung über die Tomaten gießen. Die Gläser mit Twist-off-Deckeln® verschließen.

Tomatenmark, eingekocht

Klassisch

4–5 Einkoch- oder Gläser je 500 ml (1/2 l)

Insgesamt:
E: 48 g, F: 10 g, Kh: 133 g, kJ: 3700, kcal: 900

etwa 5 kg reife Tomaten

Zubereitungszeit: 70 Minuten
Haltbarkeit: kühl und dunkel gestellt etwa 12 Monate

1. Die Tomaten waschen, abtrocknen, halbieren und die Stängelansätze herausschneiden. Die Tomaten in kleine Stücke schneiden, dabei den austretenden Tomatensaft auffangen. Beides in einen großen Topf geben und die Tomatenstücke mit dem Stampfer etwas zerdrücken.

2. Tomatenmasse unter Rühren in einem großen Topf zum Kochen bringen und unter gelegentlichem Rühren etwas einkochen lassen. Den Topf von der Kochstelle nehmen.

3. Tomatenmasse durch ein Sieb in einen Topf oder eine Schüssel streichen (am besten mit dem Passierstab des Handrührgerätes oder mit einem Löffel). Das Tomatenmark in vorbereitete Gläser füllen. Jeweils Gummiring oder Deckel nass auf den gesäuberten Glasrand legen und mit Klammern verschließen. Oder Gläser mit Twist-off-Deckeln® verschließen.

4. Die Gläser auf einen Auflagenrost in den Einkochtopf stellen. So viel heißes Wasser hinzugießen, dass die Gläser zu 3/4 im Wasser stehen.

5. Den Topf verschließen. Tomatenmark etwa 30 Minuten bei etwa 90 °C einkochen.

Tipps: Gutes Gelingen beim Einkochen hängt ab von der Verwendung einwandfreier Zutaten und Sauberkeit bei der Zubereitung. Tomatenmark ist Grundlage für selbstgemachte Tomatensuppen oder -saucen.

Tomaten-Paprika-Ketchup I

Für Kinder

etwa 4 Gläser je 200 ml

Insgesamt:
E: 21 g, F: 5 g, Kh: 167 g, kJ: 3463, kcal: 828

1 kg Fleischtomaten
8 mittelgroße Zwiebeln
100 g Knollensellerie
je 1 große, rote und grüne Paprikaschote (etwa 500 g)
100 g brauner Zucker
1 gestr. EL Salz
1 TL Paprikapulver edelsüß
1 TL Cayennepfeffer
1 TL frisch gemahlener, schwarzer Pfeffer
125 ml (1/8 l) Weißweinessig
2 Msp. Einmach-Hilfe

Zubereitungszeit: 80 Minuten
Haltbarkeit: gekühlt etwa 3 Monate

1. Die Fleischtomaten waschen, abtrocknen und die Stängelansätze herausschneiden. Zwiebeln abziehen. Sellerie putzen, schälen, waschen und abtropfen lassen.

2. Paprikaschoten halbieren, entstielen, entkernen und die weißen Scheidewände entfernen. Schotenhälften waschen und abtropfen lassen.

3. Das vorbereitete Gemüse in Stücke schneiden und in einen Topf geben. Mit Zucker, Salz, Paprika, Cayennepfeffer, Pfeffer und Essig würzen. Die Zutaten zum Kochen bringen und zugedeckt bei mittlerer Hitze etwa 30 Minuten weich dünsten. Dabei ab und zu umrühren.

4. Die Gemüsemasse durch ein feines Sieb in einen Topf streichen (am besten mit dem Passierstab des Handrührgerätes oder mit einem Löffel). Gemüsebrei ohne Deckel erneut zum Kochen bringen und so lange einkochen lassen, bis eine dickliche Masse entstanden ist. Dabei gelegentlich umrühren. Den Topf von der Kochstelle nehmen.

5. Ketchup mit den Gewürzen abschmecken und Einmach-Hilfe unter den heißen Ketchup rühren.

6. Ketchup sofort randvoll in vorbereitete Gläser füllen. Gläser mit Twist-off-Deckeln® verschließen, umdrehen und etwa 5 Minuten auf den Deckeln stehen lassen.

Tipps: Der Ketchup kann auch in Flaschen mit Twist-off-Deckeln® gefüllt und verschlossen werden. Angebrochener Ketchup hält sich im Kühlschrank 8–10 Tage. Wer kein feines Sieb und keinen Passierstab hat, kann die Gemüsemasse auch fein pürieren. Dafür sollten Sie die Fleischtomaten kreuzweise einschneiden und kurz in kochendes Wasser legen. Anschließend in kaltem Wasser abschrecken, enthäuten und Stängelansätze entfernen.

Tomaten-Paprika-Relish I

Gut vorzubereiten

etwa 4 Gläser je 200 ml

Insgesamt:
E: 11 g, F: 3 g, Kh: 283 g, kJ: 5087, kcal: 1214

250 g Tomaten
je 250 g rote und grüne Paprikaschoten
125 g Zwiebeln
250 g Zucker
Salz
1 Msp. gemahlener Ingwer
1 TL Cayennepfeffer
1 Msp. Nelkenpulver
1 TL Paprikapulver edelsüß
10 Pfefferkörner
125 ml (1/8 l) Rotweinessig
gut 1 Msp. Einmach-Hilfe

Zubereitungszeit: 60 Minuten
Haltbarkeit: kühl und dunkel gestellt etwa 6 Monate

1. Tomaten waschen, abtropfen lassen, kreuzweise einschneiden, kurz in kochendes Wasser legen und in kaltem Wasser abschrecken. Tomaten enthäuten, halbieren, entkernen und die Stängelansätze herausschneiden.

2. Paprikaschoten halbieren, entstielen, entkernen und die weißen Scheidewände entfernen. Schoten waschen und abtropfen lassen. Zwiebeln abziehen.

3. Die vorbereiteten Gemüsezutaten grob zerkleinern und in einen Topf geben. Mit Zucker, Salz, Ingwer, Cayennepfeffer, Nelken, Paprika und Pfefferkörnern würzen. Essig hinzugießen. Die Zutaten zum Kochen bringen und 30–45 Minuten dünsten.

4. Das gedünstete Gemüse portionsweise kurz im Mixer pürieren und Einmach-Hilfe unterrühren.

5. Relish sofort randvoll in vorbereitete Gläser füllen. Gläser mit Twist-off-Deckeln® verschließen, umdrehen und etwa 5 Minuten auf den Deckeln stehen lassen.

Tomaten-Pesto | Klassisch

1 Glas etwa 150 ml

Insgesamt:
E: 26 g, F: 133 g, Kh: 40 g, kJ: 6136, kcal: 1466

150 g getrocknete Tomaten in Öl
3 Knoblauchzehen
1 Bund Basilikum
20 g Parmesan-Käse
30 g gehobelte Mandeln
100 ml Olivenöl
Salz
frisch gemahlener Pfeffer

Zubereitungszeit: 20 Minuten
Haltbarkeit: gekühlt etwa 3 Wochen

1. Die Tomaten in einem Sieb abtropfen lassen. Den Knoblauch abziehen und durch eine Knoblauchpresse drücken. Basilikum abspülen und trocken tupfen. Die Blättchen von den Stängeln zupfen. Parmesan-Käse fein reiben.

2. Tomaten, Mandeln und Basilikumblättchen sehr fein hacken oder pürieren und in eine Schüssel geben. Knoblauch, Parmesan-Käse und Olivenöl hinzufügen und untermengen. Mit Salz und Pfeffer würzen.

3. Tomaten-Pesto in ein vorbereitetes Glas füllen. Das Glas mit einem Twist-off-Deckel® verschließen.

Tipp: Tomaten-Pesto passt gut zu Fisch, Fleisch und Gemüse.

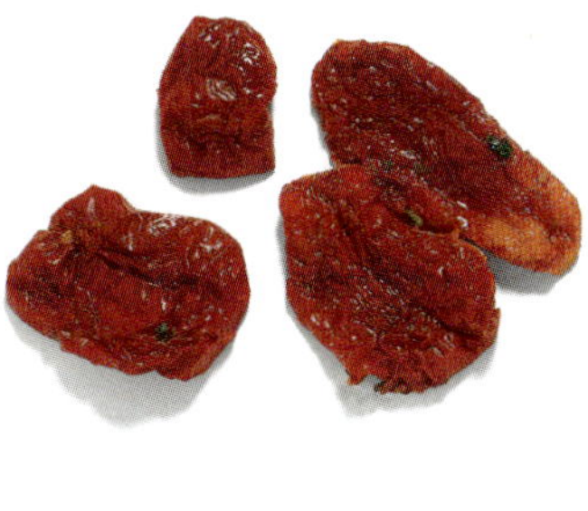

Tomatensauce mit Pfirsichen

Preiswert

6–7 Gläser je 200 ml

Insgesamt:
E: 9 g, F: 2 g, Kh: 349 g, kJ: 6367, kcal: 1507

etwa 2 Pfirsiche
1/2 Bund Frühlingszwiebeln
4 Tomaten
175 ml Kräuteressig
100 ml Apfelsaft (Handelsware)
Currypulver
Paprikapulver edelsüß
1 Prise gemahlener Zimt
1 Prise Salz
frisch gemahlener, schwarzer Pfeffer
75 g Rosinen
1/2 Pck. Extra-Gelierzucker 2:1 (250 g)

Zubereitungszeit: 35 Minuten
Haltbarkeit: gekühlt 4–6 Wochen

1. Pfirsiche waschen, abtrocknen, halbieren und entsteinen. Frühlingszwiebeln putzen, waschen, abtropfen lassen. Tomaten waschen, kreuzweise einschneiden, kurz in kochendes Wasser legen und in kaltem Wasser abschrecken. Tomaten enthäuten, halbieren, entkernen und die Stängelansätze herausschneiden.

2. Die vorbereiteten Zutaten in kleine Stücke oder Würfel schneiden, 700 g abwiegen und in einen Topf geben. Essig, Apfelsaft, Curry- und Paprikapulver, Zimt, Salz, Pfeffer, Rosinen und Gelierzucker hinzufügen. Unter Rühren zum Kochen bringen und etwa 10 Minuten unter gelegentlichem Rühren kochen lassen.

3. Die Tomatensauce sofort randvoll in vorbereitete Gläser füllen, mit Twist-off-Deckeln® verschließen, umdrehen und etwa 5 Minuten auf den Deckeln stehen lassen.

Trauben-Chutney

Gut vorzubereiten – mit Alkohol

4–5 Gläser je 200 ml

Insgesamt:
E: 11 g, F: 6 g, Kh: 669 g, kJ: 13094, kcal: 3127

1 kg	*Weintrauben (weiß, blau oder gemischt)*
125 ml (1/8 l)	*Weißweinessig*
500 ml (1/2 l)	*trockener Weißwein*
500 g	*brauner Zucker*
100 g	*Ingwer*
3	*Gewürznelken*
1 Stück	*Zimtstange*
5	*Pimentkörner*

Zubereitungszeit: 65 Minuten
Haltbarkeit: gekühlt und dunkel gestellt etwa 6 Monate

1. Weintrauben gründlich waschen, abtropfen lassen und entstielen. Die Weintrauben jeweils mehrmals mit einer Nadel einstechen, damit sie später beim Garen nicht platzen.

2. Den Essig mit Wein und Zucker in einem Topf zum Kochen bringen.

3. Ingwer schälen und in Streifen schneiden. Ingwerstreifen mit Nelken, Zimtstange und Pimentkörnern in den Essig-Wein-Sud geben und etwa 15 Minuten kochen lassen.

4. Die vorbereiteten Weintrauben hinzufügen und darin noch weitere etwa 10 Minuten ziehen, nicht kochen lassen.

5. Die Weintrauben mit einem Schaumlöffel herausnehmen und in vorbereitete Gläser füllen.

6. Den Essig-Wein-Sud wieder zum Kochen bringen und einige Minuten sprudelnd kochen lassen.

7. Den Essig-Wein-Sud randvoll über die Weintrauben gießen. Die Gläser sofort mit Twist-off-Deckeln® verschließen.

Tipps: Das Chutney ist fest verschlossen mehrere Monate haltbar. Reichen Sie das Chutney als pikante Beilage zu dunklen Schmorgerichten oder zu Wild.

Ungarischer Gemüsesalat

Preiswert

etwa 5 Gläser je 1 l

Insgesamt:
E: 36 g, F: 6 g, Kh: 354 g, kJ: 7347, kcal: 1756

1 kg grüne Paprikaschoten
1 kg Tomaten
1 kleiner Kopf Weißkohl (etwa 750 g)
1 große Zwiebel
1 Peperoni

Für die Essig-Zucker-Lösung:
1 l Kräuter- oder Weißweinessig
1 ½ l Wasser
250 g Zucker
3 EL schwarze Pfefferkörner
2 Msp. Einmach-Hilfe

Zubereitungszeit: 80 Minuten, ohne Abkühl- und Durchziehzeit
Haltbarkeit: kühl und dunkel gestellt etwa 6 Wochen

1. Paprikaschoten halbieren, entstielen, entkernen und die weißen Scheidewände entfernen. Schotenhälften waschen, abtropfen lassen und in dünne Streifen schneiden.

2. Tomaten waschen, trocken tupfen und die Stängelansätze herausschneiden. Tomaten vierteln.

3. Vom Weißkohl die äußeren, welken Blätter entfernen. Den Kohl achteln und den Strunk herausschneiden. Kohlachtel waschen, abtropfen lassen und in feine Streifen schneiden oder hobeln.

4. Die Zwiebel abziehen, zuerst in dünne Scheiben schneiden, dann in Ringe teilen. Peperoni entstielen, halbieren, entkernen, waschen, trocken tupfen und in dünne Ringe schneiden.

5. Die vorbereiteten Gemüsezutaten in eine Schüssel geben, gut vermengen und in vorbereitete Gläser füllen.

6. Für die Essig-Zucker-Lösung Essig mit Wasser, Zucker und Pfefferkörnern in einem Topf zum Kochen bringen und unter Rühren kochen lassen, bis der Zucker gelöst ist.

7. Die Essig-Zucker-Lösung sofort kochendheiß über die Gemüsezutaten gießen und abkühlen lassen. Die Gläser mit Twist-off-Deckeln® verschließen.

8. Nach 12–24 Stunden die Essig-Zucker-Lösung abgießen, zum Kochen bringen, Einmach-Hilfe unterrühren und wieder über die Gemüsezutaten gießen. Die Gläser nach dem Erkalten wieder mit den Twist-off-Deckeln® verschließen.

Vierfruchtkonfitüre | Beliebt

etwa 5 Gläser je 200 ml

Insgesamt:
E: 10 g, F: 3 g, Kh: 555 g, kJ: 9963, kcal: 2348

250 g Erdbeeren (vorbereitet gewogen)
250 g Johannisbeeren (vorbereitet gewogen)
250 g Himbeeren (vorbereitet gewogen)
250 g Stachelbeeren (vorbereitet gewogen)
1 Pck. Extra Gelierzucker 2:1 (500 g)

Zubereitungszeit: 45 Minuten
Haltbarkeit: kühl und dunkel gestellt etwa 1 Jahr

1. Erdbeeren putzen, waschen, abtropfen lassen, entstielen und in kleine Stücke schneiden. Johannisbeeren waschen und abtropfen lassen. Die Beeren von den Rispen streifen. Himbeeren verlesen, eventuell abspülen und trocken tupfen. Von den Stachelbeeren die Stiele und Blütenansätze entfernen. Die Stachelbeeren waschen, abtropfen lassen und halbieren. Von den vorbereiteten Früchten jeweils 250 g abwiegen.

2. Die Früchte mit Extra Gelierzucker in einem großen Kochtopf gut verrühren. Alles unter Rühren bei starker Hitze zum Kochen bringen und unter ständigem Rühren mindestens 3 Minuten sprudelnd kochen lassen. Topf von der Kochstelle nehmen.

3. Kochgut eventuell abschäumen und sofort randvoll in vorbereitete Gläser füllen. Die Gläser mit Twist-off-Deckeln® verschließen, umdrehen und etwa 5 Minuten auf den Deckeln stehen lassen.

Tipp: Sie können die Konfitüre statt mit Extra Gelierzucker auch mit Gelfix Extra 2:1 und 500 g Zucker oder Gelfix Super 3:1 und 350 g Zucker zubereiten. Bitte beachten Sie jeweils die Packungsanleitung.

Wassermelonen-Pickles | Fruchtig

4–5 Gläser je 500 ml (1/2 l)

Insgesamt:
E: 21 g, F: 9 g, Kh: 1094 g, kJ: 19401, kcal: 4631

1	***Wassermelone (8–9 kg)***
etwa 2 l	***Wasser***
100 g	***Meersalz***
1	***Bio-Zitrone (unbehandelt, ungewachst)***
1 TL	***Gewürznelken***
1 TL	***Pimentkörner***
1 TL	***Senfkörner***
2	***Zimtstangen***
850 g	***Zucker***
250 ml (1/4 l)	***Apfel- oder Sherryessig***

Zubereitungszeit: 40 Minuten, ohne Einlegzeit
Durchziehzeit: 3–4 Wochen
Haltbarkeit: kühl und dunkel gestellt mindestens 6 Monate

1. Die grüne Außenschale der Wassermelone mit einem scharfen Messer dünn abschneiden. Melone halbieren und in etwa 3 cm dicke Scheiben schneiden. Das Fruchtfleisch herausschneiden (Fruchtfleisch essen oder entsaften, es wird nicht mehr benötigt). Die weiße Schale in etwa 3 cm lange Stücke schneiden und beiseitestellen.

2. Wasser in einem Topf mit Meersalz so lange erhitzen, bis das Salz aufgelöst ist. Den Topf von der Kochstelle nehmen. Schalenstücke in das warme Salzwasser geben, über Nacht stehen und durchziehen lassen.

3. Schalenstücke in ein großes Sieb geben, unter fließendem kalten Wasser abspülen und gut abtropfen lassen. Die Schalenstücke wieder in den Topf geben, mit Wasser bedeckt zum Kochen bringen und etwa 20 Minuten bei schwacher Hitze leicht köcheln lassen. Schalenstücke in einem Sieb abtropfen lassen und beiseitestellen.

4. Die Zitrone heiß abwaschen, abtrocknen und in Scheiben schneiden.

5. Nelken, Piment-, Senfkörner und Zimtstangen mit Zucker, Essig und den Zitronenscheiben in einen Topf geben, zum Kochen bringen und etwa 10 Minuten bei schwacher Hitze köcheln lassen. Die beiseitegestellten Schalenstücke hinzugeben, wieder zum Kochen bringen und weitere etwa 8 Minuten bei schwacher Hitze köcheln lassen (ab und zu vorsichtig umrühren), bis die Schalenstücke glasig sind.

6. Dann die heißen Schalenstücke mit dem Kochsud sofort in vorbereitete Gläser füllen und mit Twist-off-Deckeln® verschließen. Wassermelonen-Pickles kühl und dunkel gestellt vor dem Verzehr 3–4 Wochen durchziehen lassen.

Tipp: Wassermelonen-Pickles schmecken zu Geflügel oder Krustenbraten.

Weinbergkonfitüre | Mit Alkohol

etwa 5 Gläser je 200 ml

Insgesamt:
E: 7 g, F: 1 g, Kh: 460 g, kJ: 8301, kcal: 1985

700 g Weinbergpfirsiche (vorbereitet gewogen)
100 ml Weißwein, z. B. Riesling
1 Pck. Dr. Oetker Finesse Geriebene Zitronenschale
200 g blaue Weintrauben (vorbereitet gewogen)
350 g Zucker
1 Beutel Gelfix Super 3:1 (25 g)

Zubereitung: 50 Minuten
Haltbarkeit: kühl und dunkel gestellt etwa 1 Jahr

1. Pfirsiche abspülen, abtropfen lassen und an der Unterseite kreuzweise einschneiden. Pfirsiche kurz in kochendes Wasser legen, herausnehmen und mit kaltem Wasser abschrecken. Die Haut abziehen. Pfirsiche halbieren und entsteinen. 700 g Fruchtfleisch abwiegen und in etwa 1 cm große Würfel schneiden.

2. Die Pfirsichwürfel mit Wein und Zitronenschale in einem großen Kochtopf verrühren.

3. Weintrauben waschen, trocken tupfen, halbieren und entkernen (sehr große Weintrauben vierteln). Die Weintraubenhälften zu den Pfirsichwürfeln in den Topf geben. Zucker mit Gelfix Super verrühren und unter die Fruchtmasse rühren.

4. Die Zutaten unter Rühren bei starker Hitze zum Kochen bringen und unter ständigem Rühren mindestens 3 Minuten sprudelnd kochen lassen. Den Topf von der Kochstelle nehmen.

5. Kochgut eventuell abschäumen und sofort randvoll in vorbereitete Gläser füllen. Gläser mit Twist-off-Deckeln® verschließen, umdrehen und etwa 5 Minuten auf den Deckeln stehen lassen.

6. Gläser während des Erkaltens gelegentlich umdrehen, damit sich die Weintrauben besser verteilen.

Tipp: Die Konfitüre schmeckt gut zu Milchreis und eignet sich als Füllung für Biskuittorten oder -rollen.

Weinbergpfirsich-Konfitüre I

Mit Alkohol

etwa 7 Gläser je 200 ml

Insgesamt:
E: 11 g, F: 1 g, Kh: 598 g, kJ: 11274, kcal: 2665

1 ¼ kg	*Weinbergpfirsiche (vorbereitet gewogen)*
250 ml (¼ l)	*Weißwein, z. B. Riesling*
1 Pck.	*Super Gelierzucker 3:1 (500 g)*
1 Pck.	*Zitronensäure (5 g)*
1 EL	*Zitronenmelisseblättchen, in Streifen geschnitten*

Zubereitungszeit: 40 Minuten
Haltbarkeit: kühl und dunkel gestellt etwa 1 Jahr

1. Pfirsiche abspülen und abtropfen lassen. ⅔ der Pfirsiche an der Unterseite kreuzweise einschneiden. Pfirsiche kurz in kochendes Wasser legen, herausnehmen und mit kaltem Wasser abschrecken. Die Haut abziehen. Alle Pfirsiche halbieren und entsteinen. 1 ¼ kg Fruchtfleisch abwiegen und klein schneiden.

2. Die Pfirsichstücke und Weißwein in einen großen Kochtopf geben, mit Gelierzucker und Zitronensäure gut verrühren.

3. Alles unter Rühren bei starker Hitze zum Kochen bringen und unter ständigem Rühren etwa 2 Minuten sprudelnd kochen lassen. Zitronenmelissestreifen hinzufügen und noch 1 Minute unter Rühren sprudelnd kochen lassen. Topf von der Kochstelle nehmen.

4. Kochgut eventuell abschäumen und sofort randvoll in vorbereitete Gläser füllen. Gläser mit Twist-off-Deckeln® verschließen, umdrehen und etwa 5 Minuten auf den Deckeln stehen lassen. Gläser während des Erkaltens gelegentlich umdrehen, damit sich die Zitronenmelissestreifen besser verteilen.

Tipp: Statt Zitronenmelisse kann auch Pfefferminze genommen werden.

Weinbrandquitten | Mit Alkohol

etwa 6 Gläser je 500 ml (1/2 l)

Insgesamt:
E: 8 g, F: 8 g, Kh: 990 g, kJ: 18632, kcal: 4454

2 kg Quitten

Für die Zuckerlösung:
500 g flüssiger Honig
500 g Zucker
etwa 4 EL Weißweinessig
700 ml Wasser
125 ml (1/8 l) Weinbrand (38 Vol.-%)

Zubereitungszeit: 50 Minuten, ohne Abkühlzeit
Durchziehzeit: etwa 1 Woche
Haltbarkeit: kühl und dunkel gestellt 4–6 Wochen

1. Quitten mit einem Küchentuch abreiben, damit der etwas pelzige Flaum verschwindet. Quitten schälen, halbieren, entkernen und in Scheiben schneiden.

2. Für die Zuckerlösung Honig mit Zucker, Essig und Wasser in einem Topf zum Kochen bringen und kurz aufkochen lassen, bis sich der Zucker vollständig aufgelöst hat.

3. Quittenscheiben hinzufügen, zum Kochen bringen und bei schwacher Hitze 20–30 Minuten ziehen lassen.

4. Quittenscheiben mit einem Schaumlöffel herausnehmen, abtropfen lassen und in vorbereitete Gläser geben.

5. Die Flüssigkeit wieder zum Kochen bringen, dicklich einkochen und anschließend erkalten lassen. Weinbrand unterrühren und über die Quittenscheiben geben.

6. Die Gläser mit Twist-off-Deckeln® verschließen, kalt und dunkel aufbewahren.

Tipp: Noch würziger schmecken die Quitten mit 2 Sternanis und 1 Päckchen Dr. Oetker Finesse Geriebene Zitronenschale.

Weintraubengelee mit Duftrosen I

Mit Alkohol – zum Verschenken

etwa 6 Gläser je 200 ml

Insgesamt:

E: 8 g, F: 3 g, Kh: 673 g, kJ: 12363, kcal: 2918

1 ½ kg	*Weintrauben, z. B. Muskattraube*
250 ml (¼ l)	*Weißwein, z. B. Riesling*
2–3	*Duftrosen, z. B. Augusta Luise oder Sutters Gold (ungespritzt, beim Blumenhändler bestellen oder aus dem eigenen Garten)*
100 g	*Weintrauben (vorbereitet gewogen)*
150 ml	*Weißwein, z. B. Riesling*
1 Pck.	*Super Gelierzucker 3:1 (500 g)*
1 Pck.	*Zitronensäure (5 g)*

Außerdem:

1	*Küchentuch (Mulltuch)*

Zubereitungszeit: 60 Minuten, ohne Abkühl- und Ablaufzeit
Haltbarkeit: kühl und dunkel gestellt 3–4 Monate

1. Weintrauben waschen, abtropfen lassen und entstielen. Weintrauben mit Weißwein in einen Kochtopf geben, zum Kochen bringen und etwa 10 Minuten kochen und erkalten lassen.

2. Ein großes Küchensieb mit einem feuchten Küchentuch (Mulltuch) auslegen, Weintrauben mit dem Saft hineingeben, abtropfen lassen, dabei den Saft auffangen.

3. Anschließend die Weintrauben mit Hilfe des Tuches ausdrücken und ebenfalls den Saft auffangen. 1100 ml Saft abmessen und abkühlen lassen.

4. Die Duftrosen in Blütenblätter zerteilen, waschen und auf Küchenpapier gut abtropfen lassen. Die Weintrauben waschen, gut abtropfen lassen, halbieren, entkernen und 100 g abwiegen.

5. Den abgemessenen Weintraubensaft und Weißwein in einen großen Kochtopf geben, dann mit Super Gelierzucker und Zitronensäure gut verrühren.

6. Alles unter Rühren bei starker Hitze zum Kochen bringen und unter ständigem Rühren etwa 2 Minuten sprudelnd kochen lassen. Weintraubenhälften hinzufügen und nochmals 1 Minute unter ständigem Rühren sprudelnd kochen lassen. Topf von der Kochstelle nehmen. Kochgut eventuell abschäumen.

7. Jeweils 4–5 Rosenblätter in die vorbereiteten Gläser geben und das Kochgut sofort randvoll in die Gläser füllen. Dabei darauf achten, dass in jedem Glas 4–5 Weintraubenhälften sind.

8. Gläser mit Twist-off-Deckeln® verschließen, umdrehen und etwa 5 Minuten auf den Deckeln stehen lassen.

9. Gläser während des Erkaltens gelegentlich umdrehen, damit sich die Weintraubenhälften und die Rosenblätter besser verteilen.

Weintraubengelee mit Minze I

Raffiniert

4–5 Gläser je 200 ml

Insgesamt:
E: 5 g, F: 2 g, Kh: 585 g, kJ: 10325, kcal: 2432

750 g Weintrauben (vorbereitet gewogen)
100 ml Wasser
3–4 Bio-Zitronen (unbehandelt, ungewachst)
1 Pck. Extra Gelierzucker 2:1 (500 g)
3–4 EL gehackte Pfefferminze

Außerdem:
1 Küchentuch (Mulltuch)

Zubereitungszeit: 35 Minuten, ohne Ablaufzeit
Haltbarkeit: kühl und dunkel gestellt 3–4 Monate

1. Die Weintrauben waschen, abtropfen lassen und entstielen. Die Weintrauben in einen Kochtopf geben, zerdrücken (am besten mit einem Stampfer) und mit dem Wasser unter Rühren bis kurz vor dem Kochen erhitzen (nicht kochen).

2. Ein großes Sieb mit einem feuchten Küchentuch (Mulltuch) auslegen. Den Fruchtbrei daraufgeben, damit der Saft ablaufen kann. Den Fruchtbrei mithilfe des Tuches ausdrücken und den Saft ebenfalls auffangen. Von dem Saft 800 ml Saft abmessen (eventuell mit Wasser ergänzen).

3. Zitronen heiß abwaschen, abtrocknen und die Schale abreiben. Zitronen halbieren, den Saft auspressen und 100 ml abmessen.

4. Den Weintraubensaft und die Zitronenschale mit Extra Gelierzucker in einem großen Kochtopf gut verrühren.

5. Alles unter Rühren bei starker Hitze zum Kochen bringen. Unter ständigem Rühren mindestens 3 Minuten sprudelnd kochen lassen. Den Topf von der Kochstelle nehmen (Zitronenschalen eventuell herausnehmen). Zitronensaft und Pfefferminze unterrühren.

6. Das Kochgut eventuell abschäumen und sofort randvoll in vorbereitete Gläser füllen. Gläser mit Twist-off-Deckeln® verschließen, umdrehen und etwa 5 Minuten auf den Deckeln stehen lassen.

Tipp: Die Gläser während des Erkaltens gelegentlich umdrehen, damit sich die Pfefferminze gleichmäßig verteilt.

Weintrauben-Kiwi-Konfitüre I

Mit Alkohol – schnell

etwa 5 Gläser je 200 ml

Insgesamt:
E: 8 g, F: 4 g, Kh: 645 g, kJ: 11601, kcal: 2767

600 g Kiwis (vorbereitet gewogen)
400 g kleine, kernlose Weintrauben (vorbereitet gewogen)
500 g Zucker
1 Beutel Gelfix Extra 2:1 (25 g)
4 EL Zitronensaft
2–3 EL Curaçao

Zubereitungszeit: 30 Minuten
Haltbarkeit: kühl und dunkel gestellt etwa 1 Jahr

1. Kiwis dünn schälen, vierteln, in Scheiben schneiden und 600 g abwiegen. Weintrauben waschen, abtropfen lassen, entstielen und 400 g abwiegen.

2. Kiwischeiben und Weintrauben in einen großen Kochtopf geben. Zucker mit Gelfix Extra mischen, dann mit den Früchten verrühren. Den Zitronensaft unterrühren.

3. Alles unter Rühren bei starker Hitze zum Kochen bringen. Unter ständigem Rühren mindestens 3 Minuten sprudelnd kochen lassen. Den Topf von der Kochstelle nehmen. Curaçao unterrühren.

4. Das Kochgut eventuell abschäumen und sofort randvoll in vorbereitete Gläser füllen. Gläser mit Twist-off-Deckeln® verschließen, umdrehen und etwa 5 Minuten auf den Deckeln stehen lassen.

Weintrauben-Sekt-Konfitüre

Mit Alkohol

etwa 5 Gläser je 200 ml

Insgesamt:
E: 5 g, F: 2 g, Kh: 911 g, kJ: 16047, kcal: 3835

600 g	*kernlose, grüne Weintrauben (vorbereitet gewogen)*
200 ml	*Sekt oder heller Traubensaft (Handelsware)*
1 Pck.	*Zitronensäure (5 g)*
1 Beutel	*Gelfix Classic 1:1 (20 g)*
800 g	*Zucker*

Zubereitungszeit: 25 Minuten
Haltbarkeit: kühl und dunkel gestellt etwa 1 Jahr

1. Weintrauben waschen, abtropfen lassen, halbieren und 600 g abwiegen. Weintrauben, Sekt oder Traubensaft und Zitronensäure in einen großen Kochtopf geben.

2. Gelfix Classic zuerst mit 2 Esslöffeln des Zuckers mischen, dann mit der Fruchtmasse gut verrühren.

3. Das Kochgut unter Rühren bei starker Hitze zum Kochen bringen. Sobald alles bei ständigem Rühren sprudelnd kocht, restlichen Zucker hinzufügen.

4. Alles unter Rühren wieder zum Kochen bringen und unter ständigem Rühren mindestens 3 Minuten sprudelnd kochen lassen. Topf von der Kochstelle nehmen.

5. Das Kochgut eventuell abschäumen und sofort randvoll in vorbereitete Gläser füllen. Gläser mit Twist-off-Deckeln® verschließen, umdrehen und etwa 5 Minuten auf den Deckeln stehen lassen. Gläser während des Erkaltens gelegentlich umdrehen, damit sich die Weintrauben besser verteilen.

Weißer Rumtopf | Gut vorzubereiten

1 Glas etwa 2 l

Insgesamt:
E: 14 g, F: 12 g, Kh: 783 g, kJ: 18696, kcal: 4460

5 Kiwis
300 g Kumquats
1 reife Ananas (etwa 1 kg)
1 große Mango
250 g Lychees (evtl. aus der Dose)
1 Bio-Limette (unbehandelt, ungewachst)
750 ml (3/4 l) weißer Rum
500 g Zucker

Zubereitungszeit: 60 Minuten
Durchziehzeit: etwa 1 Woche
Haltbarkeit: kühl und dunkel gestellt 2–3 Wochen

1. Kiwis dünn schälen und in Scheiben schneiden. Kumquats waschen und trocken tupfen. Kumquats jeweils mehrmals mit einem Holzstäbchen einstechen.

2. Von der Ananas Blatt- und Strunkende entfernen. Dann die schuppige Schale möglichst dick abschneiden, damit die „Augen“ mitentfernt werden. Ananas der Länge nach halbieren und vierteln und jeweils den harten, mittleren Strunk herausschneiden. Das Fruchtfleisch in Stücke schneiden.

3. Mango halbieren. Das Fruchtfleisch in Spalten vom Stein schneiden und schälen. Lychees pellen und die Kerne herauslösen. Lychees aus der Dose in einem Sieb abtropfen lassen. Limette heiß abwaschen, abtrocknen und in Scheiben schneiden.

4. Die vorbereiteten Früchte gemischt in ein vorbereitetes, hohes, verschließbares Glas schichten.

5. Etwa 1/4 des Rums leicht erwärmen, Zucker hinzugeben und unter Rühren auflösen, dann restlichen Rum hinzugießen.

6. Die Früchte mit der Zucker-Rum-Lösung übergießen. Die Früchte müssen ganz von der Flüssigkeit bedeckt sein. Das Glas verschließen und den Rumtopf an einem dunklen, kühlen Ort etwa 1 Woche durchziehen lassen.

Tipp: Die Früchte schmecken gut zu Eis oder mit steif geschlagener Schlagsahne.

Wildsülze in Portweingelee I

Dauert länger – mit Alkohol

etwa 2 Einkochgläser je 500 ml (1/2 l)

Insgesamt:
E: 236 g, F: 40 g, Kh: 40 g, kJ: 8012, kcal: 1916

750 g Wildfleisch, z. B. Reh-, Hirschfleisch (vom Hals oder Blatt)
500 ml (1/2 l) Wasser
250 ml (1/4 l) trockener Weißwein
1 Zwiebel
1 Lorbeerblatt
2 Gewürznelken
5 Pimentkörner
5 Wacholderbeeren
5 schwarze Pfefferkörner
1/2 TL gerebelter Thymian
1/2 TL gerebelter Salbei
einige Rosmarinnadeln
2 Pck. gemahlene Gelatine, weiß
1 EL Weinbrand
125 ml (1/8 l) Portwein
Salz
fisch gemahlener Pfeffer
50 g abgezogene Pistazienkerne

Außerdem:
1 Küchentuch (Mulltuch)

Zubereitungszeit: 30 Minuten ohne Abkühlzeit
Haltbarkeit: kühl und dunkel gestellt etwa 9 Monate, geöffnete Gläser innerhalb 1 Woche verbrauchen

1. Wildfleisch unter fließendem kalten Wasser abspülen und trocken tupfen. Wasser mit Weißwein in einem Topf zum Kochen bringen.

2. Die Zwiebel abziehen, mit Lorbeerblatt und Gewürznelken spicken. Gespickte Zwiebel mit Pimentkörnern, Wacholderbeeren, Pfefferkörnern, Thymian, Salbei und Rosmarinnadeln in die Wein-Flüssigkeit geben. Das Wildfleisch hinzufügen, zum Kochen bringen und zugedeckt etwa 90 Minuten bei schwacher Hitze kochen lassen. Das Wildfleisch ab und zu wenden. Den Topf von der Kochstelle nehmen.

3. Wildfleisch in der Brühe erkalten lassen, herausnehmen und in Würfel schneiden. Die Brühe durch ein Tuch (Mulltuch) gießen und 375 ml (3/8 l) abmessen.

4. Gelatine mit 3 Esslöffeln der Brühe in einem kleinen Topf anrühren und etwa 10 Minuten zum Quellen stehen lassen.

5. Restliche Brühe in einem Topf zum Kochen bringen. Topf von der Kochstelle nehmen und die gequollene Gelatine darin unter Rühren vollständig auflösen. Dann Weinbrand und Portwein unterrühren. Die Brühe kräftig mit Salz und Pfeffer abschmecken.

6. Fleischwürfel mit Pistazienkernen in die vorbereiteten Einkochgläser füllen und mit der Brühe übergießen.

7. Jeweils Gummiring und Deckel nass auf den gesäuberten Glasrand legen, mit Klammern verschließen. Die Gläser auf einen Auflagenrost in den Einkochtopf stellen, so viel kaltes Wasser hinzugießen, dass die Gläser zu 3/4 im Wasser stehen.

8. Den Topf verschließen. Die Wildsülze etwa 45 Minuten bei etwa 100 °C einkochen.

Wodka-Feigen | Für Gäste – mit Alkohol

1 Glas etwa 1 l

Insgesamt:
E: 3 g, F: 1 g, Kh: 91 g, kJ: 6638, kcal: 1596

1 Dose	*Feigen (Abtropfgewicht 425 ml)*
250 ml (1/4 l)	*Wodka*

Zubereitungszeit: 10 Minuten, ohne Durchziehzeit
Haltbarkeit: gekühlt 2–3 Wochen

1. Die Feigen in einem Sieb abtropfen lassen, den Saft dabei auffangen. Anschließend von dem Feigensaft etwa 250 ml (1/4 l) abmessen. Feigensaft mit Wodka mischen.

2. Feigen in ein vorbereitetes Glas geben und mit der Saft-Wodka-Flüssigkeit übergießen.

3. Das Glas mit einem Twist-off-Deckel® verschließen, an einem kühlen Ort über Nacht durchziehen lassen.

4. Feigen mit der Flüssigkeit in Cocktailgläser füllen und servieren.

Tipp: Die Gläser können auch vorbereitet eine Zeit lang stehen und sind dann ein schneller Willkommenstrunk.

Würzig eingelegte Rote Bete I

Dauert länger

etwa 3 Gläser je 500 ml (1/2 l)

Insgesamt:
E: 21 g, F: 7 g, Kh: 163 g, kJ: 3561, kcal: 854

4 große Knollen Rote Bete (etwa 1 kg)
kochendes Salzwasser (auf 1 l Wasser 1 TL Salz)
5 Zwiebeln
2 Lorbeerblätter
12–15 Gewürznelken
12–15 Pimentkörner
1 EL Senfkörner

Für die Essig-Zucker-Lösung:
500 ml (1/2 l) Wasser
75 g Zucker
1 gestr. TL Salz
250 ml (1/4 l) Weißweinessig

Zubereitungszeit: 50 Minuten
Haltbarkeit: kühl und dunkel gestellt etwa 6 Monate

1. Von der Roten Bete Wurzeln und Blätter etwa 3 cm hoch über den Knollen abschneiden. Die Knollen mit der Bürste unter fließendem Wasser säubern, in kochendes Salzwasser geben, zum Kochen bringen und zugedeckt etwa 60 Minuten weich kochen lassen.

2. Die Rote Bete aus dem Kochwasser nehmen, mit kaltem Wasser übergießen, schälen, vierteln und in Scheiben schneiden.

3. Die Zwiebeln abziehen und in Scheiben schneiden. Lorbeerblätter in kleine Stücke brechen.

4. Rote-Bete-Scheiben mit Zwiebelscheiben, Lorbeerblattstückchen, Gewürznelken, Piment- und Senfkörnern gleichmäßig in vorbereitete Gläser schichten.

5. Für die Essig-Zucker-Lösung Wasser mit Zucker und Salz in einem Topf kurz aufkochen lassen. Topf von der Kochstelle nehmen. Anschließend Weißweinessig unterrühren.

6. Die Essig-Zucker-Lösung über die Rote-Bete-Scheiben gießen. Die Gläser sofort mit Twist-off-Deckeln® verschließen, umdrehen und etwa 5 Minuten auf den Deckeln stehen lassen.

Tipp: Zum Häuten der Rote-Bete-Knollen empfiehlt es sich, dünne Gummihandschuhe zu tragen. Ansonsten entfernt man Rote Bete an den Händen mit Zitronensaft.

Würzige Aprikosen | Klassisch

2–3 Gläser je 500 ml (1/2 l)

Insgesamt:
E: 7 g, F: 1 g, Kh: 430 g, kJ: 7611, kcal: 1816

750 g Aprikosen

Für die Essig-Zucker-Lösung:
150 ml Weißweinessig
200 ml Wasser
375 g Zucker
2 gestr. TL Salz
1 Lorbeerblatt
1 Stück Zimtstange
1 TL Korianderkörner
8 Gewürznelken
1 TL Pimentkörner
2 Msp. Einmach-Hilfe

Zubereitungszeit: 35 Minuten
Haltbarkeit: kühl und dunkel gestellt etwa 6 Monate

1. Die Aprikosen waschen, abtrocknen, halbieren und entsteinen. 6 der Steine aufknacken und mit den Aprikosenhälften in vorbereitete Gläser geben.

2. Für die Essig-Zucker-Lösung Essig mit Wasser, Zucker, Salz, Lorbeerblatt, Zimtstange, Korianderkörnern, Gewürznelken und Pimentkörnern in einem Topf zum Kochen bringen. So lange kochen lassen, bis sich der Zucker gelöst hat.

3. Den Topf von der Kochstelle nehmen, Einmach-Hilfe unterrühren. Die Essig-Zucker-Lösung sofort randvoll über die Aprikosenhälften gießen. Die Gläser mit Twist-off-Deckeln® verschließen, umdrehen und etwa 5 Minuten auf den Deckeln stehen lassen.

Würzige Hagebuttenkonfitüre I

Raffiniert

etwa 7 Gläser je 200 ml

Insgesamt:
E: 24 g, F: 5 g, Kh: 1250 g, kJ: 21597, kcal: 5155

1 ½ kg	*Hagebutten*
500 ml (½ l)	*Wasser*
1 Beutel	*Gelfix Classic 1:1 (20 g)*
1150 g	*Zucker*
3	*Gewürznelken*
	Schale von
½	*Bio-Zitrone (unbehandelt, ungewachst)*
½ TL	*gemahlener Zimt*
1–2 EL	*Zitronensaft*

Zubereitungszeit: 50 Minuten, ohne Einweichzeit
Haltbarkeit: kühl und dunkel gestellt 3–4 Monate

1. Am Vorabend Hagebutten waschen, gut abtropfen lassen und putzen. Dafür jeweils die Hagebutte von Stiel und Blüte befreien. Von den geputzten Hagebutten etwa 1,2 kg abwiegen. Die Hagebutten mit dem Wasser in einen Topf geben und über Nacht stehen lassen.

2. Am nächsten Tag die Hagebutten mit dem Wasser zum Kochen bringen und zugedeckt etwa 25 Minuten bei schwacher Hitze weich kochen lassen.

3. Hagebuttenmasse durch ein Sieb streichen (das geht am besten mit dem Passierstab des Handrührgerätes), wobei die Kerne und Härchen zurückbleiben. Von dem so gewonnenen Hagebuttenmark 1 kg abwiegen (eventuell mit Wasser auffüllen).

4. Das Fruchtmark in einen großen Kochtopf geben. Gelfix Classic zuerst mit 2 Esslöffeln des Zuckers mischen und danach mit dem Hagebuttenmark verrühren.

5. Die Fruchtmasse unter Rühren bei starker Hitze zum Kochen bringen. Sobald alles sprudelnd kocht, restlichen Zucker mit Nelken und Zitronenschale hinzufügen.

6. Alles unter Rühren wieder zum Kochen bringen und unter ständigem Rühren mindestens 3 Minuten sprudelnd kochen lassen. Den Topf von der Kochstelle nehmen. Zimt und Zitronensaft gut unterrühren.

7. Das Kochgut eventuell abschäumen und sofort randvoll in vorbereitete Gläser füllen. Gläser mit Twist-off-Deckeln® verschließen, umdrehen und etwa 5 Minuten auf den Deckeln stehen lassen.

Tipps: Im dekorativen Glas ist die Konfitüre ein schönes Geschenk. Die würzige Hagebuttenkonfitüre passt zu Wild- und Fleischgerichten.

Tipp für Eilige: Hagebuttenmark gibt es in gut sortierten Supermärkten oder im Reformhaus fertig zu kaufen.

Würziger Eierlikör I

Klassisch – mit Alkohol

etwa 1,4 l

Insgesamt:
E: 49 g, F: 96 g, Kh: 300 g, kJ: 15290, kcal: 3652

15 Eigelb (Größe M)
300 g feiner Zucker
2 Vanilleschoten
1 Msp. gemahlener Zimt
1 Msp. gemahlener Koriander
0,7 l Weinbrand (40 Vol.-%)

Zubereitungszeit: 30 Minuten
Haltbarkeit: gekühlt etwa 2 Wochen

1. Eigelb und Zucker mit Handrührgerät mit Rührbesen dickcremig schlagen. Vanilleschoten aufschneiden und das Mark herauskratzen.

2. Das Vanillemark mit Zimt und Koriander unter die Eigelbcreme schlagen.

3. Weinbrand nach und nach unterschlagen. Die Masse kurze Zeit stehen lassen und nochmals durchschlagen.

4. Den Eierlikör in vorbereitete Flaschen füllen, verschließen und kalt stellen.

Hinweis: Nur ganz frische Eigelb verwenden, die nicht älter als 5 Tage sind (Legedatum beachten!).

Würziger Johannisbeerlikör I

Fruchtig – mit Alkohol

etwa 1,4 l

Insgesamt:
E: 0 g, F: 0 g, Kh: 195 g, kJ: 9612, kcal: 2297

200 g schwarze Johannisbeeren
1 Stängel Pfefferminze
3 Wacholderbeeren
200 g weißer Kandis
1 gestr. TL Fenchelsamen
1 gestr. TL Anissamen
1 kleines Lorbeerblatt
0,7 l Weizendoppelkorn (38 Vol.-%)

Zubereitungszeit: 20 Minuten
Durchziehzeit: 6–8 Wochen
Haltbarkeit: gekühlt etwa 3 Monate

1. Die Johannisbeeren waschen, abtropfen lassen und von den Rispen streifen. Johannisbeeren in eine vorbereitete, weithalsige Flasche oder ein verschließbares Glas geben.

2. Pfefferminze abspülen und trocken tupfen. Wacholderbeeren zerdrücken. Pfefferminze mit Wacholderbeeren, Kandis, Fenchelsamen, Anissamen und Lorbeerblatt zu den Johannisbeeren geben und mit Korn auffüllen.

3. Die Flasche oder das Glas verschließen und dann 6–8 Wochen durchziehen lassen. Anschließend den Likör durch ein Sieb gießen und in eine vorbereitete Flasche oder Karaffe füllen. Flasche oder Karaffe verschließen und kalt stellen.

Würziges Apfelkompott mit Cidre | Mit Alkohol

etwa 2 Gläser je 400 ml

Insgesamt:
E: 3 g, F: 3 g, Kh: 224 g, kJ: 5110, kcal: 1224

0,7 l	*trockener Cidre*
etwa 1 kg	*süß-saure Äpfel, z. B. Cox Orange*
1	*Bio-Zitrone (unbehandelt, ungewachst)*
etwa 75 g	*Zucker*
1/2 TL	*gemahlener Zimt*
1 Msp.	*frisch geriebene Muskatnuss*

Zubereitungszeit: 20 Minuten
Haltbarkeit: kühl und dunkel gestellt etwa 4 Monate

1. Cidre in einem Topf zum Kochen bringen und ohne Deckel um die Hälfte einkochen lassen.

2. In der Zwischenzeit Äpfel waschen, schälen, vierteln, entkernen und in mundgerechte Stücke schneiden. Zitrone heiß abwaschen, abtrocknen und die Schale abreiben. Zitrone halbieren und den Saft auspressen.

3. Apfelstücke, Zitronenschale und -saft zu der Cidre-Flüssigkeit geben, erneut zum Kochen bringen und zugedeckt etwa 15 Minuten bei schwacher Hitze garen. Dabei ab und zu umrühren. Den Topf von der Kochstelle nehmen.

4. Die Hälfte der Apfelstücke durch eine Flotte Lotte (Passiermühle) passieren oder mit einer Gabel zerdrücken und wieder zurück in den Topf zu den anderen Apfelstücken geben.

5. Mit Zucker abschmecken, Zimt und Muskat unterrühren. Apfelkompott nochmals aufkochen lassen.

6. Heißes Apfelkompott sofort in vorbereitete Gläser füllen. Gläser mit Twist-off-Deckeln® verschließen, umdrehen und etwa 5 Minuten auf den Deckeln stehen lassen.

Tipp: Apfelkompott zu Reibekuchen servieren oder als pikanten Nachtisch.

Würziges Kirschgelee | Raffiniert

etwa 5 Gläser je 200 ml

Insgesamt:
E: 7 g, F: 3 g, Kh: 609 g, kJ: 10899, kcal: 2570

900 ml Sauerkirschsaft (ungesüßt, von etwa 1 1/2 kg Sauerkirschen)
2 Pck. Dr. Oetker Vanillin-Zucker
1 Pck. Zitronensäure (5 g)
1 Msp. gemahlener Zimt
1–2 Lorbeerblätter
1 Pck. Extra Gelierzucker 2:1 (500 g)

Zubereitungszeit: 15 Minuten, ohne Abkühl- und Entsaftungszeit
Haltbarkeit: kühl und dunkel gestellt 3–4 Monate

1. Sauerkirschen waschen, abtropfen lassen, entstielen, entsteinen und mithilfe eines Schnellkochtopfes oder Dampfentsafters entsaften (Gebrauchsanleitung des Geräteherstellers beachten). Saft abkühlen lassen und 900 ml abmessen.

2. Kirschsaft mit Vanillin-Zucker, Zitronensäure, Zimt und Lorbeerblättern in einem Kochtopf mit Extra Gelierzucker gut verrühren.

3. Alles unter Rühren bei starker Hitze zum Kochen bringen und unter ständigem Rühren mindestens 3 Minuten sprudelnd kochen lassen. Topf von der Kochstelle nehmen. Lorbeerblätter entfernen.

4. Kochgut eventuell abschäumen und sofort randvoll in vorbereitete Gläser füllen. Gläser mit Twist-off-Deckeln® verschließen, umdrehen und etwa 5 Minuten auf den Deckeln stehen lassen.

Tipp: Die Haltbarkeit wird durch die Zugabe der Gewürze verkürzt.

Würziges Kompott aus Birnen und Karotten | Raffiniert

3–4 Gläser je 500 ml (1/2 l) oder
2–3 Gläser je 750 ml (3/4 l)

Insgesamt:
E: 6 g, F: 3 g, Kh: 893 g, kJ: 15188, kcal: 3628

1 kg reife Birnen
800 g Zucker
500 ml (1/2 l) Wasser
4–6 Lorbeerblätter
2 Zimtstangen
200 g Möhren
1 TL rote Pfefferbeeren

Zubereitungszeit: 25 Minuten, ohne Durchziehzeit
Haltbarkeit: kühl und dunkel gestellt 3–4 Monate

1. Birnen waschen, schälen, vierteln und entkernen. Dabei darauf achten, dass jeweils der Stiel an den Birnen bleibt.

2. Zucker und Wasser zu einem Sirup einkochen. Dafür Zucker und Wasser in einem Topf langsam erhitzen, dabei ab und zu umrühren. Bevor der Sirup aufkocht, muss sich der Zucker aufgelöst haben, da der Sirup sonst trüb wird. Sobald sich der Zucker aufgelöst hat, nicht mehr rühren und die Zuckerlösung zum Kochen bringen. (Der Sirup ist fertig, wenn er kleine Blasen wirft und an der Oberfläche ein „Netz" bildet.) Den Topf von der Kochstelle nehmen.

3. Vorbereitete Birnenviertel, Lorbeerblätter und Zimtstangen hinzugeben und in dem Sirup etwa 12 Stunden ziehen lassen. Birnenviertel dafür kalt stellen und ab und zu wenden.

4. Die Birnenviertel mit den Gewürzen und dem Sirup in dem Topf nochmals unter vorsichtigem Rühren aufkochen lassen. Den Topf von der Kochstelle nehmen. Die Birnenmasse erneut etwa 24 Stunden kalt gestellt ziehen lassen.

5. Am nächsten Tag Möhren putzen, schälen, abspülen, trocken tupfen und in etwa 1 cm dicke Scheiben schneiden. Möhrenscheiben und Pfefferbeeren zu der Birnenmasse geben. Nochmals unter Schwenken 10–15 Minuten bei schwacher bis mittlerer Hitze köcheln lassen. Nach Belieben Lorbeerblätter und Zimtstangen entfernen.

6. Birnenviertel, Möhrenscheiben und Pfefferbeeren mit einem Schaumlöffel aus dem Sud herausnehmen und in vorbereitete Gläser geben. Den heißen Sud hinzugießen, sodass alles reichlich mit dem Sud bedeckt ist.

7. Gläser mit Twist-off-Deckeln® verschließen, umdrehen und etwa 5 Minuten auf den Deckeln stehen lassen.

Tipp: Das Kompott braucht Zeit: Planen Sie etwa 3 Tage ein, bis das Kompott im Glas ist.

Würziges Winterkompott I

Raffiniert – mit Alkohol

etwa 4 Einkochgläser je 500 ml (1/2 l)

Insgesamt:
E: 19 g, F: 7 g, Kh: 684 g, kJ: 13530, kcal: 3226

1 kg feste, saure Äpfel
750 ml (3/4 l) Wasser
Saft von
1 Zitrone
1 EL Weißweinessig
3–4 Orangen
250 g getrocknete Aprikosen

Für die Zuckerlösung:
400 g Zucker
1 Zimtstange
2 TL gemahlene Nelken
100 ml Orangenlikör

Zubereitungszeit: 75 Minuten, ohne Abkühl- und Durchziehzeit
Haltbarkeit: kühl und dunkel gestellt etwa 12 Monate

1. Am Vortag Äpfel waschen, schälen, halbieren, entkernen und in Stücke schneiden.

2. Wasser mit Zitronensaft und Essig in einem Topf zum Kochen bringen. Apfelstücke portionsweise hinzugeben, zum Kochen bringen und etwa 1 Minute kochen lassen. Apfelmasse in ein Sieb geben und die Kochflüssigkeit auffangen.

3. Orangen so schälen, dass die weiße Haut vollständig entfernt wird. Orangen filetieren. Orangenfilets mit den Apfelstücken und Aprikosen vermengen.

4. Für die Zuckerlösung den Zucker mit der aufgefangenen Kochflüssigkeit, der Zimtstange und Nelken in einem Topf zum Kochen bringen und kurz aufkochen lassen, bis sich der Zucker vollständig aufgelöst hat. Den Topf von der Kochstelle nehmen. Die Zuckerlösung abkühlen lassen, über die Früchte geben und zugedeckt 12–24 Stunden durchziehen lassen.

5. Am nächsten Tag die Früchte mit einem Schaumlöffel aus der Zuckerlösung nehmen und in vorbereitete Einkochgläser füllen. Die Zuckerlösung mit Orangenlikör verrühren und über die Früchte gießen, sodass die Früchte reichlich mit der Zuckerlösung bedeckt sind.

6. Jeweils Gummiring und Deckel nass auf den gesäuberten Glasrand legen, mit Klammern verschließen. Gläser auf einen Auflagenrost in den Einkochtopf stellen. So viel kaltes Wasser hinzugießen, dass die Gläser zu 3/4 im Wasser stehen.

7. Den Topf verschließen. Das Kompott etwa 30 Minuten bei etwa 90 °C einkochen.

Ziegenkäse, mariniert | Mit Alkohol

etwa 3 Drahtbügelgläser je 200 ml

Insgesamt:
E: 42 g, F: 291 g, Kh: 37 g, kJ: 13106, kcal: 3129

250 ml (1/4 l) Olivenöl
200 ml Weißwein
3 Knoblauchzehen
10 Champignons
2 kleine Zweige Rosmarin
1 rote Pfefferschote
10 grüne Oliven
4 kleine Ziegenkäse

Zubereitungszeit: 20 Minuten
Durchziehzeit: mindestens 24 Stunden
Haltbarkeit: kühl und dunkel gestellt etwa 2 Monate

1. Olivenöl mit Wein verrühren. Knoblauch abziehen und eventuell halbieren. Champignons putzen, mit Küchenpapier abreiben, eventuell abspülen und trocken tupfen.

2. Rosmarin abspülen und trocken tupfen. Pfefferschote halbieren, entkernen, abspülen, trocken tupfen und in Ringe schneiden.

3. Knoblauch, Champignons, Rosmarin, Pfefferschotenringe, Oliven und Ziegenkäse in vorbereitete Gläser geben, mit der Öl-Wein-Mischung übergießen.

4. Jeweils Gummiring und Deckel nass auf den gesäuberten Glasrand legen. Drahtbügelgläser gut verschließen.

5. Den Ziegenkäse mindestens 24 Stunden durchziehen lassen.

Ziegenkäse und Kräuter in Olivenöl | Raffiniert

etwa 3 Gläser je 200 ml

Insgesamt:
E: 118 g, F: 480 g, Kh: 3 g, kJ: 19563, kcal: 4689

3 frische Zweige Thymian
1 frischer Zweig Rosmarin
3 kleine Knoblauchzehen
6 Ziegenkäse, z. B. Crottin de Chavignol (je 60–75 g)
3 kleine Lorbeerblätter
6 schwarze Pfefferkörner
etwa 350 ml kalt gepresstes Olivenöl

Zubereitungszeit: 20 Minuten
Durchziehzeit: mindestens 1–2 Wochen
Haltbarkeit: kühl und dunkel gestellt etwa 2 Monate

1. Thymian und Rosmarin abspülen und trocken tupfen. Knoblauch abziehen.

2. Ziegenkäse, Lorbeerblätter, Kräuterzweige, Knoblauch und Pfefferkörner in vorbereitete Gläser geben, mit so viel Olivenöl übergießen, dass der Ziegenkäse jeweils gut bedeckt ist.

3. Gläser mit Twist-off-Deckeln® verschließen, kalt und dunkel gestellt mindestens 1–2 Wochen vor dem Verzehr durchziehen lassen. Ziegenkäse nach dem Öffnen innerhalb von etwa 6 Wochen verbrauchen.

Zitronengelee mit Schale | Raffiniert

etwa 6 Gläser je 200 ml

Insgesamt:
E: 0 g, F: 0 g, Kh: 1166 g, kJ: 20448, kcal: 4889

30 g Zitronenschale (von 2–3 Bio-Zitronen [unbehandelt, ungewachst], vorbereitet gewogen)
850 ml Zitronensaft (von etwa 18 Zitronen)
1 Beutel Gelfix Classic 1:1 (20 g)
1 kg Zucker

Zubereitungszeit: 25 Minuten
Haltbarkeit: kühl und dunkel gestellt etwa 1 Jahr

1. Bio-Zitronen heiß abwaschen, abtrocknen und mit einem Zestenreißer die Schale abziehen. Oder die Zitronen dünn schälen, Schale in sehr feine Streifen schneiden und 30 g abwiegen. Alle Zitronen auspressen und 850 ml Saft abmessen.

2. Zitronensaft und -schale in einen großen Kochtopf geben. Gelfix Classic zuerst mit 2 Esslöffeln des Zuckers mischen, dann mit dem Zitronensaft verrühren.

3. Die Zutaten unter Rühren bei starker Hitze zum Kochen bringen. Sobald alles bei ständigem Rühren sprudelnd kocht, restlichen Zucker hinzufügen. Alles unter Rühren wieder zum Kochen bringen und unter ständigem Rühren mindestens 3 Minuten sprudelnd kochen lassen. Anschließend den Topf von der Kochstelle nehmen.

4. Das Kochgut eventuell abschäumen und sofort randvoll in vorbereitete Gläser füllen. Gläser mit Twist-off-Deckeln® verschließen, umdrehen und etwa 5 Minuten auf den Deckeln stehen lassen.

Tipp: Gläser während des Erkaltens gelegentlich umdrehen, damit sich die Zitronenschale besser verteilt.

Variante 1: Zitronen-Minz-Gelee. Um dem Gelee eine frische Note zu verleihen, können Sie nach 2 Minuten Kochzeit 1 gehäuften Esslöffel gehackte Minze hinzufügen und noch 1 Minute mitkochen lassen.

Variante 2: Zitronen-Limetten-Gelee. Ersetzen Sie die Zitronenschale durch die Zesten von 1 Bio-Limette (unbehandelt, ungewachst). Reduzieren Sie den Zitronensaft um 40 ml und ersetzen Sie ihn durch den ausgepressten Saft der Limette.

Zitrusfrüchte, eingelegt | Raffiniert

etwa 2 Gläser je 400 ml

Insgesamt:
E: 6 g, F: 254 g, Kh: 59 g, kJ: 10749, kcal: 2568

1–2 Bio-Limetten (etwa 120 g, unbehandelt, ungewachst)
1–2 Bio-Zitronen (etwa 150 g, unbehandelt, ungewachst)
1–2 kleine Bio-Orangen (etwa 225 g, unbehandelt, ungewachst)
5 Limequats (etwa 75 g, unbehandelt)
5 Kumquats (etwa 75 g, unbehandelt)
50 g grobes Salz
½ kleines Bund Zitronenthymian
einige Zweige Rosmarin
250 ml (¼ l) Olivenöl
½ EL rosa Pfefferbeeren

Zubereitungszeit: 30 Minuten, ohne Einlegzeit
Durchziehzeit: etwa 10 Tage
Haltbarkeit: kühl und dunkel gestellt etwa 6 Monate

1. Die Limetten, Zitronen und Orangen heiß abwaschen, abtrocknen und in etwa ½ cm dicke Scheiben schneiden oder nach Belieben vierteln oder achteln. Limequats und Kumquats ebenfalls gründlich waschen, abtrocknen und halbieren.

2. Die Fruchtstücke in ein hohes Gefäß schichten, dabei jede Schicht mit Salz bestreuen. Das Gefäß mit Frischhaltefolie zudecken. Die Fruchtstücke etwa 15 Stunden durchziehen lassen.

3. Die Fruchtstücke in ein Sieb geben, gut abtropfen lassen, auf ein Backblech geben, mit Küchenpapier trocken tupfen und in vorbereitete Gläser schichten.

4. Thymian und Rosmarin abspülen, trocken tupfen. Das Olivenöl mit Pfefferbeeren, Thymian und Rosmarin mischen. Die eingeschichteten Zitrusfrüchte mit dem Olivenöl auffüllen, mit Frischhaltefolie (ohne Deckel) zudecken, dunkel und kalt gestellt etwa 10 Tage vor dem Verzehr durchziehen lassen.

Tipps: Nach Entnahme einzelner Fruchtstücke darauf achten, dass die restlichen Fruchtstücke immer mit Olivenöl bedeckt sind. Reichen Sie die eingelegten Zitrusfrüchte zu gegrilltem Fleisch und Fisch oder als fruchtige Beilage zu Salaten. Das Olivenöl kann z. B. für Salatsaucen verwendet werden.

Zucchini, süß-sauer | Raffiniert

1 Drahtbügelglas etwa 1 l

Insgesamt:
E: 28 g, F: 6 g, Kh: 341 g, kJ: 6643, kcal: 1589

750 g kleine Zucchini (vorbereitet gewogen)
300 g Silberzwiebeln (vorbereitet gewogen)
1 Bund Dill
325 ml Weißweinessig
325 ml Wasser
275 g Zucker
1 1/2 gestr. EL Salz
1 EL Senfkörner
2 Msp. Einmach-Hilfe

Zubereitungszeit: 45 Minuten
Haltbarkeit: kühl und dunkel gestellt etwa 6 Monate

1. Zucchini waschen, abtrocknen und die Enden abschneiden. Zucchini längs halbieren und in etwa 1/2 cm dicke Scheiben schneiden. Silberzwiebeln abziehen. Dill abspülen und trocken tupfen.

2. Essig, Wasser, Zucker und Salz in einem Topf zum Kochen bringen, bis sich der Zucker vollständig aufgelöst hat. Silberzwiebeln hinzufügen, zum Kochen bringen und etwa 5 Minuten kochen. Zucchinischeiben hinzugeben und einmal aufkochen lassen.

3. Das Gemüse mit einer Schaumkelle aus der Kochflüssigkeit nehmen, mit Senfkörnern und Dill in ein vorbereitetes Drahtbügelglas geben.

4. Die Kochflüssigkeit nochmals aufkochen lassen. Den Topf von Kochstelle nehmen. Einmach-Hilfe unterrühren und die Flüssigkeit über das Gemüse gießen (mit Glasteller beschweren).

5. Gummiring und Deckel nass auf den gesäuberten Glasrand legen. Glas verschließen.

Zwiebelchen, süß-sauer I

Für Gäste – mit Alkohol

etwa 2 Drahtbügelgläser je 500 ml (1/2 l)

Insgesamt:
E: 6 g, F: 1 g, Kh: 127 g, kJ: 2568, kcal: 612

100 ml	*Weißwein*
100 ml	*Weißweinessig*
100 g	*brauner Rohrzucker*
10 g	*Senfkörner*
1	*Lorbeerblatt*
2	*Pimentkörner*
4	*Pfefferkörner*
1	*Wacholderbeere*
1	*Sternanis*
1/2 TL	*gemahlener Ingwer*
etwa 300 g	*kleine Zwiebeln*

Zubereitungszeit: 35 Minuten
Durchziehzeit: etwa 1 Woche
Haltbarkeit: kühl und dunkel gestellt etwa 2 Monate

1. Wein, Essig, Rohrzucker, Senfkörner, Lorbeerblatt, Pimentkörner, Wacholderbeere, Sternanis und Ingwer in einem Topf zum Kochen bringen und zu einem Sud einkochen lassen.

2. Zwiebeln abziehen, in den Sud geben, zum Kochen bringen und 8–12 Minuten (je nach Größe) kochen lassen.

3. Zwiebeln mit dem Sud in vorbereitete Drahtbügelgläser füllen. Jeweils Gummiring und Deckel nass auf den gesäuberten Glasrand legen. Gläser verschließen.

4. Die Zwiebelchen etwa 1 Woche durchziehen lassen.

Tipps und Tricks zum Einkochen (Sterilisieren)

Eingekochtes Obst und Gemüse hält sich teilweise über Jahre hinweg. Das ist der große Vorteil. Allerdings: Das hitzeempfindliche Vitamin C beispielsweise geht beim Einkochen nahezu vollständig verloren. Auch Farbstoffe und lichtempfindliche Vitamine verflüchtigen sich langsam während der Lagerung. Zucker muss nicht unbedingt rein ins Glas, allerdings hält das Eingemachte ohne ihn nicht ganz so lang.

Beim Sterilisieren wird fäulnis- und krankheitserregenden Mikroorganismen durch eine Temperatur von etwa 100 °C der Garaus gemacht. Denn nicht nur das Eingemachte, auch die Luft im Glas erwärmt sich und entweicht. Beim Abkühlen entsteht ein Unterdruck, der den Deckel fest auf den Glasrand drückt und neue Keime daran hindert hindurchzuschlüpfen.

So wird es gemacht:

Kaufen und verarbeiten Sie nur Lebensmittel von höchster Qualität, dann haben Sie die Gewähr, dass das Eingemachte köstlich schmeckt und lange haltbar ist. Obst und Gemüse sollten wenn möglich kaum oder gar nicht mit chemischen Mitteln behandelt sein.

Sortieren Sie Obst und Gemüse sorgfältig aus. Druckstellen und braune Stellen müssen großzügig ausgeschnitten werden. Auch Angeschimmeltes darf nicht verarbeitet werden. Kann das Einkochgut erst am nächsten Tag verarbeitet werden, legen Sie es in einem kühlen Raum in großen Abständen aus.

Obst und Gemüse so vorbereiten (siehe Rezeptbeschreibung), wie es später verwendet werden soll: Zwetschen beispielsweise entsteinen und mit den typischen Einschnitten versehen. Bohnen putzen, waschen und in mundgerechte Stücke schneiden oder brechen.

Prüfen Sie Einmachgläser (gibt es in verschieden Größen) vor dem Einfüllen und sortieren Sie angeschlagene Gläser aus. Streichen Sie mit einer Fingerkuppe langsam über den Glas- und Deckelrand. Spüren Sie schadhafte Stellen, so dürfen Sie diese Gläser und Deckel nicht mehr benutzen, da sie nicht mehr luftdicht verschlossen werden, und beim Einfüllen von heißen Speisen sowie beim Sterilisieren sogar platzen könnten.

Spülen Sie die Gläser und Deckel mit sehr heißem Wasser aus und lassen Sie sie umgedreht auf einem sauberen Küchentuch abtropfen. Gummiringe werden in kochendes Wasser getaucht und darin bis zum Gebrauch aufbewahrt. Vor dem Auflegen müssen sie auf Risse überprüft werden, denn nur einwandfreie Gummiringe gewährleisten einen sicheren Verschluss. Ideal ist es, wenn Sie jeden Gummiring nur einmal verwenden.

Das Obst und Gemüse nur bis 2 cm unter den Glasrand einfüllen. Danach Obst mit Zuckerwasser, Gemüse mit Salzwasser übergießen (für süßes Obst werden etwa 200 g, für saures Obst etwa 400 g Zucker je 1 l Wasser aufgekocht und nach dem Erkalten in die mit Obst gefüllten Gläser gegossen).

Tipp: Die Zuckermenge richtet sich immer nach dem eigenen Geschmack! Für ein 1-Liter-Einmachglas benötigt man etwa 500 ml (½ l) Zuckerlösung.

Wichtig: Gläser mit kaltem Inhalt werden stets mit kalter Flüssigkeit aufgesetzt, Gläser mit heißem Inhalt mit heißer Flüssigkeit. Der Grund: Wird bei kaltem Inhalt heiße Flüssigkeit zugegossen, so erreicht das Kochwasser zu früh die erforderlichen Temperaturen. Gleichzeitig ist der Glasinhalt noch nicht genügend erhitzt. Das führt dazu, dass die vorgeschriebene Einkochdauer nicht richtig eingehalten wird.

Tabelle 1: Beispiele für das Einkochen im Einkochautomat

Sorte	Zuckerlösung g/1 Liter	Einkochzeit in Minuten	Temperatur in °C
Obst			
Birnen weich/hart	400	30/80	90
Aprikosen	200	30	85
Kirschen, sauer	400	25–30	80
Kirschen, süß	200	25–30	80
Apfelmus	–	30	90
Pfirsiche	300	30	85
Mirabellen	300	30	85
Gemüse			
Bohnen	Salzwasser	120	100
Spargel	Salzwasser	120	100
Gewürzgurken	Essigsud	30	85
Tomaten(mark)	–	30	90
Fleisch			
Braten, im Stück gebraten	–	85	100
Fleischbrühe	–	60	100
Gulasch, durchgebraten	–	75	100
Wurstmasse, Hackfleisch (roh)	–	110	100

Falls Sie heißes Einkochgut einfüllen (z. B. Apfelmus), sollten Sie die Einkochgläser vor dem Einfüllen auf ein nasses Tuch stellen, damit sie nicht zerspringen. Füllen Sie Apfelmus und andere Breie nur bis etwa 4 cm unter den Glasrand ein, da sie sich beim Einkochen etwas ausdehnen. Das gilt auch für nachquellendes Einkochgut (z. B. Kuchenteig) – hier darf das Glas nur bis zur Hälfte gefüllt werden (Rezeptangaben beachten).

Nach dem Einfüllen wischen Sie den Glasrand mit einem sauberen, in heißes Wasser getauchten Lappen gründlich ab. Anschließend legen Sie den feuchten Gummiring und den Deckel darauf. Achten Sie darauf, dass der Gummiring nicht verdreht oder schief aufliegt. Zum Schluss verschließen Sie das Glas mit den passenden Klammern.

Die verschlossenen Gläser für längere Zeit in kochendes Wasser stellen: 10 Minuten in den Dampfdrucktopf, ½ Stunde und mehr in spezielle Einmachkessel (Einkochautomat), bis zu 2 Stunden im Backofen (jeweils die Angaben des Herstellers beachten). Wie lange erhitzt werden muss, ist u. a. vom Inhalt abhängig. Gemüse benötigt meist mehr Zeit als Obst.
Wichtig: Die Gläser sollten sich möglichst nicht berühren.

Sie können Obst und Gemüse in Gläsern auch im Ofen mit heißer Luft sterilisieren. Dafür werden 6 Gläser gleicher Größe mit gleichem Inhalt in die mit 1 cm Wasser gefüllte Fettpfanne gestellt (sie dürfen sich nicht berühren). Wenn keine Herstellerangaben vorliegen, dann auf 180 °C einstellen. Wenn es in den Gläsern perlt (nach etwa 40–70 Minuten), wird der Backofen ausgeschaltet. Die Gläser bleiben noch ½ Stunde bei geschlossener Tür im Backofen stehen.

Praktisch ist ein Einkochautomat zum Einkochen. Hierfür die Einmachgläser auf das Drahtgitter des elektrischen Einkochtopfes stellen. Den Einkochtopf mit so viel Wasser füllen, dass die Gläser zu ¾ im Wasser stehen. Sollten Sie viele Gläser auf einmal einkochen, so können Sie auch jeweils 2 Gläser übereinander in den Einkochautomaten stellen. Die oberen Gläser sollten dann zu maximal ¾ im Wasser stehen.

Nach Ablauf der Einkochzeit werden die Gläser sofort aus dem Topf oder Backofen gehoben und auf eine nicht zu kalte Unterlage gestellt (ideal ist ein Holzbrett, das mit einem Tuch bedeckt ist). Lassen Sie das Eingemachte niemals im Wasserbad erkalten, da sich dadurch die Einkochzeit verlängert und das Eingemachte verkocht.

Bis zum vollständigen Erkalten müssen die Klammern auf den Gläsern bleiben. Anschließend nehmen Sie die Klammern ab. Dabei prüfen Sie durch leichtes Anfassen des Deckels, ob die Gläser fest verschlossen sind. Wenn Sie die Klammern auf den Gläsern lassen, verhindern Sie das selbstständige Aufgehen der Gläser, das anzeigt, ob der Inhalt verdorben ist.

Ganz wichtig: Kontrollieren Sie in regelmäßigen Abständen die Einmachgläser auf ihren sicheren Verschluss. Geht ein Glas von selbst auf, so ist dies immer ein Zeichen, dass das Eingemachte verdirbt und in Gärung übergeht. Regel: Wenn der Deckel auf dem Einmachglas nicht hält oder wenn beim Öffnen Gas herauszischt, dann gibt es nur eins: Wegwerfen!

Eingemachtes wird bis zum Verzehr kühl und dunkel aufbewahrt. Geöffnete Gläser müssen innerhalb kurzer Zeit (2–3 Tage) verzehrt werden.

Bildet sich an den Innenseiten der Glasdeckel ein weißer Belag, so ist dieser unbedenklich. Er entsteht meist durch die sich auflösende Wachsschicht, mit der einige Obstsorten wie Zwetschen, Renekloden oder Mirabellen umgeben sind.

Zum Öffnen der Einmachgläser fassen Sie die überstehende Lasche des Gummiringes und ziehen diese seitlich heraus. Nun dringt Luft in das Glas, der Unterdruck wird aufgehoben und der Deckel lässt sich leicht abnehmen. Benutzen Sie keine scharfen Messer, wenn sich ein Glas nicht öffnen lässt.

Tipp: Spannen Sie drei oder vier Klammern über das Glas und stellen Sie es umgedreht für einige Minuten in heißes Wasser.

Tipps und Tricks zum heiß Einfüllen (Pasteurisieren)

Konfitüren, Marmeladen und Gelees

Haben Sie eine Lieblingsrezeptur für Konfitüre, Marmelade & Co.? Dann können Sie diese nach traditioneller Art im Kochtopf auch schnell und einfach selber machen. Hierzu können Sie auf die zuckersparenden Extra und Super Gelierzucker zurückgreifen. Beide Produkte werden zu je 500 g angeboten. Auf den Packungen finden Sie die Angabe 2:1 bei Extra und 3:1 bei Super Gelierzucker. Diese spiegeln jeweils das bei der Zubereitung eingesetzte Verhältnis von Früchten zu Zucker wider. Im Vergleich zu den meisten Fertigkonfitüren, die häufig einen hohen Zuckergehalt haben, können Sie so bei Selbstgemachtem immer wieder neu bestimmen, wie süß oder fruchtig das Ergebnis sein soll. Schließlich ist so manche Frucht, wie beispielsweise die Erdbeere, schon von Natur aus sehr süß. Bei Johannisbeeren hingegen darf es ruhig etwas mehr Zucker sein, um einen ausgewogenen Geschmack zu erzielen. Lecker fruchtige, weniger süße Konfitüren und Gelees erhalten Sie mit dem Extra Gelierzucker. Ein 500 g-Päckchen reicht genau für 1 kg vorbereitete Früchte oder 900 ml Saft. Und wer es super fruchtig mag, kann mit einem 500-g-Päckchen Super Gelierzucker $1\,{}^{1}/_{2}$ kg Früchte oder $1\,{}^{1}/_{4}$ l Saft zu Konfitüre und Gelee verarbeiten. Probieren Sie doch einfach mal beide aus, vergleichen Sie sie miteinander und lassen Sie sich vom fruchtig frischen Aroma selbstgemachter Konfitüren, Marmeladen und Gelees verwöhnen.

Die Gelierfähigkeit von Konfitüren, Marmeladen und Gelees ist auch abhängig vom Pektingehalt der Früchte. Bitte halten Sie sich deshalb an das Rezept.

Früchte in Stücke schneiden

Konfitüre nach der Uhr sprudelnd kochen

Saft im Entsafter gewinnen

Die Pasteurisierung wird meist beim Konfitürenkochen angewendet. Dabei werden Obst und Zucker meist im Verhältnis 1 zu 1 vermischt und auf etwa 100 °C erhitzt. Danach wird die heiße Fruchtmasse sofort in ausgespülte, heiße Gläser gefüllt und verschlossen. Beim Abkühlen entsteht im Glas ein Unterdruck, sodass in den Gläsern ein Vakuum entsteht. Konfitüren, Marmeladen und Gelees (ohne Kräuter und Gewürzzugabe) sind auf diese Weise mindestens 1 Jahr haltbar. Sie müssen nicht extra eingekocht werden.

So wird es gemacht:

Wenn Sie die Möglichkeit haben, z. B. Erdbeeren oder Himbeeren auf Feldern selbst zu ernten, sollten Sie dies unbedingt nutzen: Denn das Aroma der sonnengereiften Beeren ist ein Genuss. Ernten Sie nur so viel (möglichst in den frühen Morgenstunden), wie Sie am gleichen Tag noch verarbeiten können.

Kaufen und verarbeiten Sie nur Lebensmittel von höchster Qualität. Früchte mit Schimmelstellen müssen aussortiert werden. Druckstellen großzügig ausschneiden. Bei allen Obstsorten gilt: Früchte sorgfältig waschen oder verlesen. Früchte ggf. putzen (entsteinen), große Früchte in Stücke schneiden.

Vor dem Einfüllen die Twist-Off-Gläser® auf schadhafte Stellen überprüfen. Angeschlagene Gläser aussortieren, da sie nicht mehr luftdicht schließen. Die Deckel dürfen keine Roststellen aufweisen. Gläser und Deckel mit sehr heißem Wasser ausspülen und umgedreht auf einem sauberen Küchentuch abtropfen lassen.

Zum Kochen von Gelees benötigen Sie als Ausgangsprodukt Fruchtsaft. Ganz unkompliziert und schnell können Sie ein Gelee mit jedem handelsüblichen Saft (außer Traubensaft) herstellen.

Wenn Sie selbsthergestellten Saft ohne Zucker nutzen möchten, gibt es 3 Möglichkeiten zur Saftgewinnung:

- Die Früchte im **Dampfentsafter** nach zeitlichen Angaben des Geräteherstellers entsaften.
- Kleinere Fruchtmengen ohne Zucker mithilfe eines **Schnellkochtopfes** (im Siebeinsatz) nach Angaben des Geräteherstellers entsaften.
- Die Früchte mit Hilfe eines **Siebes** entsaften. Hierzu die Früchte klein schneiden, mit etwas Wasser in einem Kochtopf weich kochen. Ein feines Sieb mit einem feuchten Tuch, z. B. Küchentuch, auslegen. Den Fruchtbrei auf das Tuch geben, den herabtropfenden Saft auffangen. Der Saft lässt sich auch gut in Portionen einfrieren.

Tabelle 2: Beispiele für das Dampfentsaften

Obstsorte	Einmachzucker/1 kg Obst	Entsaftungszeit in Minuten
Äpfel	50 g	60–75
Brombeeren	100 g	30–45
Erdbeeren	30–50 g	30
Holunderbeeren	90–100 g	30–45
Johannisbeeren	150–200 g	45–60
Sauerkirschen	50–100 g	45
Quitten	100 g	60–75
Rhabarber	200 g	30–50
Stachelbeeren, reif	50–100 g	45–60

Achtung: Fruchtsaft, der mit Hilfe einer elektrischen Zentrifuge gewonnen wurde, ist für die Geleeherstellung nicht geeignet. Die Gelees sind nicht klar und können damit unangenehm grießig in der Konsistenz werden.

Die fertig gekochte Marmelade, Konfitüre oder Gelee kochend heiß und randvoll in die ausgespülten Twist-off-Gläser® füllen. Sofort mit den Deckeln verschließen und etwa vier Minuten umgedreht auf die Arbeitsfläche stellen. Dann wieder umdrehen und abkühlen lassen. Durch das Umdrehen der Gläser verstärkt man den Effekt des Vakuums.

Wichtig beim Marmeladenkochen: Den Topf groß genug wählen. Und damit das Einkochgut sprudelnd kochen kann, sollte der Topf nur etwa bis zur Hälfte gefüllt sein. Gelierzucker grundsätzlich mit dem kalten Obstbrei oder Saft verrühren, erst dann zum Kochen bringen. Generell alles sprudelnd kochen lassen – die angegebene Kochzeit (siehe Packungsanleitung) gilt erst ab dem sprudelnden Kochen.

Bei Rezepten mit Alkohol-Zugabe den Alkohol immer nach Ende der Kochzeit unterrühren.

Wer mag, kann eine Gelierprobe durchführen: Nach der angegebenen Kochzeit etwas von der heißen Masse auf einen Teller tropfen lassen. Erstarren die Tropfen recht bald und bildet sich kein Wasserrand, ist genug gekocht worden. Ansonsten die Einkochmasse etwas länger kochen lassen.

Einkochen/Einlegen

Tipps & Tricks

Für eine schöne Optik und einen guten Geschmack können Sie einem Gelee z. B. Fruchtstücke, Nüsse, Kräuter oder Zesten von Zitrusfrüchten zufügen. Drehen Sie die Gläser während des Erkaltens öfter, damit sich die Zutaten gleichmäßig im Gelee verteilen. Für die Zubereitung von Weingelee sollten Sie nur Gelfix Classic verwenden, da das Gelee bei der Zubereitung

mit anderen Gelierprodukten nicht fest wird. Fruchtsaft hat einen Fruchtanteil von 100 %. Fruchtsaft darf sich nur ein reiner, unverdünnter Saft aus frischen Früchten nennen. Fruchtnektar ist ein Gemisch aus Fruchtsaft bzw. Fruchtmark, Trinkwasser und Zucker. Der Mindestfruchtanteil liegt je nach Fruchtart zwischen 25 % und 50 %. Fruchtnektar darf bis zu 20 % Zucker zugesetzt werden. Für die Zubereitung von Gelees können Sie jeden im Handel erhältlichen Fruchtsaft oder Nektar verwenden. Sie können jedoch ein Gelee nicht ausschließlich aus Nektar herstellen. Verwenden Sie immer eine Kombination aus Fruchtsaft und Nektar. Hierbei sollte der verwendete Anteil Nektar 1/3 der gesamten Saftmenge nicht übersteigen, da sonst das Gelee nicht fest werden könnte.

Tipps und Tricks zum Einlegen mit Essig, Öl und Alkohol

Eine beliebte und einfache Methode ist das Einlegen, um Obst oder Gemüse für einige Zeit zu konservieren. Eingelegtes Obst oder Gemüse hält bis zu 4 Monaten. Wenn Sie es länger aufbewahren wollen, sollten Sie es sicherheitshalber einkochen. Pikant Eingelegtes passt prima zu kaltem Braten, Geflügel, Fondues oder Fisch. Süß Eingelegtes ist eine leckere Alternative zu Süßspeisen oder anderen Desserts.

Eingelegte Speisen werden bis zum Verzehr an einem dunklen, kühlen Ort aufbewahrt.

Achten Sie darauf, dass kleine Gläser oft geeigneter sind als große Gläser, denn der eingemachte Glasinhalt sollte möglichst auf einmal verbraucht werden. Reste sind im Kühlschrank 1–3 Tage haltbar.

Falls das Eingelegte Schimmel gebildet hat, der Sud trübe wird und Blasen wirft, heißt es leider: Das Verdorbene entsorgen!

Durch den Zusatz von Essig verlängert man die Haltbarkeit von Mixed Pickles, sauren Gurken oder süß-sauer eingelegtem Gemüse. Essig wirkt hier sterilisierend und tötet Mikroorganismen ab, denn in einem sauren Milieu können sich Bakterien und Schimmelpilze nur schlecht vermehren. Wenn man Zucker zusätzlich zusetzt, wird dieser Effekt verstärkt.

So wird es gemacht:

Das Gemüse so vorbereiten, wie es später verzehrt werden soll: Möhren beispielsweise schälen, putzen, waschen und in mundgerechte Stifte schneiden, Pilze eventuell waschen, mit Küchenpapier abreiben und große Pilze klein schneiden. Je nach Rezept das Gemüse vorgaren oder etwas anbraten.

Praktische Helfer beim Einlegen sind Twist-off-Gläser® mit einem Schraubverschluss aus Metall. Wichtig ist, dass die Deckel dicht schließen. Das können Sie schnell überprüfen: Glas mit Wasser füllen, Deckel zuschrauben und rumdrehen. Tropft es, sollten Sie das Glas aussortieren.

Spülen Sie Gläser und Deckel mit sehr heißem Wasser aus und lassen Sie sie umgedreht auf einem sauberen Küchentuch abtropfen.

Das Gemüse in die Gläser füllen. Dann mit Essigsud übergießen, sodass das Gemüse vollständig bedeckt ist und ein etwa 2 cm freier Rand bis zum Glasrand bestehen bleibt. Gläser schließen. Das Gemüse an einem kühlen und dunklen Ort mindestens 3 Wochen vor dem Verzehr durchziehen lassen.

Tipp: Eingelegtes Gemüse mit konzentriertem Essigsud (auf 1 kg Gemüse etwa 375 ml [3/8 l] Weinessig) oder Essig-Zuckersud (auf 1 kg Gemüse 250 ml [1/4 l] Weinessig mit 125 ml [1/8 l] Wasser und etwa 500 g Zucker) ist ohne Einkochen 3–4 Monate haltbar.

Wird das Gemüse mit einer wenig starken Essig-Zuckerlösung zubereitet und soll dennoch für längere Zeit haltbar gemacht werden (z. B. bei Gewürzgurken, Mixed Pickles) wird das eingelegte Gemüse eingekocht (siehe Tipps und Tricks „Einkochen“, Seite 299). Für Relish oder Chutneys die kochend heißen Speisen in die sauber ausgespülten Twist-off-Gläser® füllen, verschließen und bis zum Erkalten umgedreht auf dem Deckel stehen lassen. Durch das Stürzen entsteht im Glas ein Vakuum und der Inhalt wird luftdicht verschlossen.

Öl ist ebenso geeignet zum Einlegen von Gemüse oder Fleisch.

Wichtig: Will man Fleisch mit Kräutern marinieren oder Gemüse einlegen, so verwendet man am besten ein Öl höherer Qualität. Das eingelegte Fleisch möglichst innerhalb von 2–3 Tagen essen, eingelegtes Gemüse hält sich dagegen 1–2 Wochen.

So wird es gemacht:

Das Gemüse oder Fleisch so vorbereiten, wie es später verzehrt werden soll. Paprika beispielsweise vierteln, putzen, waschen und unter dem heißen Grill des Backofens garen, bis die Haut Blasen wirft und man die Haut abziehen kann.

Twist-off-Gläser® mit Deckel heiß ausspülen, abtropfen lassen und das vorbereitete Gemüse oder Fleisch mit Kräutern und Gewürzen einschichten. So viel Öl zugießen, das alles vollständig bedeckt ist.

Wichtig: Mit Öl eingelegtes Gemüse und Fleisch kann nicht eingekocht werden, um die Haltbarkeit zu verlängern.

Ebenso wie Essig und Öl hemmt auch Alkohol das Wachstum von Mikroorganismen wie Schimmel oder Bakterien. Wenn man zusätzlich noch Zucker zusetzt, wird dieser Effekt verstärkt. Das wohl bekannteste Beispiel ist der Rumtopf. Liköre, in Alkohol eingelegtes Obst oder Rumtopf halten sich in der Regel bis zur nächsten Erntesaison.

So wird es gemacht:
Zum Einlegen in Alkohol eignen sich Wodka, Rum, Weinbrand oder Cognac. Wichtig: Der Alkoholgehalt sollte über 35 Vol.-% betragen. Liegt er niedriger, fangen die Lebensmittel an zu gären oder zu schimmeln.

Tipp: Für Rumtopf mindestens 50 Vol.-% nehmen – bei einer geringeren Konzentration wird der Alkohol durch die Fruchtflüssigkeit zu sehr verdünnt.

Tipps und Tricks zum Einfrieren

Beim Einfrieren werden Lebensmittel durch schnellen Wärmeentzug und Absinken der Temperatur auf -18 °C längerfristig haltbar gemacht. Durch die niedrigen Temperaturen und der damit verbundenen Eisbildung (Bindung der Lebensmittelfeuchtigkeit) werden die Aktivitäten der Mikroorganismen und Enzyme weitgehend unterbunden. Die maximale Lagerzeit beträgt pauschal für

Fleisch, je nach Art	3 – 12 Monate;
Obst	8 – 12 Monate;
Gemüse	6 – 12 Monate;
Fertige Speisen	bis zu 3 Monate.

Kleine Faustregel: Je fetter ein Lebensmittel ist, desto kürzer ist seine Lagerzeit für das Einfrieren, fertig gegartes Gemüse ist kürzer haltbar als blanchiertes Gemüse (siehe Tabelle 3 und 4).

Ist es überhaupt sinnvoll Lebensmittel einzufrieren? Blumenkohl einzufrieren ist z. B. nur sinnvoll bei eigener Ernte oder bei reichlichem Angebot mit niedrigem Preis, denn es gibt das ganze Jahr frischen oder tiefgefrorenen Blumenkohl zu kaufen. Reis/Teigwaren benötigen für die frische Zubereitung etwa den gleichen Zeitaufwand, als wenn sie nach dem Kochen und Einfrieren wieder erhitzt werden.

So wird es gemacht:
Nur einwandfreie, frische und gefriergeeignete Lebensmittel einfrieren. Ungeeignet sind z. B. grüne Blattsalate und frische Rohkostsalate, Weintrauben, rohe ganze Äpfel, Birnen und Renekloden, Eier mit Schale, Joghurt, saure Sahne, Dickmilch und Crème fraîche (die letzten vier genannten flocken nach dem Auftauen aus).

Lebensmittel vorbereiten: Fleisch zweckmäßig portionieren. Obst waschen, putzen, mit oder ohne Zuckerlösung einfrieren. Gemüse putzen, waschen, zerkleinern, im Allgemeinen blanchieren (s. Tabelle 4) und schnell abkühlen lassen. Kräuter abspülen, trocken tupfen und hacken. Fertig gegarte Speisen sachgemäß vor- und zubereiten; schnell abkühlen lassen.

Tabelle 3: Beispiele für Lager- und Auftauzeiten von Fleisch, Fisch und Obst

Lebensmittel	Lagerdauer im Tiefkühler in Monaten	Auftauzeit im Kühlschrank (+1°C bis + 5°C) in Stunden	Auftauzeit bei Raumtemperatur (20°C) in Stunden
Fleisch			
Bratwurst	2	4–6	1–2
Gulaschfleisch	3–6	10–12	2–3
Hackfleisch	1–3	4–6	2–3
Kasseler	2–3	10–12	2–3
Kotelett	2–4	6–8	2–3
Schnitzel	6–8	6–8	2–3
Schweinefilet	6–8	6–8	2–3
Hase	8	12–14	6–8
Suppenhuhn	8–10	12–18	vermeiden
Putenschnitzel	6–8	6–8	vermeiden
Fisch			
Seefisch, mager	9–12	12–14	2–3
Forellenfilets, geräuchert	2–4	2–4	1–2
Obst			
Apfelkompott (–mus)	8–12	15–18	10–12
Erdbeeren	10–12	8–10	5–8
Johannisbeeren	10–12	8–10	5–8
Rhabarber	8–10	8–10	5–8
Zwetschen	10–12	15–18	10–12

Lebensmittel vorschriftsmäßig verpacken: Feste Lebensmittel z. B. Fleisch, Gemüse oder Brot in Folien, Schlauch oder Beutel verpacken. Vor dem Verschließen aus Folie oder Beutel die Luft ausstreichen (Luft wirkt isolierend). Zum Auftauen und Garen im Mikrowellengerät nur mikrowellengeeignete Verpackungen verwenden. Flüssige oder weiche Lebensmittel z. B. Säfte, Suppen oder weiches Obst in feste, gegebenenfalls mikrowellengeeignete Behälter abfüllen. Inhalt, Gewicht/Stückzahl, Einlagerungsdatum und eventuelles Verbrauchsdatum auf dem Gefriergut notieren.

Neues Gefriergut möglichst zuerst ins Vorgefrierfach (siehe Gebrauchsanweisung) legen, damit sie schneller durchfrieren.

Fleisch nur in Ausnahmefällen bei Raumtemperatur auftauen lassen. Fleischoberflächen sind ein idealer Nährboden für gefährliche Keime, die sich ab + 7 °C vermehren können.

Gemüse sollte möglichst blanchiert werden, um Verfärbungen, Geschmacksveränderungen sowie einen beschleunigten Vitaminabbau zu verhindern. Außerdem bewirkt das Blanchieren eine verkürzte Garzeit, bessere Farberhaltung und eine Verringerung des Nitratgehaltes.

So wird es gemacht:
Zum Blanchieren das geputzte und eventuell zerkleinerte Gemüse in das kochende Wasser

Tabelle 4: Beispiele für Blanchier- und Lagerzeiten im Tiefkühler von Gemüse

Gemüse	Blanchierzeiten in kochendem Wasser in Minuten	Lagerdauer im Tiefkühler in Monaten	Zubereitungshinweise *
Blumenkohl (Kopf) Blumenkohl (Röschen)	4 2	8–10 8–10	unaufgetaut garen
Bohnen, grüne	3	9–12	unaufgetaut garen
Erbsen	2	9–12	unaufgetaut dünsten
Grünkohl	1–2	8–10	unaufgetaut garen
Möhren	3	8–10	unaufgetaut dünsten
Rosenkohl	3	10–12	unaufgetaut garen
Spargel	3	6–9	unaufgetaut garen
Spinat	2	10–12	kleine Portionen unaufgetaut garen
Wirsing	2	8–10	unaufgetaut garen
Kräuter			
Petersilie	–	6–8	unaufgetaut verwenden
Schnittlauch	–	8–10	unaufgetaut verwenden

* Darauf achten, dass blanchiertes Gemüse eine etwas kürzere Garzeit hat.

1–4 Minuten (je nach Gemüseart) eintauchen (siehe Tabelle 4). Blanchiergut schnell in sehr kaltem Wasser abkühlen (evtl. Eiswürfel zugeben), gut abtropfen lassen, verpacken und sofort einfrieren.

Hinweis: Das Blanchierwasser kann wiederholt genutzt werden, verdampfte Wassermenge immer wieder auffüllen (pro 2 l Wasser/ 500 g geputztes Gemüse).

Tipp: Bei hellem Gemüse (z. B. Blumenkohl) etwas Zitronensaft ins Blanchierwasser geben, damit das Gemüse schön hell bleibt.

Wichtig: Das Auftauen von gefrorenem (Wild-)Geflügel sollte bei Raumtemperatur generell vermieden werden wegen der eventuellen Salmonellengefahr. Die Auftauflüssigkeit von rohem Geflügel darf ebenso nicht verwendet werden - gleich wegschütten wegen eventueller Salmonellengefahr! Bei Gemüse/Obst darf man sie mit verwenden. Bei Fleisch kann die Auftauflüssigkeit der Sauce zugegeben werden, dann aber gut durchkochen lassen, evtl. binden.

Tipps für die Zubereitung von Speisen, die eingefroren werden sollen:
Erst nach dem Auftauen Eigelb, Sahne oder Milch zugeben; Lagerzeit nicht überschreiten, weil sonst Geschmacksveränderungen und Abbau von wertvollen Inhaltsstoffen möglich sind.

Gefrierbrand – was ist das?
Gefrierbrand erkennt man an einer weißen oder bräunlich-roten Verfärbung an der Oberfläche des Gefriergutes. Es entsteht durch die Austrocknung der Randschichten des Gefriergutes. Eine mögliche Ursache kann die beschädigte, nicht eng genug am Lebensmittel anliegende Verpackung, langanhaltende oder sehr stark schwankende Lagertemperatur sein. Die Folge ist, dass Konsistenz und Geschmack beeinträchtigt werden (die ausgetrocknete Schicht nimmt beim Auftauen und Zubereiten kaum Wasser auf und bleibt so ledrig und zäh im Geschmack). Aus dem Grund ist das Gefriergut ungenießbar!

Ab einer Reifestärke von 1 cm Eis sollte das Gefriergerät abgetaut werden, um weiterhin eine genaue Temperaturregelung zu gewähren und einen erhöhten Stromverbrauch zu verhindern.
Ausnahme: Geräte mit Ablaufautomatik. Sie tauen bedarfsgerecht bzw. in bestimmten Intervallen automatisch ab.
Abtauvorgang: Das Gerät einige Stunden vor dem Abtauvorgang auf Dauerbetrieb (= Super) stellen (siehe Gebrauchsanweisung). Vorteil: das schafft eine Kältereserve in den Lebensmitteln; dann den Stecker ziehen. Gefriergut entnehmen, in einem mit Zeitungspapier ausgelegten Korb dicht stapeln und mit Zeitungspapier abdecken. Kühl stellen.
Losen Reif im Kühlgerät mit einem Kunststoffschaber abstreifen. Zum Entfernen der Eisschicht Schüsseln mit kochend heißem Wasser ins Gerät stellen. Tauwasser mit Tüchern auffangen oder in ein untergestelltes Gefäß (siehe Gebrauchsanweisung) auffangen. Gerät mit Spülmittelösung reinigen, mit Essigwasser auswaschen, mit klarem, kaltem Wasser nachwischen und gut trocken reiben. Gerät einschalten und das Gefriergut wieder einlagern.

Tipps und Tricks zum Trocknen

Eine der einfachsten und ältesten Konservierungsmethoden ist das Trocknen von Obst, Pilzen und Kräutern. An der warmen, trockenen Luft oder im Backofen wird den Lebensmitteln Wasser entzogen. Die Folge: Die Stoffwechseltätigkeit der Mikroorganismen wird gehemmt. In luftdichten, dunklen Behältern hält sich Getrocknetes oder Gedörrtes bis zur nächsten Saison.

So wird es gemacht:
Kleine Früchte wie Kürbis- oder Sonnenblumenkerne 4–5 Tage auf einem mit Mull bespannten Gitter ausbreiten und lufttrocknen. Größere Früchte wie Apfel, Orange oder Pilze in Scheiben schneiden. Dann auffädeln oder auf Holzspieße aufziehen. Mit etwas Abstand in knapp einer Woche an einem warmen, trockenen und möglichst dunklen Ort, z. B. Heizungsraum oder Speicher trocknen lassen. Kleine Mengen

Abfallanteil bei Obst und Gemüse

Obstsorte	Umrechnungsfaktor
Ananas	1,92
Apfel	1,09
Aprikose	1,10
Banane	1,43
Birne	1,08
Erdbeere	1,03
Grapefruit	1,52
Grapefruitfilets	2
Himbeere	1,04
Holunderbeere	1,43
Johannisbeere	1,02
Kiwi	1,11
Limette	1,30
Limettenfilets	2
Mango	1,45
Mirabelle, Pflaume, Reneklode, Zwetsche	1,06
Nektarine	1,09
Orange	1,39
Orangenfilets	2

Obstsorte	Umrechnungsfaktor
Papaya	1,39
Pfirsich	1,09
Quitte	1,19
Rhabarber	1,28
Sauerkirsche	1,12
Stachelbeere	1,02
Süßkirsche	1,14
Zitrone	1,56
Zitronenfilets	2

Gemüsesorte	Umrechnungsfaktor
Aubergine	1,22
Kohlrabi	1,54
Kürbis	1,43
Möhre	1,22
Paprika	1,19
Porree (Lauch)	1,72
Tomate	1,10
Zucchini	1,18
Zwiebel	1,09

kann man auch im leicht geöffneten Backofen bei 50–75 °C dörren (Faustregel: Obstscheiben benötigen 5–7 Stunden). Für größere Mengen ist die Anschaffung eines speziellen Dörrapparates sinnvoll. Alternativ: Fruchtscheiben auf Küchenpapier legen und mehrere Tage auf der Heizung oder dem Kachelofen trocknen. Wichtig: Fruchtscheiben ab und zu wenden. Kräuter am besten zu Sträußen binden und kopfüber aufhängen.

Tipp: Kräuter werden nach dem Trocknen möglichst gleich eingefroren, damit sie besser ihre Farbe und den Geschmack behalten. Besser sogar: Die Kräuter gleich nach dem Ernten abspülen, trocken tupfen, hacken und sofort einfrieren – so bleiben die meisten Vitamine enthalten.

Tipps und Tricks der Milchsäuregärung (biologische Konservierung)

Das bekannteste Produkt der Milchsäuregärung ist Sauerkraut. Weniger bekannt ist, dass sich mit dieser Methode viele Gemüse, wie z. B. Weinblätter, haltbar machen lassen. Sauermilchprodukte wie Joghurt, Dickmilch oder Kefir sind gängige Resultate der Milchsäuregärung. Der große Vorteil: Bei der Milchsäuregärung bleiben zum einen die meisten Nährstoffe enthalten. Zum anderen produzieren die Milchsäurebakterien Vitamin B_{12}, das ansonsten nur in tierischen Produkten vorhanden ist. Und letztendlich benötigt man für diese Einmachmethode keine Energie.

Das Prinzip: Das Salz, das anfangs dem Gemüse zugegeben wird, hält die fäulnisbildenden Bakterien im Schach. Dies gilt so lange, bis sich genügend Bakterien gebildet haben, die Milchsäure produzieren. In dieser sauren Umgebung fühlen sich die Keime dann nicht mehr wohl.

Das Sauergemüse ist nach 2–8 Wochen genießbar. Haltbar ist es bis zur nächsten Ernte.

Wichtig: Möglichst unbehandeltes Gemüse dafür verwenden. Gemüse, die mit Kunstdünger oder Pflanzenschutzmitteln behandelt wurden, werden nicht so gut von den Milchsäurebakterien vertragen.

So wird es gemacht:

Das zerkleinerte Gemüse in einen speziellen Gärtopf (aus Steingut) einfüllen. Gewürze dazwischen schichten, das ganze mit Salzwasser übergießen und mit einem Deckel luftdicht verschließen.

Tipp: Twist-off-Gläser® oder Einmachgläser können auch dafür verwendet werden.

Saisonkalender

	JAN	FEB	MÄR	APR	MAI	JUN	JUL	AUG	SEP	OKT	NOV	DEZ
Ananas	x	x	x	x	x							
Aprikosen						x	x	x				
Äpfel									x	x		
Birnen								x	x	x		
Brombeeren							x	x	x			
Erdbeeren						x	x					
Heidelbeeren							x	x	x			
Himbeeren						x	x	x				
Holunderbeeren									x	x	x	
Johannisbeeren						x	x	x				
Mirabellen							x	x				
Orangen	x	x	x								x	x
Pflaumen/Zwetschen							x	x	x			
Pfirsiche							x	x	x			
Quitten										x		
Rhabarber				x	x	x						
Renekloden							x	x				
Sauerkirschen							x					
Stachelbeeren						x	x	x				
Süßkirschen						x	x					

Hauptangebotsmonat zu günstigen Preisen.

Eingekochtes

Marmeladen und Fruchtaufstriche

Konfitüren

Gelees

Chutneys und Relishes

Ketchup, Senf und Saucen

Öle und Essige

Säfte

Früchte in Alkohol

Liköre

Spezialitäten